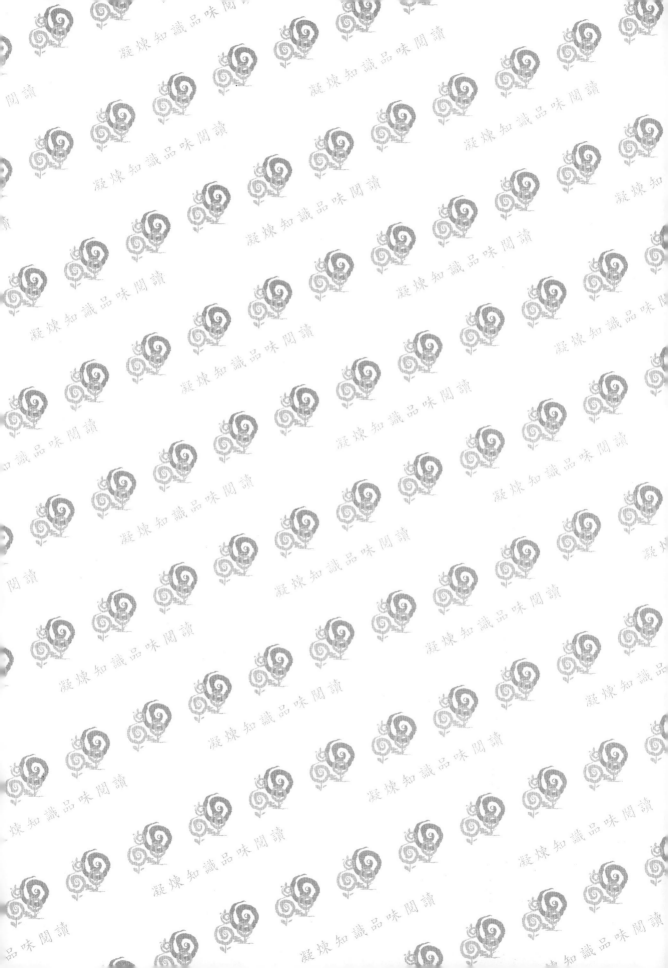

都市安全與災後重建

賴世剛 邵珮君 洪鴻智 陳建元 編著

五南圖書出版公司 印行

從都市防災到國土安全

　　最近台灣接連發生一些威脅民眾生命財產的重大事件，包括八八水災以及高速公路的重大車禍。這些災害有些是天然造成的，有些則是人為疏失。都市防災則多將重點放在天然災害的影響，如颱風及地震所造成的損失。其實，都市災害也包括人為的因素，如司機疲勞駕駛所引發的重大車禍。如何防範或減輕這些災害所造成的損失，牽涉到都市甚至國家的層次。如果屬於都市層次，我們稱之為都市安全；如果牽涉到國家層次，則為國土安全研究的範疇。過去，隨著國際重大人為及天然災害事件的演變，如美國九一一事件、西班牙火車爆炸事件、SARS 疫病、禽流感爆發以及金融海嘯等等，國土安全成為維護國家穩定發展的新興議題。然而國土安全的定義為何？如何採取適時適當的決策，利用有限資源以杜絕可能發生的災難？這些問題，數百年來一直困擾著許多政府與學者。即使科技發達的先進國家，對國土安全維護的議題，亦感力不從心。筆者認為，國土安全的內涵極為廣泛，包括軍事、政治、環境、生態、都市、交通及社會等等，而這些面向環環相扣，形成有機的整體。

　　過去，許多國家在擬定其發展的政策時，無外乎是追求在經濟上的大幅成長或是在軍事科技上的領先卓越。積極發展這些面向的結果，往往耗費龐大的資源。運用經濟學的觀點來看，其各種決策的過程，依據的準則是簡單的成本與利益間的比較分析，為了要增加利益的收入，往往大量的採掘自然資源以進行貨品製造，製造的過程又造成大量的廢棄物，如此日復一日，使得人類賴以生存的環境面臨自然資源耗損，生活品質下滑等等巨大的衝擊。

　　自從聯合國世界環境與發展委員會在其會議報告「我們共同的未來（Our Common Future）」中明確的指出永續性的發展應是世界各國發展所不可忽略的議題後，近代全球的發展即充斥著「如何才能達到永續性」如此之氛圍。簡言之，永續發展的涵義即是：希望人類在追求發展的同時，應顧慮到後代子孫享有使用同樣資源的權利。也就是說，各種發展，應在不損及後來之人使用相同資源權利的條件下來進行。從其中可以發現兩個重要的面向，第一個是發展，也就是國家或社會仍舊是必須

是追求進步的，無論是在實質上，如所得的提昇或科技的進步，抑或是非實質上，如生活品質的充實或生活安全的加強。第二個則是世代公平，即是不管進行任何發展，應維護世代與世代間公平使用的原則。

永續性的觀點，除了為近代許多國家進行發展所強調的準則，許多企業或團體等，也廣泛的使用這樣一個涵義作為企業進行營利投資或是團體營運時基本的要求。諾貝爾獎物理學得主 Murray Gell-Mann 教授更廣泛的運用永續性此一觀點於政策、軍隊、外交、制度或管理等各個層面上。因為其認為和平、民主、人權以及制度與經濟發展及生態相同，需要以永續這樣一個觀念來維護。筆者認為，國土安全維護的終極目標也應建立在這樣一個廣泛的永續性上。

就國土安全而言，近期的許多自然災害與及人為災害，每每危害生存於國土上各種物種的安危。這裡指的國土安全受到威脅，則包括全球暖化、暴雨洪荒等環境變遷使基本物種生存空間的銳減導致物種滅絕；或是人類制度結構的崩解導致許多人心神崩潰等。上述的情況，在在的顯示出，即使是社會環境不斷得轉變與進步，仍舊是脆弱的。而造成國土安全是如此脆弱的原因，在於國土面向的多樣性。但發展的過程與資源分配卻不平均，造成追求經濟發展而破壞環境，演變成恐怖主義的高張而使得人心惶惶。因此，如何面對如此易受衝擊及瞬間導致整個環境以及社會產生巨變的現象，如何使整個國土能在面臨因外在因素的改變所造成的負面效應下，能具有調節甚至是應變的能力，也就是能夠永續的發展下去，是值得進行探討的。而新興的科學，如複雜理論，便可針對這些威脅，提出宏觀的對應策略。因此，筆者認為，都市防災固然重要，但是隨著災害的種類、規模及所造成影響不斷的擴大，我們應開始從宏觀的角度重視國土安全的議題。

本書的特色乃純粹地從社會科學視野切入，結合社會科學理論與方法來探討九二一地震中有關重建體系之議題。1999 年 9 月 21 日的九二一地震發生至今，已然十年了。回顧這十年來，依舊是災難到處肆虐，這些災難給予我們的警示，即：在全球氣候變遷下，災難不會變少，影響規模與範圍不會變小，莫拉克風災也絕不會是史上最後一個災難。因此，如何在巨災隨時發生的時代，將損害與衝擊減至最低，則需透過減災、事前整備、事後重建等綜合災害防救體系之強化與健全。在本書中所使用之社會研究方法包括：田野調查、空間垃圾桶理論、制度經濟學理論、公共利益理論與社會網絡理論等，除了加強社會科學探討災害防救管理之重要性外，亦希冀透過本

書所探討之重點能給予當下都市環境科學相關學習者或從事防災之相關研究人員對於災害防救管理一些刺激與探討的空間。本書內容乃整理自 2006 年與 2007 年兩個年度行政院國家科學委員會防災科技整合型研究「大規模災害後城鄉重建之組織體系整合機制之研擬」之研究成果，各計劃主持人與研究主題如下：

賴世剛，國立台北大學不動產與城鄉管理學系　教授

　　　　「大規模災害後城鄉重建組織體系整合機制之研擬－總計劃暨子計劃：災後城鄉重建體系社會與實質結構之互動(I)、(II)」，計劃編號：

洪鴻智，國立台北大學不動產與城鄉管理學系　教授

　　　　「大規模災害後城鄉重建組織體系整合機制之研擬－子計劃：災後城鄉重建體系政府決策制定機制之研擬(I)、(II)」，計劃編號：

邵珮君，長榮大學土地管理與開發學系　副教授

　　　　「大規模災害後城鄉重建組織體系整合機制之研擬─子計劃：災後城鄉重建過程之行政與民間組織協調機制之探討(I)、(II)」，計劃編號：

陳建元，逢甲大學土地管理學系　副教授

　　　　「大規模災害後城鄉重建組織體系整合機制之研擬－子計劃：災後城鄉重建體系制度經濟分析(I)、(II)」，計劃編號：

　　　本書各章節之撰寫人員，依章節順序分別為：

第一章第一節：賴世剛與陳建元

第一章第二節：洪鴻智

第一章第三節：邵珮君

第二章：邵珮君

第三章：賴世剛

第四章：洪鴻智

第五章：陳建元

第六章：邵珮君

第七章：賴世剛／邵珮君

本書之完成，對於行政院國家科學委員會提供民國 95 年與 96 年兩個年度之研究

經費，使本計劃（包含四個子計劃）可以順利推動並得以將研究成果彙整成書，表達由衷的感謝。其次，亦感謝在本書內容之編排與文章整合過程中協助參與之人員：呂正中、石正衢、王昱智、王偉帆、徐筱盈、許澤仁、洪士凱、林欣霓、紀孝輯、吳駿宏、龔建樺等人。最後，對於本計劃執行過程中曾參與調查及提供計劃執行協助之所有人員，致上最高謝意。

賴世剛

邵珮君

目 錄

城鄉發展與災害防治

　　都市及區域發展的空間形態一直為從事都市及區域規劃等相關領域探討的主要課題。從過去以總體經濟由上而下的研究方法（例如 von Thünen 的古典理論）到最近以個體為主（agent-based）由下而上的探討方式，其目的無非在於從理論及實際資料中尋找土地使用空間演變的規律性。這種發展趨勢導致地理學上理論性的突破，稱之為新經濟地理學（New Economic Geography）。其中最具代表性的為美國麻省理工學院（MIT）學者 Paul Krugman 教授。在探討都市化成因中，Krugman 教授整理出三種研究方法，分別為（一）新古典都市系統理論，（二）獨占性競爭理論及（三）隨機都市系統。其中尤以獨占性競爭理論（Monopolistic Competition Theory）最受注意。該理論認為形成聚集經濟（agglomeration economies）的原因在於廠商層次規模經濟，交通成本，以及可移動性等因素間的互動。雖然獨占性競爭理論與新古典都市系統理論有許多雷同之處，然而最主要的差異在於外部經濟的黑箱性質在前者無法隱藏。而獨占性競爭理論還包括了空間向度且其假設並非完全依賴開發者的最適行為。即使如此，獨占性競爭理論也有它的限制。首先該理論很難描述多個都市的發展，其次該理論對外部效用的透明化處理亦可能導致對現象的錯誤解釋。因此，本節將回顧城鄉發展理論近來的演變與其對災害防治的啟示。

第一節　城鄉發展與災害管理之關係

　傳統都市及區域發展經濟模型理論回顧

　　有關都市與區域發展的理論，其發展已歷經數十年。大概可分為傳統經濟理論與新興非經濟理論。傳統經濟理論依循新古典經濟學派將經濟人的理性假設應用在人類空間區位選擇的行為解釋上，而新興非經濟學理論則以經濟學以外的新興科學，如複雜科學，來解釋都市自我組織及複雜結構演化現象。傳統都市經濟學的發展，針對都市結構演變的過程，由單核心模式演進到多核心型態。而實證研究的結果也一再指出目前先進國家都市及區域的發展趨勢逐漸走向去中心化（decentralized）的次中心（subcenters）結構。易言之，過去工業革命時代人口向

中心都市集中的趨勢在工業革命後，由於交通工具及通訊（telecommunication）技術的進步，已不復明顯。人們已開始由中心都市往郊外遷移，而形成中心都市外圍許多次中心。這種型態的發展不限於都市內空間結構的轉變，同時也呈現於區域、國家，甚至於國際的空間發展趨勢。學者認為不論是單一核心或多核心的都市結構，其主要的形成原因在於在於聚集經濟（agglomeration economy）。

　　聚集經濟是一個模糊而籠統的概念。其內涵至今尚無一致的看法。但學界的共識是聚集經濟是都市或中心形成的主要原因。概略而言，與聚集經濟及多核心發展相關的理論包括（一）空間非同質性（spatial inhomogeneities）（二）內部規模經濟（internal scale economies）（三）外部規模經濟（external scale economies）（四）非完全競爭（imperfect competition）（五）穩定性、成長及動態性（stability, growth, and dynamics）；及（六）非經濟動態模式（noneconomic dynamic models）（Anaset al., 1998）茲分述如後。

（一）空間非同質性

　　由於區位上自然及人文條件的差異，某些具優勢的地點容易形成專業化的聚落或城市。最明顯的例子莫過於礦區附近形成的村落。由於生活上的需要，一些商業（如零售商店）活動便開始產生。此外，位居河川要地的地區也容易形成聚落，因為貨品轉運活動帶來商機而形成村鎮。空間非同質性不但能產生市中心區，也能產生次要就業中心。

（二）內部規模經濟

　　造成聚集經濟的第二個解釋為生產過程中的規模經濟。裝卸貨品便是規模經濟一個重要的例子。即使沒有天然的優勢，河港活動也會因此而集中。甚至貨櫃專業的興起，更加深港埠的運作。而卡車貨運受限於規模太小，其集中的情形便不如港埠的運作。另一項規模經濟造成聚集經濟的原因是地方性公共財（pubic goods）的生產。由於都市重大基礎設施（infrastructure）是具延時性（durable）及整體性（lumpy），在都市成長的同時形成許多人為之非同質性地區而造成聚集形態的形成。此外，個人生產亦有規模經濟的現象。大型工廠的平均生產成本較低，然而其平均交通成本較高。其規模及市場效率決定於生產報酬遞增率及交通

成本。規模成本及交通成本便成為廠商決定生產規模考量的兩大因素。

（三）外部規模經濟

不同於內部規模經濟，外部規模經濟指的是不同廠商因區位的連結而造成生產成本的降低之謂。此僅為因交通成本降低而造成之規模經濟。其他例子尚包括消費者互動外部性（contact externalities）及廠商與消費者間之市場連結性（market linkages）。同一產業廠商間外部規模經濟稱為地區化經濟（economies of localization），產業間廠商外部規模經濟稱之為都市化經濟（economies of urbanization）。地區化經濟使得都市趨向專業化，而都市化經濟使得都市趨向多樣化。實證研究指出都市專業化較都市多樣化為普遍。外部經濟具動態性，因此其不但影響生產單位成本水準，同時影響水準滑落的速率。其他不同種類的外部經濟尚包括大型儲量經濟（economies of massed reserves），資訊交換（information exchange）及教育（education）等。這些聚集經濟的形態在理論上與實務上，在在顯示其與都市空間發展有密切的關係。然而值得注意的是這些經濟模式假設背後所隱含的意義與非經濟動態模型有許多雷同之處。

（四）非完全競爭

當廠商以非完全方式競爭，其間便會產生貨幣外部性（pecuniary externalities）。就空間競爭而論，非完全競爭亦會產生類似的聚集現象。如果內部規模經濟十分明顯，將形成空間寡占模式，而廠商將就價格、產品品質、產品組合及區位進行競爭，使得其間互動影響而造成市場之優劣勢。這些廠商通常為零售商或開發商。這種模式極易產生外部性。而聚集現象在空間寡占的情況下便可能發生，端視聚集後優劣勢的平衡。例如，消費者考慮交通成本與產品多樣性而決定購物的重點，而零售商考慮顧客數量與獨占性來決定設置地點。當規模經濟較產品多樣性顯得不重要，廠商數目增加，如此形成獨占性競爭，此時策略性考量便不存在。此種模式或透過參數的操縱及土地市場的引入，可用來分析都市內及區域性尺度的聚集現象。

(五) 穩定，成長與動態

當有兩個的中心都市存在時，由於遷移的可能性，小型中心都市的規模並不穩定。但都市規模龐大時，則形成對稱的均衡狀態且較單核心都市為佳。當遷移發生時，則有可能造成不對稱都市規模的形成。這樣的概念可用以形容邊緣城市（edge city）的形成。當廠商決定從中心都市遷移出來時，開發商可將因遷移帶來的外部經濟內部化。因此，開發商的角色在類似的研究中逐漸扮演重要角色。

(六) 非經濟動態模式

多個中心的存在，空間形態的非規則性，及其演變的不可預測性為現代都市地景的特質。這些特質也存在於如化學，物理學及生物學等之非線性動態過程。進而影響學者對都市經濟及都市地理的了解。而都市結構提供了一些一般化概念應用及發揮的園地，如渾沌（chaos）、複雜（complexity）、碎形（fractals）、揮發性結構（dissipative structure）及自我組織（self-organization）。由於這些概念的發展尚在起步階段，其應用在解釋空演變的過程尚屬嘗試階段。且此類研究方法亦為本研究所採納之主要方法，因此將在第二部份做更深入的探討。

以複雜科學典範為基礎詮釋空間演變

第一部份所說明之非經濟動態模式其實指的是最近以複雜科學為基礎對都市空間演變的闡釋。前述的這些概念包括渾沌、複雜、碎形、揮發性結構及自我組織均包含某種形式的正回饋作用（Arthur, 1990）。就都市成長而言，其指的是某一區位的發展形態會促成附近地區發展潛力。此亦為聚集經濟的不同解釋，而主要差異再於這些文獻強調正回饋機制的動態分析而非經濟意涵。這些模式探討針對非均衡系統，包括演化經濟學（evolutionary economics），且由於都市結構的延時性（durability），十分適合用來解釋都市結構的變遷。然而由於缺少價格因素而忽略了均衡回復的可能性。空間互動的價格因素是否較非價格的空間影響及外部性為重要？由於非價格外部性在塑造都市空間結構扮演決定性的角色，以複雜科學為主的非經濟動態模式實不容忽視。以下列舉有關區域科學及地理學有關的非

經濟模式作一概略的介紹。

馬可夫（Markovian）模式解釋個別單元如何由某一種狀態轉變至他種狀態，例如一筆土地的開發與再開發、家戶的遷移以及廠商的產生與消逝。聚集效果暗示個別轉換機率決定於每一狀態行動者的個數。而總體特質的形成決定於機率性模式顯示轉換歷史的重要性。從更抽象的角度觀之，正回饋在都市系統中加深干擾的影響力，進而增強某些隨機的變動。而這些變動則為自我組織的原動力。在某些情況，變動造成穩定狀態之間的轉變，如同生物演化中的間歇均衡（punctuated eguilibria）現象。這個概念亦可用來解釋次中心的空間分配形態。此外，物理現象中的擴散及滲透（diffusion and percolation）亦可用來解釋城市聚集效果。例如，個別量體在都市邊緣以隨機的形態開發。而聚集現象發生在這些量體的開發其位於既存開發聚落邊緣。結果造成碎形的開發狀態。而相關滲透（correlated percolation）模式更能凸顯聚集的趨勢。該模式指出某一基地的開發機率隨著距已開發基地距離縮短而增加，且隨著與單核心中心距離增加而昇高。這類模式主要的貢獻在於有效描述實際都市成長的不規則性，且結果符合冪次定律（power laws）模式。

Bak 及 Chen（1991）認為許多重要物理現象，包括山崩及地震，發生於當系統處於一種即將瓦解的秩序狀態，稱之為自我組織臨界狀態（self-organized criticality）。在此狀態中，微小的干擾造成連鎖反應，其規模呈現冪次定律的分佈。Krugman（1996）亦指出經濟個體的互動會產生都市中類似的狀態，且可引申解釋為何新的邊緣城市會如此迅速的成長。區域科學學者長久以來便對於區位吸引力因規模之增加而增長有著濃厚的興趣。這些模式能夠產生分歧點（bifurcations）使得參數的些微改變造成均衡組織質的變異。Peter Allen 及 M.Sanglier（1981a）便曾利用這些概念敘述都市及區域成長過程而建立非均衡的動態模式。此模式源自於 Ilya Prigogine 的揮發性結構以說明具組織性的結構如何在熵的限制下維持下去（Nicholis and Prigogine, 1997）。Allen 及 Sanglier（1981）的模式建立在人口及就業的相關成長模式，並考量聚集經濟與擁擠非經濟。

前述大多數非經濟模式缺少價格系統以及其他理性經濟決策行為的描述。由於這些模式的建立為反顧（backward）而非前瞻（forward）性觀察，因此無法以經濟的角度來解釋。然而這些模式建立在個體行為上，因此與經濟推理並不違

背。此意味著結合系統模式與經濟模式是未來發展方向之一。可以將經濟行為完整地融入現有非經濟模式中，或將這些非經濟模式的精神整合於都市經濟學中。此亦為未來的重點之一。

另根據 Kurgman 教授的說法，都市化的力量不外乎拉力（centripetal forces）及推力（centrifugal forces）。所謂拉力指的是將人口及生產活動拉向聚集區的力量，而所謂的推力指的是將此聚集區分散的力量。拉力主要包括特定地點的自然優勢，包括港口、河道及中心區位等；市場規模的外部經濟，包括到市場的可及性（向前連結），到產品的可及性（向後連結），及深厚的勞動市場等；及純外部經濟，如知識的擴散等。推力則主要包括市場折衝力，包括通勤成本及都市地租；資源分散拉力，如農地；及非市場力，如擁擠及污染等。在拉力及推力均衡的假設下，新古典都市系統理論可推導出一最適都市規模，然而我們卻可觀察到實際都市的規模大小不等。新古典都市系統理論更認為都市專業化的結果使得不同特質的都市具有特定的規模。例如，工業城市的規模與農業城市的規模便不同。然而隨著都市的多樣化，專業化的都市已不存在。此外，從許多國家都市規模資料的整理可發現，都市規模的分布很平滑，且可以下列的冪次法則加以描述，即

$$N(S) = AS^{-\alpha} \tag{1-1}$$

其中 N(S) 為規模大於或等於 S 的都市數目。而 α 的值也接近於 1。

至於說為何都市規模的分布會依冪次法則而定，目前尚無適當的解釋。但可以確定的是冪次法則是龐大的複雜系統因組成分子間互動突現而成自我組織的證據之一。自我組織的概念被用來解釋許多自然及社會的現象，包括股市，地震，及政治組織等等。最近這個概念也被用來解釋都市內及都市間空間演變的秩序。

城鄉發展理論變遷與災害防治之關係

（一）不同人的行為假說與城鄉發展模式的變遷

　　從上述城鄉發展理論的回顧中，我們可以發現學者對於城鄉發展的觀察不斷的再轉變。從早期簡單的聚集經濟與運輸成本的概念來解釋城市的形成與其功能，到至今承認城市其實是一個複雜的結構，具有自我組織的特性與成長的特性（Batty et al, 1994）。這顯示都市成長的動能可能與人的創新與學習能力有關。當然，這樣理論看法的轉變也使都市規劃的功能從傳統由上而下，注重專家式的理性規劃與藍圖式的規劃，進而成為由下而上，尊重在地智慧與活力規劃的方式，也不再是專家式的全盤計劃，而是漸進式的都市規劃以符合潮流與民意。這樣的轉變其隱函的意義是，城鄉發展理論中對於人的行為模式有著截然不同的看法。

　　傳統城鄉發展理論中經濟學理論一直扮演著很重要的角色。如深受古典經濟學影響的德國古典經濟空間結構學派；著名的學者有 von Thünen 地租理論、Webber 工業區位理論與 Christaller 的中地理論等（陳坤宏，2001）。而新古典經濟學至今仍然深深影響著城鄉發展的區位與成長模式的理論討論（Capello, 2007）。但是新古典經濟學的發展與立基於此的相關城鄉發展理論，從二十世紀的末葉就不斷遭遇諸多質疑與挑戰。首先，就是在新古典經濟學中，將經濟人假設為一個理性、自私並以個人利益極大化，為其決策的準則，但在為求模型簡單化之下，假設經濟人乃是一個具有完全理性的人，並活在一個具完全資訊的世界裡。因此，在如此諸多假設下，一個按價格機制分配資源的完美均衡世界便由此產生。然而，新古典經濟學的一般均衡理論與對於人與現實世界過於簡化的假設，卻與現實世界差距甚大。

　　Coase（1988）便批評傳統新古典的分析是一種只存在於黑板的世界。Coase（1960）認為現實世界裡面，充滿著交易成本，這些交易成本乃是因為我們所處的環境具有高度不確定性與資訊不完全，也因此制度與規則就存在的必要，制度的功能就是在降低不確定性與提供資訊（North, 1990）。除了資訊不完美的問題之外，亦有學者批評經濟人好似一個完美計算機，具有高超的運算能力，馬上就

能計算出對於自己最有利的決策（Veblen, 1919）。這即是說明人並不具備完全理性的能力，而是有限理性（Bounded Rationality）的能力，人會犯錯且需要學習以修正錯誤，才會學到知識與經驗（Simon, 1957）。

其次，也有經濟學家認為每個人都是不一樣的，他的決策與效用，立基於他過往的經驗與所處的社會背景而有所不同。而且，有些人具有企業家精神（entrepreneurship），Schumpeter（1961）認為社會上的改變，往往是由一些人具有不同以往創新想法的人，在克服社會反抗改變的力量後，進而創造出新的生產模式與產品，進而取代舊有的方法，而這就是所謂創造性的破壞（deconstructive construction）。而企業家精神與創新才是經濟成長源源不絕的動力來源，近來經濟地理中強調的創新、學習與知識效果，以解釋產業群聚優勢，即是延續熊彼得的想法。

因此，在這些不同於傳統主流的經濟學家認為市場本來就不完美，也無可能達到均衡狀態，人的有限理性與知識，在面對不斷變動的世界中，人們只能不斷的進行調適與開創新的方法，以擴大個人的財富。經濟體系就是在這樣的情況中不斷地演化、競爭、新的生產模式淘汰舊有作法，社會也在這樣的情況下不斷進步。經濟體系的變化，就是由這些無數個人的決策與調適行為所產生的。市場機制就是透過價格傳遞資訊，使每個人自發地做調適行為，形成一個自發的秩序（spontaneous order）（Hayek, 1945）。而這自發的秩序，雖是人們行為所產生的，但卻不是某個個人所能設計與控制的（human action but not human design）（Hayek, 1949）。所以，所謂由看不見的手所導引的市場秩序，即是一種複雜秩序，市場秩序即是一種自我組識現象的體現，這些市場自發的秩序如股票、期貨市場、景氣循環等等皆是。這些非主流經濟學家的洞見與前述由物理界所發展的複雜科學的觀點，其實非常類似（Parker and Stacy, 2007）。經濟體系是一個不斷演化與自我組織的體系，個人如同細胞般需要不斷適應環境，而突變就如同企業家的創新，迫使我們必須學習與複製新的方法，才能在競爭的環境中不被淘汰。這些曾被忽略的經濟學家，他們的想法近來也越來越受到重視。承襲這些想法而發展的經濟學派如演化經濟學、新制度經濟學與奧地利學派等，都有多位學者得到諾貝爾經濟學獎。近來年心理學與經紀學所結合的實驗經濟學，發展不同以往人的行為假說，也得到巨大的發展。

　　上述經濟學界與科學界近來典範的轉變與類似的觀點，當然也深深啟發相關城鄉研究學者。都市的形成與結構也就如同市場般具有自發秩序，在不斷演化與調適（Webster and Lai, 2003）。當然，都市的結構也被視為一種複雜結構、具有自我組織特徵（Allen and Sanglier, 1981b）。而這些總體的特徵往往都是由無數微小的個體行為所組成的，這些微小個體的決定，將會間接的對都市總體形成改變（Portugali and Omer, 1997）。這個體與總體的改變的動態過程也吸引了很多學者的關注（Couclelis, 1987），近來以規則為基礎（rule-based）模型如細胞自動機與以代理人為基礎模型（agent-based model）甚為盛行於城鄉展動態模擬上，即是呼應經濟學界對於人的行為看法的不同。當然，城際之間的關係如城市規模具有一個冪次分佈現象與城市體系早已是一個跨越國際的城市網絡（city network）也都在在顯示出，都市與城鄉發展也是一個複雜體系，其結構與秩序也是由無數個個體行為所組成，而都市與城鄉的變化與演化，就是這些個體為求生存所作的調適與改變行為（Couclelis, 1989）。所以，近來的城鄉發展理論顯示城鄉體系、經濟體系都如同生態體系一般，由無數個彼此相連的個體集體調適的自我組織所形成（Webster and Wu, 1999）。所以，一旦災害來臨時改變這原有自我組織型態時，它們如何調適與重新自我組織，而政府又如何能扮演甚麼樣的角色去加速這自我組織的形成，將是災害防治的重要課題。

（二）人的行為、制度與災害管理

　　個體的選擇與互動會形成總體的自我組織結構，而這結構往往包含著各式各樣的組織與制度以形成現今的市場秩序與都市結構。因為人處在有限資訊與有限理性的世界中，在自利的動機驅使下，有可能做投機行為，巧取不正當的利益，這時候便需要規範（regulations）來提供資訊、降低不確定性與降低投機行為的風險（North, 1990, Barzel, 1997）。這些規範與相關降低不確定性與投機風險的花費，便是所謂的「交易成本」。Williamson（2000）認為社會由四種不同層級的制度所組成。第一級是社會基石的規範（embeddedness），社會道德、宗教教義、風俗習慣等便屬於此等級的社會非正式規範（因無強制力與明確條文），這些規範的形成是歷經長時間自發而成的，規範社會民眾的行為。第二級的規範是制度環境的規定，是一種正式規範，經過一定的立法程序與機關所形成的規則，法律、

政策、行政規章等皆屬之。第三級是統理結構的規範，即是立基在制度環境中，針對不同情況、條件而產生的規定如契約、公司規定、協會章程等。第四級的制度，便是人在前述三級規範下，所行塑的行為動機與決策模式。

因此，市場也是由各式各樣的規則所組成以規範交易安全，而公司組織的存在也是，某些交易在市場上的成本比它們透過公司組織內部交易的成本來的高，於是公司組織便形成了，將這些交易由市場轉成公司組織，相同地，若公司組織不斷擴大，使其公司組織成本過高，有些交易便會由公司組織外放到市場上（Coase, 1937）。而政府的存在當然也是為了處理一些特殊交易如公共財與外部性問題，希望透過政府處理而具有交易成本的優勢（Williamson, 1999）。而災害防治是否只需要政府組織即可？還是需要各式各樣的組織如市場、公司、社區組織或非營利組織一起發揮作用，才能促使都市早日形塑新的自我組織態樣？社會結構是由眾多的個體與相關組織一起形成的複雜結構，當然也需要這些組織分別發揮作用，才能促使社會從災害中迅速重新加以自我組織。而各個組織的特性與功能，也將會在本書各個章節中分別詳述與探討，並以九二一震災為例，以這十年來的經驗回顧，了解在重建過程中，各種組織的特性與功能，在這城鄉重新自我組織的演化過程中，辦演了甚麼角色。

四 結 論

目前災害防治多強調政府在恢復城市秩序與功能的角色，但忽略了其他相關組織亦是扮演城市自我組織的功能。雖然，政府在救災與災後重建的工作中，確實扮演著關鍵的角色。如按洪鴻智、邵珮君（2004）的評估，九二一地震災後重建的投入，政府部門從 1999 年至 2001 年投入的預算約 3,252 億元（約佔總投入金額之 91%），民間募款約 341 億元。可見九二一震災重建資源的投入，政府資源的挹注亦具有極關鍵的地位。然而 Horwich（1990, 2000）指出，市場力量能在救災與災後重建上發揮極大的功能，但是以往過度強調政府的角色與功能，往往造成了不必要的政府干預與政策失靈，從而延遲了救災的效率與災後重建資源的浪費。實際上，政府的重建決策無法逃避來自政治與經濟的壓力，特別是政府間的行政、社區與各類利益團體的需求壓力，而有可能產生政府失靈的現象（Mileti,

1999）。公共行政大師 William Niskane（2005）針對美國卡崔娜風災，便指出在風災過後的重建工作上，政府千萬不能做任何的價格、燃油、與食物的管制，否則這些政策失靈，將步過往管制政策的後塵，產生扭曲資源配置的不當後果。其次，他更建議災後工作的主導權應該由中央政府下放到地方政府或災民手中，因當地居民最清楚當地情況，知道有甚麼資源與受了多大程度的損害，重建該如何做起。因此，組織間之分工與關鍵決策的良窳便決定性的影響災區救災與重建之順利進行與否。

因此，城市發展與災害防治互為影響，一方面，我們可以透過城市發展的理解提出有效的災害防治策略，另一方面，我們可透過災害發生後城市運作的改變進而更深入理解城市發展的特性。城市的運作是複雜的，牽涉到軟體的制度面與硬體的空間面，而且兩者相互影響。當災害發生時，許多問題湧入城市系統中，當湧入的問題無法獲得適當地解決，城市系統便有可能瓦解，此時災害防治的規劃便有必要介入。相對地，城市運作的自組織也有可能解決部分湧入的問題，如何運用城市運作自組織的力量，並採取必要的災害防治措施，考驗著城市規劃者的智慧，也是本書所要探討的主題。

第二節　九二一集集地震對城鄉發展之影響*

近二十年，在全球環境變遷與許多大規模災害的衝擊下，全球、亞洲與台灣的災害損失與傷亡，不但節節上升，且成為城鄉發展面臨之最重大挑戰。災害與城鄉發展的關係，除必須釐清城鄉發展是否暴露在高災害風險，及快速發展引發的高易致災或脆弱度（vulnerability）外，大規模災害對於城鄉土地使用與社會經濟帶來的衝擊，亦是近年重要的災害風險管理課題（Rose, 2004）。

為討論大規模災害可能產生的影響，本節主要目的，乃以九二一集集地震（以下簡稱九二一地震）為例，說明其災害損害狀況，及簡要說明其對主要災區（南投縣與台中縣）發展的短期衝擊，最後說明相關研究與政策應用的展望。以

---

* 本節部分內容曾出版於「土木水利」，第 29 卷，第 2 期，pp.8-20。

下第一部分說明大規模災害與影響之相關文獻回顧；第二部分簡要說明九二一地震之災情分布；第三部分說明九二一地震之城鄉發展衝擊；最後為結論。

 一　大規模災害與災害影響

　　大規模災害不但可能摧毀城鄉原有土地使用與社會經濟設施，在重建過程，亦可能因都市計劃的調整與重建計劃執行，而形成土地使用模式的轉變。關於大規模災害衝擊，討論較多的文獻除偏重在實質設施損壞的評估外（陳亮全等人，2002），較關心的議題仍在於災害對社會經濟的衝擊，特別是對於地方經濟型態轉變與產業結構的影響。例如 Horwich（2000）與 Chang（2000）皆曾衡量大規模災害對地方社會經濟衝擊的程度，提出災害影響社會經濟之主要因素，及對於政府應扮演的角色提出政策上的討論。

　　探討大規模災害與重建過程對於區域或地方社會經濟的衝擊並非易事，因其涉及的層面非常廣泛且複雜。評估過程需克服的問題包含：(1)災害影響之地理與區域範圍的界定；(2)大規模災害涉及的社會經濟部門非常廣泛，非集中在特定部門，且這些部門間具有複雜的網絡關係，此不但造成評估的困難，且可能在估計過程不是低估就是會重覆計算災害影響；(3)非完全供給面或需求面的課題，通常是摻雜此兩個向度的綜合性課題；(4)民眾如何面對災害，甚至如何進行重建，非常難完全掌握；(5)關於產業或財產價值，及產業結構掌握的困難（West and Lenze, 1994）。由於災害的影響，常會造成社會經濟活動的轉變。災後重建的執行，亦會造成受災地區土地使用活動的變遷，及形成土地使用型態與內涵的衝擊與轉變。欲評估此種轉變，會面臨評估大規模災害與重建，對於社會經濟衝擊同樣的難題，因而如何研擬合適的評估方法論，是許多文獻共同關心的課題。

　　針對大規模災害對經濟衝擊分析之概念與相關模型，Rose（2004）曾進行完整的回顧。其彙整建立大規模災害對空間經濟衝擊模型建立之基本概念與主要影響要素，亦提出模型建立面臨的主要困難與問題。其提出之評估架構，對於評估災害影響之方法論與實證分析，提供重要的基礎。West and Lenze（1994）提出一個簡要的區域模型（schematic regional model），從政府投資、企業投資、居民資源投入、就業市場轉變與住宅提供等部門，觀察 1992 年美國 Andrew 颶風的災損

與災後重建的衝擊。其評估的結果發現，颱風的衝擊會展現在人口的遷移、失業與所得的降低。然在評估過程，因資料蒐集的困難、不確定性過高，及災害影響內容與範圍界定的困難，造成在進行類似衝擊評估（例如土地使用、社會、產業與經濟變遷的觀察與評估），仍有許多待解決的困境。

　　土地使用變遷模型的發展，已有長久的歷史。依 Harris（1985）與 Wegener（1994）的歸納，土地使用變遷模型已可整合人口、就業、住宅、運輸部門與土地使用型態的關係，以預測土地使用的變遷。這些模型對於瞭解影響都市成長的因素，及對都市發展的預測有非常大的幫助。然應用於觀察或評估災後土地使用變遷，仍需整合相關領域的研究成果，方能有效應用（洪鴻智等人，2008）。

　　現有文獻對於災害影響土地使用變遷之探討重心，偏重在分析造成地區災害損害差異的因素。這些因素包含自然條件、社會經濟、文化因素等，希望能建構出影響災害損害的主要因素，及這些因素與地區發展的關係模式（Gedikli，2005）。其中 Pricovic（2002）曾分析地震對土地使用的影響，指出地震會造成土地使用的改變，但改變的過程相當複雜。其歸納影響的主要因素包括地震發生時間、公共政策、土地使用計劃、建築技術、地質狀態、公共設施與維生系統（水、電力、交通等），及長期的環境與社會經濟的重建政策等。

　　另關於災後重建衝擊觀察的研究，傳統文獻主要關心的課題，在於針對不同地區重建計劃執行與災後都市發展關係的歸納。試圖更有系統的釐清，是否妥善的規劃或是否提出永續發展重建計劃的地區，真的產生較佳的重建成果或較完善的都市發展模式（Rodiek, 2007）。此等分析，需有系統的建立災前、災後與部門間的投入－產出關係，甚至災害對土地使用變遷衝擊引發的經濟效應，皆須有效納入模型中考慮，方能評估災害衝擊。

　　透過上述回顧之文獻，發現災害對城鄉發展與社會經濟影響之相關研究，為重要且方興未艾的研究領域。然深入的災害衝擊與影響評估，已逾越本節的討論範圍。本節主要重心，乃希望藉由九二一地震的衝擊分析，說明地震前後災區之社會經濟特性變遷，目的在提供後續地震影響或衝擊分析之基礎，而不深入評估地震之影響內涵與程度。

二 九二一集集地震

　　九二一地震共造成 2,405 人罹難、10,718 人受傷與 8,773 棟建物半倒或全倒（內政部建築研究所，1999）。其導致之直接經濟損失約為 3,622.8 億元，間接經濟損失約為 971.2 億元，亦造成許多家庭的流離失所與嚴重的社會衝擊。[1] 九二一災後重建工作至 2009 年，雖已屆十年，惟仍持續進行中。九二一地震發生重創的地區，主要集中在台中縣、南投縣、台中市北屯區與苗栗縣（蔡克銓、羅俊雄，2000）。地震發生後，行政院國家科學委員會與內政部建築研究所動員大量人力進行災損調查，調查之項目與內涵，遍及建物損壞、社會經濟衝擊、公共設施實質損壞等，調查成果在王鴻楷（1999）的報告中，有詳盡的呈現。然大規模災害對於受災地區影響，除實質設施損壞外，對於社會經濟衝擊型態與內涵，會依災區的地方經濟型態與結構而有差異（Horwich, 2000）。此現象在災後重建與大規模災害管理政策應用上，是值得進一步討論的議題。

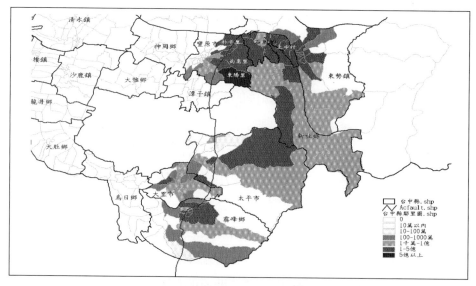

圖 1-2-1　台中縣各鄉鎮建物全倒損害重置成本分佈

資料來源：陳亮全等人，2002，圖 1

---

1 九二一地震之損害相關資料可參見台灣地震數位知識庫，網址：http://kbteq.ascc.net/archive/ dgbas/ dgbas02.html。

　　本節對於九二一地震造成台中與南投之建物損失估計與空間分布，乃以行政院國家科學委員會與建築研究所調查之建物損害分布，與 9,267 份問卷之調查成果為基礎，進行統計。另關於經濟建物倒塌損失金額的估計，乃引用 HAZ-Taiwan 地震損害估計系統之直接經濟損失模組估計而得（陳亮全等人，2001；陳亮全等人，2003）。[2]

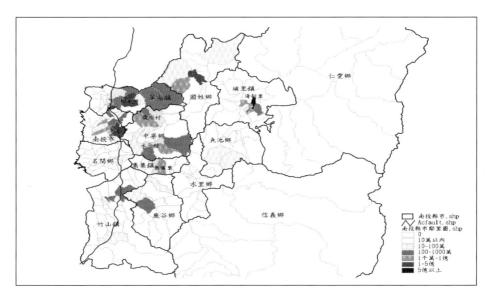

圖 1-2-2　　南投縣各鄉鎮建物全倒損害重置成本分佈

資料來源：陳亮全等人，2002，圖 2

　　依據 HAZ-Taiwan 系統估計之成果，台中縣建物全倒之總損失重置成本約為 93.6 億元，南投縣建物全倒之重置成本約為 120.2 億元。從圖 1-2-1 與圖 1-2-2 可發現，兩縣建物損失重置成本較高之地區，多位於車籠埔斷層線周邊，探究其原因除因斷層線經過造成之直接破壞外，在於建物建造年代多為 25 年以上之老舊建築物，故造成嚴重之損壞。

　　另關於傷亡人口，依蕭江碧（2001）的調查報告顯示，九二一地震造成的罹

---

2 HAZ-Taiwan 地震損害估計系統模組，估計地震損害之內容包含：直接實質損害、引發性實質損害、直接社會經濟損害與間接經濟損害四個模組，本節引用之模組為直接社會經濟損害估計模組，估計重心在於建物損害之重置成本估計。欲詳細瞭解 HAZ-Taiwan 系統的組成與直接經濟損失估計方式，可參見陳亮全等人（2003）及 Hung and Chen (2007)。

難者分布，台中縣最為嚴重，總罹難人數計有 1,089 人。其中罹難人口最多者為東勢鎮（348 人），其次為石岡鄉（164 人）、與豐原市（155 人）。南投縣之總罹難人數，計有 790 人，較嚴重者為埔里鎮（175 人），其次為中寮鄉（171 人）與竹山鎮（104 人）。從傷亡之分布，發現除台中縣的部分鄉鎮外，罹難人口分布與車籠埔斷層的距離無顯著關係，卻與圖 1-2-1 與圖 1-2-2 的建物損害脆弱度較高之地區，呈正比關係。依據王鴻楷（1999）與蕭江碧（2001）的調查成果顯示，此現象乃源於建物倒塌，特別是許多土确厝結構之建物倒塌，造成嚴重的傷亡，顯示建物耐震強度不但攸關各地區之脆弱程度，且是造成人員傷亡之主要因素。

關於九二一地震對於公共設施與維生管線之衝擊，在橋樑損壞方面，受損率分別為南投縣 51%（國姓、信義鄉佔多數）、台中縣 32%（主要為太平與東勢）。南投縣之竹山與台中縣之東勢、新社、太平與霧峰幾全部阻斷，與外界之交通運輸遭受重創。其中台中縣的受損較嚴重之橋樑主要以車籠埔斷層沿線為主，不但影響救災行動，且對短期的經濟行為與產業活動亦有深遠影響。

在輸配電方面，南投縣之電塔及變電所受損約 2%，發電廠則南投縣受損 11%、台中縣受損 33%。輸配電設施主要損壞在南投縣中寮、名間與埔里，此處的輸配電損壞，除造成南投輸配電設施之重創外，因南投之輸配電設備亦為南電北輸的重要樞紐，因而造成全台大停電，及全台經濟活動的重大衝擊。另在電信設施損壞方面，地震初期災區之電信系統亦遭到重創。造成此現象之主要原因，除因電信設施遭受地震的嚴重破壞外，尚因地震初期，探詢災情的電話大量湧入，造成機組不堪負荷，使通訊中斷。在行動電話方面，中華電信中繼站受損較不嚴重，遠傳電信南投縣損壞率達 85%，台中縣則未受損；台灣大哥大台中縣及南投縣幾全數受損（陳亮全等人，2002）。

在維生管線的受損狀況，其中自來水設施幾全數受損，造成災區供水系統的癱瘓。天然氣系統則以南投縣之竹山與名間鄉損害較嚴重，惟亦因而造成南投縣之天然氣系統難以運作。台中與南投縣之上、下水道系統，亦幾乎全毀，造成嚴重的都市排水問題。另九二一地震對於維生管線系統的損害，最嚴重時自來水停水戶達 103.5 萬戶，瓦斯阻斷戶有 32.7 萬戶，斷電戶有 678.4 萬戶，斷話戶數達 19 萬戶。其中斷電戶之比率，甚至高於日本阪神地震。

三　九二一地震社會經濟衝擊

（一）人口影響

　　九二一地震對於台中與南投縣的社會經濟衝擊影響因素，除震災的實質損害效應外，重建政策或策略的目標與執行內容，皆是影響災害衝擊內涵與程度的重要因素。地震對於災區的衝擊，首在於人口成長的衝擊。九二一地震造成的傷亡，雖分別只佔台中縣總人口之 0.94%（以民國 87 年底之人口為基礎），南投縣總人口之 1.91%。但因地震後，造成的人口減少（可能歸因於遷移因素），在南投縣卻非常顯著。其中南投縣之人口，在 1999 年前仍呈穩定成長，但在九二一地震後，即迅速下降，相對之台中縣人口，則較無此趨勢。南投縣人口，從 1999 年到 2000 年底，減少約 0.46%。日本阪神地區地震後之人口下降率約為 2.5%（Chang, 1996），較南投縣之比率略高。

（二）產業與觀光

　　南投縣與台中縣為台灣之重要農業與觀光地區，故九二一地震對該等地區之旅遊餐飲業衝擊最大。依據經濟部與台灣經濟研究院之「產業技術資訊服務推廣計劃（ITIS）」的分析，九二一地震對災區最大之影響，除觀光相關產業外，主在於機械設備業。因中部地區（主要為台中縣）為機械設備工廠集中地（地震使災區廠商約 30% 以上損毀，且幾乎全部遭受地震停電的衝擊），地震對該產業的直接損害與訂單損失非常龐大。此對於機械設備產業相關的投入－產出的上下游廠商，形成極大之影響。

　　彭素玲（1999）指出，地震造成災區廠商的損害，受損廠商之損失額多在 100 萬以下。造成較大衝擊的原因，反而在於地震後的停電與限電衝擊，迫使許多外銷訂單轉往他國。對於消費性產業的衝擊，較嚴重之問題在於民眾消費轉趨保守。因需求的降低而衝擊產業發展，尤其是對觀光遊憩與餐飲業的影響最為明顯。如從圖 1-2-3 的觀光遊憩人數統計成果顯示，台中縣觀光人口於 1999 年與 2000 年皆大幅降低，其中 1999 年降低 53%，2000 年降低 33%，原因可能與中橫路

線中斷有關。南投縣觀光人口，在九二一地震之後亦大量流失，其中 1999 年減少 52%，2000 年減少 35%。旅客的大幅減少，對於以觀光與農業為重要發展面向的兩縣，無疑是非常嚴重的衝擊，此亦可能是造成失業人口大幅增加的另一重要因素。

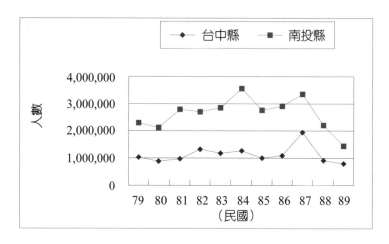

圖 1-2-3　台中縣、南投縣九二一地震前後觀光旅客量
資料來源：台中、南投縣統計要覽，2001；陳亮全等人，2003

　　行政院九二一震災災後重建推動委員會與經濟部，在地震後為重振災區的觀光業與農業陸續推出「形象商圈活化及重塑計劃」、「商業重建計劃」等。透過商圈特色的塑造與農產品的促銷活動刺激觀光業，及為創造各地特色推出的觀光與農業發展結合的地方產業重建策略（林建元、呂宗盈，2001；張桂林，2001），此對災區觀光旅客人數提昇與發展有具體幫助。然地震對於觀光遊憩造成衝擊的主要原因，可能來自對基礎設施（如交通運輸系統）、住宿與餐飲設施、景點的破壞，及消費者對地震的恐懼與災後支出萎縮所致（Mazzocchhi and Montini, 2001）。故重建過程如能迅速進行基礎設施的重建，或重建消費者的信心，勢必可改善災區的觀光遊憩業。

（三）住宅衝擊

　　九二一地震災後重建過程，住宅的重建為龐大之工作。而住宅重建較困難的事務則為集合住宅重建，其中集合住宅共損毀 262 棟（柯鄉黨，2001）。住宅的重建，雖政府透過許多策略，包含都市計劃簡化措施的配合、新市鎮開發、提供

低利貸款與融資等方式協助重建，惟仍面對許多重建的困境。這些困難包含土地權屬的衝突、土地經界的爭議、使用管理、拆遷安置、資金不足等問題。因此政府協助災區住宅重建的問題本質，究應回歸住宅市場，由市場機能解決住宅供給問題，或透過政府有系統的提供住宅，引發許多爭議。故大規模災害災後住宅重建問題，並非單純的住宅提供或實體重建，尚涉及災區社會救助、社區營造、社區文化系統保存與社會經濟體系重建之公共性課題。

四　討　論

本節針對重大天然災害對於城鄉發展的可能影響，進行相關之文獻回顧，並以九二一地震為例，分就社會、經濟與住宅，討論其對於台中與南投縣之衝擊。九二一地震發生後，災後重建工作的推動狀況與產生的課題，有許多值得進一步討論之處。本節引用地理資訊與 HAZ-Taiwan 系統，說明九二一地震社會經濟損害與脆弱度的地理分布特性，發現九二一地震損害的特性與車籠埔斷層經過之地區有密切關係，且經過交叉分析亦發現建物損害與傷亡分布亦有密切相關。從本節應用成果，可更有系統的分析地震社會經濟損害特性，對於地震重建決策支援亦提供可行之發展方向。

九二一地震對於台中與南投縣的社會經濟衝擊，除直接實質災害損害外，主要在於對台中與南投縣之社會、觀光遊憩相關產業的衝擊。然此等衝擊，亟需後續進行更深入的衝擊評估，包含對於產業結構、組織與投入－產出之討論，甚至相關之衝擊模式建置，皆是可行的後續研究方向。

透過重大災害對於社會經濟或土地使用之影響分析，有助於瞭解災害發生與空間脆弱度、回復力（resilience）與調適力（adaptation capacity）之關係。故深入瞭解災害衝擊內涵與影響城鄉發展的重要因素，不但對於如何進行災後重建，及災後重建重心之確立，能提出有效的決策支援。對於降低城鄉發展脆弱度，提升災害回復力與調適能力，皆可提供有效的政策擬定方向。另對於災前減災與整備相關工作之推動，亦可提供基礎資訊，以作為災害防救相關決策之參考。

第三節　災後重建與公私部門之支援

　　災害發生後，緊急社會體系中最重要的部分乃為與災害處理相關之組織：公部門（包括中央政府、地方政府）與私部門（社區組織、非營利組織、非政府組織、宗教組織等）。對公部門與私部門運作而言，由於對災害應變之不確定性[3]增大，緊急性[4]增加，組織與組織間相互依存性[5]增高、課題處理增多，使得各組織往往無法明確掌握自身之處理能力，因而隨著環境課題變化，公部門與私部門間所採取之適當的行為，如：如何相互協調、互助支援網絡之建置等往往影響應變或重建之效率。學者江明修等人指出，官僚僵化的組織或計劃在實際的災害發生時，往往無法發揮作用，由具有彈性的計劃或組織才可能在複雜的災後進行運作，建議建構一「緊急人力資源模式」（Emergent Human Resource Model, EHRM），透過民間私部門所建構的非官僚目的、較鬆散的組織來面對災後處理反倒較有效率（江明修、鄭勝分，2002）。公部門往往在面臨災害後由於整合能力之減弱，使得社會需求無法完全依賴政府的提供下，私部門若能適時填補此空隙，將可能有效提昇災後應變與重建能力。本節將針對災害後的重建意涵與公私部門對於重建支援之定位進行整理與分析。

一　重建之意涵

　　重建在整個災害管理的戰略，屬於其中的一環，在災害管理理論發展的過程中，部分學者從社會學的角度或從災害復興重建實際案例中，對「重建」有更進一步的描述。

　　1990年後國際講究「減災戰略」，學者除了思考重建的目標外，亦開始思考如何來達成重建，Nigg（1995）則更進一步的認為重建不應只注重其最終結果，

3　「不確定性增大」乃指人、物、資訊等資源的預測與控制之可能性降低。
4　「緊急性增加」乃指：隨著災後時間變化，應變或重建的課題在其優先性考量下需迅速處理。
5　「相互依存性增大」乃指：因災害所造成社會全體之資源之絕對量降低，使得各組織對其所有的資源依賴程度變高。

更應視之為一種社會過程，整合災前的防、減災、降低脆弱度（vulnerability）與災後重建、恢復與生活機能重整的決策過程。佐藤滋（1999）認為重建被稱為是無法事前確立的動態型事物，通常都市計劃是針對可以事前確認的情況做根據，社區重建則是以其為根據做基本設計，而不是照事業體制誘導來做實行，就各式各樣的狀況對地區主體判斷做對應變化，而不是單純以「事前確定計劃」來對應不確實的未來。如何進行營運和實行過程也是重建的重點。

林春男（2003）認為重建並非只有重建都市，而是需要連當地居民的生活和地區經濟一起重建，這才叫做真正的重建。完整的重建必須包括「復原」和「復興」兩大概念：「災害復原」如同字面所說，就是為了恢復原狀所做的災害對應活動。將因災害而被破壞的設施機能，恢復到災害前的狀態。「災害復興」並不是將設施機能恢復到災害前的原狀，而是將災害地區儲備出比以前還要多的活力，進而重建居住的家園和環境的活動。林春男從阪神・淡路震災復興的經驗中，進一步指出重建最重要的基本為社會基盤的復原、居住地的重建和確保工作及生活的重建。

洪鴻智、邵珮君（2004）從許多地震災後重建實務經驗與災害風險管理理論，歸納以下 9 個災後重建原則：

1.確認與整合可支援重建的地方團體與相關機制；

2.避免無系統的重建支援；

3.避免長期依賴；

4.儘可能授權；

5.確認與瞭解重建的限制；

6.保存與更新的平衡；

7.追求公平的資源分配模式；

8.培養責任感與主動精神；

9.從災後損害的緩解轉為積極與永續。

 重建分期及工作內容

Quarantelli（1999）整理歷來學者對災後重建之研究文獻，發現在重建過程

中，接受援助者及援助重建之組織團體各有不同的需求及遭遇不同的課題，將之整理如下：

1.接受援助者之特性及遭遇課題

(1)被援助者不只在意他們損失了多少，且在意重建時其相對的努力之所得（這種情形較常發生在社區或都市規模的災害而非一般交通意外）。

(2)災前的社會地位會影響其重建過程所獲得之幫助（災前非社會主流的人物重建時期亦通常為非主要的人物）。

(3)受災者或家戶在社區內較良好的社會網絡關係，有助於其重建進行，而此社區內社會網絡在重建過程中較親戚間的聯繫更有幫助。

(4)對不同社會地位的人而言，獲取重建資訊及協助會有所不同的待遇。

(5)對受災者而言重建期的援助多來自親友，經常忽視社區外部住宅重建援助的申請和請求。

(6)家庭社會經濟水準的地位在重建過程十分重要。

(7)在同樣的社經及心理條件下，越晚進行重建的受災家戶，其所能恢復到災前的水準就越低。

(8)實質的重建與具有情感意義或象徵意義的重建間並無強烈的關連（即便住家復原了，具有情感意義的物件不見得能恢復）。

(9)越多的臨時住所選擇及居民遷徙表示重建過程會發生越多的困難。

(10)社會實質與經濟重建過程可能同時會有正面和反面的結果。

2.援助重建者之特性及遭遇課題

(1)NGOs 及 NPOs 的援助常被忽視，而這類協助往往能補足官方或正式援助之不足。

(2)救災的特性是新團體和新方法的應用，官僚政治在這方面往往沒有靈活性，但新組織與既有組織間的聯繫及合作亦常是問題。

(3)即便不考慮臨時成立的組織時，既有組織間若缺乏對災難的核心或主要計劃，往往在重建業務上重疊，導致負面結果甚至與社區內部組織起衝突，妨礙重建。

(4)提供重建援助組織的內部人員素質因素經常被忽略，這些人員經常是未經訓練的，這樣的因素不利於重建效率。

(5)除非具備系統的記錄和正式的評論，否則重建過程中組織運作的經驗將鮮少被學習及延續乃至於被制度化。

(6)重建的優先順序通常未讓當地居民或受災者瞭解，通常是因為整體的經濟需求凌駕於直接的個人的救助。

(7)在很多情況下重建援助會受到強烈的政治干預。

許多學者針對這些重建的課題，從不同的災害進行觀察研究，整理出重建之階段分期，及各階段分期之重點工作內容，茲敘述如下：

1.數個災害的通則

美日學者如 Hass et al.、Quarantelli、室崎益輝等人長期觀察其國內之災害重建復原過程，將重建的過程區分為數個階段，並整理各階段首要之課題及工作重點如下：

Hass, Kates and Bowden（1977）指出災後復原或重建應包含四個階段：(1)緊急應變：包含廢棄物清理、短期住宅（庇護所）提供、傷亡搜尋與救助；(2)公共服務的恢復：如水、電、瓦斯等維生系統、通訊與物資系統；(3)資本財或建物的重建或改建：恢復資本財或建物至災前水準；(4)生活重建：改善、重建或促進地方之發展與經濟成長。災後重建需重視內涵，不僅是結果，視災後重建為一種社會過程，整合災前防減災、災感度降低與災後重建、恢復與生活機能重整的決策過程。

Quarantelli（1982）提出了住宅重建的四階段，認為在災害發生之後，住宅重建將依下列四個階段進行：(1)緊急避難所（emergency shelter）：例如地震發生後，災民緊急跑到空曠處避難；(2)臨時避難所（temporary shelter）(3)臨時性住屋（temporary housing）：從「臨時避難所」過渡到「永久性住屋」大約需要數週至數年的時間，這期間「臨時性住屋」對中下階層災民扮演極為重要的角色。臨時性住屋的管理極為重要，否則一些「臨時性住屋」在災民久居不離的情況下，就變成「永久性住屋」；(4)永久性住屋（permanent housing）：「永久性住屋」是住宅重建的最後一個階段，災民在原來土地上或另覓它址，重新建造永久性住屋。

室崎益輝（1989）提及在日本主要五大風水災害、四大地震災害與三大都市型火災後住宅重建過程的研究中，可以將住宅重建階段分為危險迴避期、混亂期、應付期、回復期及復興期等不同的時期，首先在(1)危險迴避期（災害發生～

24 小時），主要工作內容為大部分災民待在安全的避難所避開可能的二次災害、對災民發布緊急疏散命令；(2)混亂期（災害發生後一週），主要工作內容為災民在此時期尋求短暫的寄居場所及避難所的開設；(3)應付期（災害發生後 1 個月），主要工作內容為組合屋的提供；(4)回復期（災害發生後半年），主要工作內容為永久住宅的需求逐漸升高、低所得戶提供出租式公營住宅；(4)復興期（半年以後），主要工作內容為大量建設永久住宅，除出租式公營住宅的建設外，對於個人重建提供優惠貸款等資金面的援助。

　　台灣在 1999 年 9 月 21 日發生芮氏地震規模 7.3 之集集大地震，震災發生後，行政院成立九二一重建委員會主導災後重建工作，九二一震災重建過程各階段之工作及課題整理如下（如表 1-3-1）：

表 1-3-1　台灣九二一集集地震災後重建階段工作內容表

災　害	提出者	分　期	時　間	主要內容
九二一集集地震	邵珮君（2003）	救援時期	地震發生後～1999.9	・災民安置 ・由政府提供公有建築物 ・收容需要暫時安置的災民
		安置時期	1999.9～2000.1	・發放租金 ・提供臨時住宅 ・優惠承購國宅
		復興時期	2000.1～	・個別住宅重建 ・社區重建 ・建設公共住宅
	羅時瑋謝宜庭（2002）	緊急救災期	1999.9.21～1999.11.30	・成立賑災中心及重建委員會 ・籌措臨時安置場所 ・發放救援物資
		支援參與重建期	1999.12～2001.7	・外來團隊支援加上村社區參與重建過程 ・外來團隊募款或爭取補助協助災區重建工作 ・當地居民在災變之後重新進行社會再動員，與外來團隊配合行動
		半自主參與重建期	2001.7～	・村民自主意識提昇，外來團隊配合社區
		自主參與重建期	-	・無須仰賴外來團體，藉由社區自主的力量繼續完成重建工作

九二一集集地震	周月清 王增勇等 （2004）	準備計劃期	災害發生前	・訓練、演習、警報系統處理等等
		回應計劃期	災害發生後 2～3 週	・緊急救援疏散 ・道路清除 ・食物與避難場所供應 ・醫療協助
		重建計劃期	地震發生後第 三週以後至今	・公共事業、醫院、社區功能恢復 ・生活回復正常
		緩和期	下次災變發生 前及重建階段	・重新安置災民到非地震斷層區或洪水區 ・減少災民損失的各種建設與教育等
	黃秀政 （2005）	搶救時期	1999.9～ 1999.10	・生命救援 ・交通管制 ・危機排除
		災民安置時期	1999.10～ 2000.5	・落實成效 ・便利災民 ・因應緊急命令的時效性擬定災後重建暫行條例
		重建前期	2000.6～ 2002.5	・思考有效統治 ・區域治理 ・創新價值 ・回歸專業 ・在地精神 ・民力無窮 ・克服土石流災害威脅 ・扭轉社會對災區的不安與害怕心理 ・發揮重建效果 ・指標性工作的驗收及檢驗階段
		重建後期	2002.6～	・優質重建 ・永續環境 ・安居樂業為目標導向 ・繼續推動五年振興計劃及各項重建工作
	蕭伊如 （2005）	應變階段	災害發生 24 小時內至數週	・人員搶救 ・醫療救援 ・緊急命令發布 ・交通搶通 ・供應收容所
		安置階段	災害發生後數 週內至數個月	・確認受災情況 ・飲食與水等物資確保 ・公共服務恢復 ・開設避難所
		復原階段	災害發生後數 個月	・重建制度與計劃提出 ・維生管線等基礎建設修復 ・臨時住宅供給 ・商討重建計劃

			・重建經費與計劃支援
	重建階段	災害發生後數個月至數年	・道路公園之建設
			・減災措施
			・永久住宅興建
			・災後公營住宅供給
			・生活重建

（資料來源：作者整理）

經整理上述災害重建通則、美國、日本與台灣災後重建過程分析與整理，可將重建過程簡單歸納為四個階段：應變階段、安置階段、復原階段與重建階段。

 ### 三 公（政府）私（民間非政府）部門支援重建之關係

依據日本學者林泰義（1999）的研究，參與災後社區重建的組織可分為政府部門、NGOs 及災區內志工性質團體，其中屬災區外部組織依照公權力的行使可分為擁有公權力的政府與政府以外之民間非政府部門（以下稱 NGOs 等組織）；政府代表國家以各種預算、編制人力、政策來執行重建相關工作，而 NGOs 等組織代表民間相關自主力量投入。

本研究分析美國北嶺地震、日本阪神・淡路地震及台灣九二一地震之重建過程中政府部門與 NGOs 等組織所執行或協助之工作內容，將其分別整理如表 1-3-2 與表 1-3-3 所示。

表 1-3-2 大規模地震災後政府部門之重建工作內容

災　害	提出者	重建階段	政府執行工作
美國北嶺地震	Mary. C. Comerio（1998）	救援時期	➤提供短期租金與抵押補助 ➤災情嚴重時，由 the Department Housing and Urban Development（簡稱 HUD）發給租金憑證
		復興時期	➤援助基礎建設 ➤援助民間住宅補修或重建 ➤提供特殊住宅貸款
日本阪神淡路	邵珮君（2004）	應變／復原／重建階段	■重建法制度 ➤重建主體 ➤都市地區重建、都市基盤搶救 ➤住宅重建、受災者援助 ➤雇用的維持與確保

大地震			➢產業與經濟重建支援 ■整體復興計劃 ➢阪神淡路震災復興計劃 ➢階段性計劃 ➢受災都市土地重建特別法 ■住宅重建措施 ➢臨時住宅 ➢兵庫縣三年住宅重建計劃 ➢災後重建公共住宅 ➢減輕私部門承租戶租金負擔計劃 ➢私人住宅重建之輔助措施 ➢共同化與協調化住宅重建 ■社區重建計劃 ➢都市計劃之土地重劃事業與都市更新事業 ➢居住環境整備事業 ➢市民主體的綜合地區營造
台灣九二一震災	呂朝賢（2001）	應變階段	■緊急生命救援、賑災、臨時安置與心理創傷的初步整理 ■使救災物資能確實、穩定與適切的輸送配置至需要的地方 ➢慰問金與房屋租金補助臨時安置 ➢其他緊急救助服務與物資供應 ■慰問金與租金補助 ➢臨時安置
		復原階段	■行政院經建會通過災後崇建計劃工作網領：包括公共建設計劃、產業重建計劃、生活重建計劃、社區重建計劃 ■行政院擬定 921 震災重建暫行條例 ➢規定各縣市於災區鄉鎮設立生活重建服務中心或生活重建服務聯絡站 ■相關法案

表 1-3-3　大規模地震災後民間非政府部門之重建工作內容

災害	提出者	重建階段	民間部門參與工作	民間組織名稱
美國北嶺地震	Mary. C. Cmerio （1998）	緊急時期	-	-
		救援時期	■災情較輕之地方，開設避難所	■美國紅十字會
		復興時期	-	-
	丘昌泰（2000）	-	■全國性的災難計劃、準備、社區救難教育舒緩與回應	■美國紅十字會
			■在緊急危機期間，整合公私部門資源，執行災難回應服務與教育訓練計劃	■美國全國緊急回應小組
			■各州緊急管理管理機構組成的專業性協會，為領導者提供資訊與資源，為改進緊急管理作決策之夥伴關係	■美國全國緊急管理協會

			■透過溝通管道、合作默契、協調政策、教育訓練、領導發展、減緩災難、召開會議、發展組織	■美國全國自願組織災難行動聯盟
日本阪神淡路地震	邵珮君（2004）、蕭伊如（2005）	應變階段	■災民救出（野田北部地區） ■受災調查（野田北部地區）	■真野地區—災害對策本部（社區內部組織） ■野田北部地區—災害對策本部（社區內部組織）
		安置階段	■家屋拆除作業（野田北部地區） ■居民避難狀況調查（野田北部地區）	■真野地區—災害對策本部、自治會、社區營造推進會（以上皆為社區內部組織） ■野田北部地區—災害對策本部、自治會、社區營造協議會（社區內部組織）
		復原階段	■主要協助社區住宅重建	■真野地區—社區營造重建事務所、社區營造推進會、交流社區營造協議會、真野基金會（以上皆為社區內部組織） ■野田北部地區—社區營造協議會、地區計劃勉強會（社區內部組織）
		重建階段	■社區住宅重建—居住環境改善 ➤真野地區—住宅改善、福祉交流 ➤野田北部地區—包括環境、自然、景觀、世代等多元方向	■真野地區—社區營造重建事務所、社區營造推進會、交流社區營造協議會（以上皆為社區內部組織） ■野田北部地區—社區營造協議會、野田故鄉網絡（社區內部組織）
日本阪神淡路地震	高見澤邦郎（1999）	-	■社區規劃、建築、以及不動產鑑定人和土地房屋鑑價及稅務·法務的經驗知識提供 ■支援應急危險度等的調查 ■社區、建築、稅賦、法律等專業支援以及經驗的提供 ■避難所設置、確定社區規劃團隊據點 ■為支援而進行之支援	■專家、專業從業人員 ■學會、協會、大學 ■阪神淡路地方自治團體基金（HAC基金） ■阪神·淡路文藝復興基金FHAR基金
日本阪神淡路地震	丘昌泰（2000）	-	■監督921震災募款使用	全國民間重建協調監督聯盟
			■提供災後初期的救援物資	宗教慈善團體

			■期望整合企業資源與災區重建需求，協助推動災後的重建工作	企業組織
			■災後搜救工作	國際救難隊伍
			■推動長期重建工作	其他災後重建團體
	呂朝賢（2001）	應變階段	■緊急生命救援、賑災、臨時安置與心理創傷的初步整理 ■使救災物資能確實、穩定與適切的輸送配置至需要的地方 ➤慰問金與租金補助 ➤臨時安置：約興建 3470 戶 ➤其他緊急救助服務與物資供應 ■慰問金與租金補助 ■臨時安置	■慰問金與租金補助—慈濟 世界展望會 佛光山 中華基督教救助協會 中華基督教浸信聯會 長老教會 ■臨時安置—慈濟 佛光山 世界展望會 中華基督教救助協會 中華兒童暨家庭扶助基金會 中華民國一貫道總會 基督教長老教會
		復原階段	■生活重建中心與服務站：官方 29 個服務站由民間委辦執行 民間自行成立者至少有 67 個 另外社區重建推動委員會至少有 600 個 ■相關法案	■相關法案：慈濟 台灣世界展望會 中華兒童計家庭扶助基金會 中華基督教救助協會 交督教長老教會 法鼓山 佛教基金會
台灣九二一震災	羅時瑋、謝宜庭（2001）	緊急救災期（1999.9.21-11.30）	■社區成立「賑災中心」 ➤清除瓦礫 ➤以搭建帆布蓬、帳篷及取得貨櫃屋安置災民 ➤2 次大規模清理災區活動	
		支援參與重建期（1999.12-2001.7）	■外來團隊加上社區參與 ➤成立「社區學園」：開設電腦、攝影、木工、藥用植物研習、建材辨識等課程 ➤推動老人開伙：每日供應 2 餐，共 180 人次 ➤社區認養社區 ➤社區醫療服務 ➤小環境改善工程	
		半自主參與重建期	■外來團隊協助社區內部組織 ➤確立社區內部組織的核心組織 ➤「社區學園」進一步推動「產業文化化」 ➤開辦老人日托服務 ➤執行樟平溪流域社區總體營造 ➤配合季節性農產品包裝成地方慶典	

資料來源：作者整理

上述國內外地震災後重建工作之整理可發現：政府在重建過程中，主要的工作內容包括：緊急搶救與物資支援、法規制度的配套措施、財政資金方面的補助及提供公有住宅等。民間非政府部門在緊急應變時期機動的救援活動，以及提供避難所資源等工作上，發揮一定的功用，並在後續如法務、財務、規劃等相關專業問題的處理扮演重要角色。

比較政府部門、民間非政府部門（以下稱 NGOs 等組織）之災後重建工作，整理如表 1-3-4 所示：

(1)救援時期

政府於救援時期之主要工作，乃為人員的搶救與提供災民維持基本生存的物資，政府由擁有軍事、警察、消防等既有救援人力，因此在此階段較能以有組織之方式動員人力，並且能透過官方名義邀請國外官方救援組織參與救援行動。民間非政府組織在此階段的工作與政府極為類似，但是由於過去大規模災害發生時，政府雖有動員人力救援，然而其救災效率卻往往受到災民的質疑，NGOs 以民間自主力量投入，希望貼近災民的需求，並在有限救援時間內將傷亡降至最低，因此表面上與政府執行工作相同，實際上則是補足政府救援工作不足之處。

(2)安置時期

政府為因應大規模災害後各項千頭萬緒的重建工作，必須先由法律、制度面開始建構推動災區重建的相關法案。並且在此時期，必須解決災民從短期避難的各種避難所安置到可以中長期居住之住所。因此，NGOs 也投入提供臨時住宅。在此階段，政府與 NGOs 的執行工作亦可說是互補其不足。

(3)重建時期

政府在重建時期執行重大工程的重建、透過政府資金提供住宅貸款並且擬定長期的重建計劃。NGOs 在此階段由於大部分組織受限於資源不足，除了少數有自身資源可獨立、持續在災區進行重建工作，其餘皆是以執行政府長期性的重建計劃方式，運用政府及部分自身資金，在災區進行重建。值得注意的是，在重建時期，政府原本派駐於災區的人力大多已縮減，因此，反倒是 NGOs 在災區進行重建的時間較長，與災民的互動較為頻繁。

表 1-3-4　政府與民間非政府部門之災後重建執行工作比較表

重建階段	相同處	相異處		民間非政府部門（NGOs 等）
		政府		
		中央	地方	
救援時期	➤救援行動及提供救援物資	➤緊急搜救行動 ➤募集救援物資	➤分配救援物資	➤協助搜救行動及提供救援物資
安置時期	➤提供臨時住宅	➤制定全面性的重建法制 ➤提供租金補助/臨時住宅	➤執行重建計劃 ➤清查受災現況	➤提供臨時住宅
復原／重建時期	-	➤執行重大公共建設 ➤提供住宅貸款 ➤擬定長期性的重建計劃：例如社區總體營造計劃、輔導就業、文化資產保存等等	➤執行規模較小之基礎建設 ➤援助民間宅修補或重建	➤以各種不同專業協助災區重建

資料來源：作者整理

　　歸納上述政府部門與民間非政府部門的異同後，嘗試導引出政府與民間非政府部門在災區重建過程中之主要發展策略為：

1.政府部門：

(1)大環境的塑造

(2)完備法規及健全機制

2.民間非政府部門：

(1)社區合作

(2)政府失靈時的功能輔助

四　討　論

　　透過本節歸納重建意涵、重建工作內容與公私部門之工作差異。災後重建之主要目標可視為在恢復災區的生活與產業機能，減緩或轉換脆弱度演進方向，以降低災害風險與達到永續發展目標。而災害發生後至進入實質重建過程，大致可分為緊急搶救、安置及實質重建等階段。在緊急應變與救援階段中，工作重點在於確保災區災民之性命安全及迅速恢復重要設施功能以協助救災之進行為首要任務。進入安置階段後，如何透過補助金發放或生活輔導機制讓災民之避難生活趨於穩定，逐漸回復災前之生活水準乃為此階段之重點；進入到重建階段後，重建

階段時間因災害規模與受災程度大小而有所差異。重建階段之工作目標不只將災區之環境與生活水準回復至災前狀況，乃更進一步落實永續安全環境、產業再造等發展遠景之發展策略，而後續重建工作是否可進一步全面性推動亦與安置階段之穩定與否息息相關。因此，如何確切掌握災區需求，設定災後重建各階段目標且能夠有效率的落實重建工作，實為災後重建之重要課題。

從重建工作內容分野瞭解需有政府部門與民間非政府部門（NGOs 等組織）之參與。政府部門因擁有制訂重建計劃之權限與資源，在制度、資金、人力、分工上具有充足性與完整性；NGOs 等民間非政府組織其架構不若政府的行政機器龐大，NGOs 之操作機制具有高度自由度及靈活度，故 NGOs 在協助重建工作時往往具有使命感且專業能力亦較具彈性、應變性等特性。然實質重建過程中，所遇到之問題往往呈現多樣性及複雜性，而有效率之災後重建應與公私部門如何相輔相成，共同解決重建推動問題，使重建得以順利推動有密切關係。後續將透過章節之討論，希望能提出相關資訊作為探討此議題之基礎。

參考文獻

第一節

洪鴻智、邵珮君（2004），「災後重建體系及其運作機制檢討與件之研究」，行政院災害防救委員會委託研究報告，台北。

陳坤宏（2001），空間結構──理論與方法論，第三版，台北：明文。

Allen P and Sanglier M, (1981a) A dynamic model of a central place system-II, *Geographical Analysis* 13:2 149-164.

Allen P and Sanglier M, (1981b) Urban Evolution, Self organization, and decision making, *Environment and Planning A*, 13, 167-183.

Geographical Analysis 13:2 149-164.

Anas A, Arnott R, and Small K A, 1998 Urban spatial structure, *Journal of Economic Literature* XXXVI (September) 1426-1464.

Arthur W B, 1990 Positive feedbacks in the economy, *Scientific America* 262:2 92-99.

Bak P and Chen K, 1991 Self-organized criticality, *Scientific America* 264:1 46-53.

Barzel, Y., (1997). *Economic Analysis of Property rights*, Cambridge: Cambridge University Press.

Capello, R. (2007) Regional Economics, Routledge: New York.

Coase, R.H., (1937). "The nature of the firm", *Economics*, 4(2): 386-405.

Coase, R.H., (1960). "The problem of social cost", *Journal of Law and Economics*, 3: 1-44.

Coase, R.H., (1988). *The Firm, the Market, and the Law*, Chicago: University of Chicago Press.

Couclelis H, (1987) Cellular dynamics: how individual decisions lead to global urban change, *Journal of Operational Research*, 30 344-346.

Couclelis H, 1988 Of mice and men: what rodent populations can teach us about complex spatial dynamics, *Environment and Planning A* 20 99-109.

Couclelis H, 1989 Macrostructure and microbehavior in a metropolitan area, *Environment and Planning B* 16 141-154.

Hayek, F.A., (1945). "The use knowledge in society", *American Economic Review*, 35: 519-530.

Hayek, F.A., (1949). Individualism and Economic Order, London: Routledge & Kegan Paul.

Horwich, G., (1990). "Disasters and Market Response", *Cato Journal*, 9(3): 531-555.

Horwich, G. (2000). "Economic lessons of the Kobe earthquake," *Economic Development and Cultural Change*, 48: 521-542.

Krugman P, 1996 *The Self-Organizing Economy*, Cambridge, MA: Blackwell.

Krugman P, 1996 Urban concentration: the role of increasing returns and transport costs, *International Regional Science Review* 19 (1&2) 5-30.

Mileti, D.S. (1999), *Disaster by Design: A Reassessment of Natural Hazards in the United States*, Washington D.C.: Joseph Henry Press.

Nicholis G and Prigogine I, 1977 *Self-Organization in Non-equilibrium Systems: From Dissipative Structures to Order through Fluctuations*, NY: John Wiley.

Niskanen, W.A., (2005). "Commerce and Consumer Protection Implications of Hurricane Katrina", Cato Institute, http://www.cato.org/testimony/ct-wn092105.html.

North, D., (1990). *Institutions, Institutional Change and Economic Performance*, Cambridge: Cambridge University Press.

Parker, D.and Stacy, R. (2007) Chaos Management and Economics-The implications of no-linear thinking, The Institute of Economic Affair: London.

Simon, H.A., (1957). *Administrative Behaviour*, New York: Free Press.

Schumpeter, J.A. 1961. 'The Theory of Economic Development', New York: Oxford University Press.

Veblen, T. (1919) *The place of science in modern civilization*, New York: B.W. Huebsh.

Webster C.J. and Wu, F.(1999), Regulation, Land-use mix and Urban Performance Part 2: simulation, 31, 1529-1545:

Webster C. J. and Lai, L.W.C., (2003) *Property rights, Planning and Market*, Cheltenham: Edward Elgar.

Williamson, O.E., (2000). "The new institutional economics: taking stock, looking ahead",

Journal of Economic Literature, 38(September): 596-613.

Williamson, O.E., (1999). "Public and private bureaucracies: A transaction cost economics perspective", *Journal of Law, economics, & Organization*, 15, 1: 306-342.

第二節

內政部建築研究所（1999），「九二一集集大地震建築物震害調查初步報告」，台北。

王鴻楷（1999），集集地震社會經濟震災勘查，「結構工程」，14(3)：177-216。

林建元、呂宗盈（2001），挑戰全球經濟的鹿谷烏龍茶，發表於九二一震災週年紀念研討會實錄：安全永續的國土發展與災區重建，pp.111-121。

柯鄉黨（2001），九二一地震住宅重建策略之探討，發表於 2001 年海峽兩岸土地學術研討會，國立台北大學地政系主辦，台北市。

陳亮全、洪鴻智、賴美如（2001），應用 HAZ-Taiwan 系統進行地震建物直接經濟損失之估計：以台北市士林區為例，發表於 2001 年地震災害境況模擬研討會，國家地震工程中心，台北市。

陳亮全、洪鴻智、陳素櫻、賴美如（2002），九二一地震的社會經濟衝擊與災後重建：以台中縣與南投縣為例，「土木水利」，29(2)：8-20。

陳亮全、洪鴻智、詹士樑、簡長毅（2003），地震災害風險-效益分析於土地使用規劃之應用：應用 HAZ-Taiwan 系統，「都市與計劃」，30(4)：281-299。

洪鴻智、陳一杰、簡長毅（2008），土地使用變遷之地震風險分析—以新竹市為例，「都市與計劃」，35(4)：359-378。

張桂林（2001），從結合地方產業、觀光與文化的酒鄉模式探討台灣的茶鄉模式，發表於九二一震災週年紀念研討會實錄：安全永續的國土發展與災區重建，pp.103-110。

彭素玲（1999），九二一大地震對台灣經濟實質面影響之評估，「經濟前瞻」，66：46-49。

蔡克銓、羅俊雄（2000），九二一大地震建築物損壞調查結果初步報告，「科學發展月刊」，28(2)：85-89。

蕭江碧（2001），「集集大地震罹難者居住建築物特性調查及統計分析（II）」，內政部建築研究所研究報告，台北新店。

Chang, S. E. (1996), "Regional impact of the January 17, 1995 Kobe, Japan earthquake,"

Paper presented at the 43rd North American RSAI Meetings, Regional Science Association International, Washington DC.

Chang, S. E. (2000), "Disaster and transportation system: Loss, recovery and competition at the port of Kobe after the 1995 earthquake," *Journal of Transport Geography*, 8: 53-65.

Gedikli, B. (2005), "Urbanization and land-use planning in Adapazarı (Turkey) reconsidered after the 1999 earthquake," *Journal of Housing and the Built Environment*, 20: 79-91.

Harris, B. (1985), "Urban simulation models in regional science," *Journal of Regional Science*, 25: 545-567.

Horwich, G. (2000), "Economic lessons of the Kobe earthquake," *Economic Development and Cultural Change*, 48: 521-542.

Hung, H. C. and Chen, L. C. (2007), "The application of seismic risk-benefit analysis to land-use planning in Taipei City," *Disasters*, 31(3): 256-276.

Mazzocchi, M. and Montini, A. (2001), "Earthquake effects on tourism in central Italy," *Annals of Tourism Research*, 28(4): 1031-1046.

Pricovic, S. (2002), "Multi-criteria model for post-earthquake land-use planning," *Environmental Management and Health*, 13: 9-20.

Rodiek, J. (2007), "Landscape planning in hazardous zones, lessons from Hurricane Katrina, August 2005," *Landscape and Urban Planning*, 79: 1-4.

Rose, A. (2004), "Economic principles, issues and research priorities in hazard loss estimation," in: Y. Okuyama and S. E. Chang (eds), *Modeling Spatial and Economic Impacts of Disasters*, pp.13-33, New York: Springer.

Wegener, M. (1994), "Operational urban models: State of the art," *Journal of the American Planning Association*, 60: 17-29.

West, C. T. and Lenze, D. G. (1994), "Modeling the regional impact of natural disaster and recovery: A general framework and an application to Hurricane Andrew," *International Regional Science Review*, 17: 121-150.

第三節

江明修、鄭勝分（2002），非營利管理：非營利組織與災區重建，台北：元照出版公

司，pp.433-434

洪鴻智、邵珮君（2004），災後重建體系及其運作機制檢討與建置研究，行政院災害防救委員會：台北。

邵珮君（2003），台灣集集地震與日本阪神地震之住宅重建政策之比較與評價，MOIS921012，台北：內政部建築研究所

邵珮君（2004），「民眾參與災後重建社區營造機制之檢討與建構—子計劃：日本阪神大震災後重建社區營造之類型、推動過程與課題之探討」，國科會研究報告書，計劃編號：93-2625-Z-309-002-。

羅時瑋、謝宜庭（2002），「九二一災後社區參與重建之案例：模式與運作機制探討-子計劃：九二一災後社區參與重建之個案研究—南投縣中寮鄉龍安案例」，國科會研究報告書，計劃編號：NSC 90-2625-Z-029-001。

周月清、王增勇、謝東儒、陶蕃瀛（2004），九二一地震社會工作者災變服務角色與功能探討，災難與重建—九二一震災與社會文化重建論文集，pp.203-256。

黃秀政總主持／黃秀政、陳靜瑜、段錦浩等（2005），九二一震災災後重建實錄（摘要本），台北：五南出版社。

呂朝賢（2001），非營利組織與政府的關係：以 921 賑災為例，台灣社會福利學刊第二期，pp.39-77。

蕭伊如（2005），日本阪神淡路大震災後社區重建推動機制之研究—以神戶市真野地區與野田北部地區為例，長榮大學土地管理與開發學系碩士論文。

丘昌泰（2000），災難管理學-地震篇，台北：元照出版公司。

英文文獻：

Comerio, Mary C. (1998), Disaster Hits Home: Current Policies, Current Problem, pp.206-219, Berkeley: University of California Press.

Hass, J. E., Kates, R.W. and Bowden, M. J. (1977), Reconstruction Following Disaster, Cambridge:MIT Press.

Joanne M. Nigg (1995), Disaster Recovery as A Social Process, University of Delaware Disaster Research Center Preliminary Paper #219.

Quarantelli, E. L. (1982), Sheltering and Housing After Major Community Disasters: Case

Studies and General Observations, University of Delaware Disaster Research Center Final Project Report #29.

Quarantelli, E. L. (1999), The Disaster Recovery Process: What We Know and Do Not Know from Research, Columbus, OH: Preliminary paper, Disaster Research Center, Ohio State University.

日文文獻：

佐藤滋（1999），地區を單位とした總合的まちづくり制度の創設，「安全と再生の都市づくり—阪神淡路大震災を超えて」，pp.253-255，日本：学芸出版社。

林春男（2003），いのちを守る地震防災学，日本：岩波出版。

室崎益輝（1989），「災害時の住宅復旧過程に関する研究」，第 24 回日本都市計画画划学会学術研究論文集，pp.91-96，日本：都市計画学会。

林泰義（1999），非營利再建事業組織の確立：復興NPO への期待，「安全と再生の都市づくり—阪神淡路大震災を超えて」，pp.267-268，日本：学芸出版社。

高見澤邦郎（1999），專門家による復興支援，「安全と再生の都市づくり—阪神淡路大震災を超えて」，pp. 264-266，日本：学芸出版社。

九二一震災介紹

　　此章簡要整理九二一地震發生後受災情況以及重建主軸內容。除了讓讀者很快地可以掌握九二一地震當時的災況外，此章亦作為第三章至第六章以社會科學方法探討九二一重建各議題之背景基礎。

第一節　地震災情概述

一　地震概況

　　1999 年 9 月 21 日凌晨一點四十七分，台灣中部發生芮氏 7.3 級之九二一大地震，地震深度 1 公里，全國各地都發生 3 級以上的震度，以震央附近的南投及台中市的 6 級震度最強，台北市的震度 4 級，全國各地陸續傳出嚴重災情。依據各縣市政府統計資料得知死亡失蹤人數約 2,494 人，重傷人數 715 人；建物全倒 52,269 戶，半倒 54,380 戶，總經濟損失約新台幣 3,412 億元，各縣市的死亡人數、重傷人數和建物全半倒數，如圖 2-1-1 所示。

二　人員傷亡情況

　　九二一大地震發生後，依據各縣市統計資料以南投縣、台中縣全縣受創最為嚴重，其他如台中市、台北縣、台北市、苗栗縣等縣市也有重大損失，全台死亡人數 2,440 人，失蹤人數 54 人（合計 2,494 人），受傷人數 11,306 人，重傷人數 715 人，如表 2-1-1 所示。

表 2-1-1　九二一大地震人員傷亡情況

地區	死亡失蹤人數	重傷人數	合計（人）	百分比（%）
台中縣	**1,194**	**378**	1,572	48.99
南投縣	922	248	1,170	36.46
台中市	113	23	136	4.24
雲林縣	82	23	105	3.27
台北市	88	17	105	3.27
台北縣	46	4	50	1.56
彰化縣	33	11	44	1.37
苗栗縣	6	6	12	0.37
嘉義縣	6	0	6	0.19
新竹市	2	3	5	0.16
台南縣	1	1	2	0.06
桃園縣	1	1	2	0.06
合計	2,494	715	3,209	100

（資料來源：作者整理）

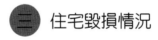 住宅毀損情況

　　九二一大地震發生後，依據門牌數及慰問金統計資料以南投縣、台中縣全縣受創最嚴重，其次為台中市及其他縣市也有重大損失，全台房屋全倒 38,935 戶，半倒 45,320 戶，合計 84,255 戶，如表 2-1-2 所示。

表 2-1-2　九二一大地震房屋毀損情況

地區＼戶數	以門牌數統計（住宅單元數）		以慰問金統計（家戶數）	
	全倒（戶）	半倒（戶）	全倒（戶）	半倒（戶）
台中縣	13,761	15,733	17,785	18,055
南投縣	21,120	23,760	28,027	28,706
其他縣市	4,054	5,827	4,832	6,556
小計	38,935	45,320	50,644	53,317
總計	84,255		103,961	

（資料來源：行政院九二一震災災後重建推動委員會）

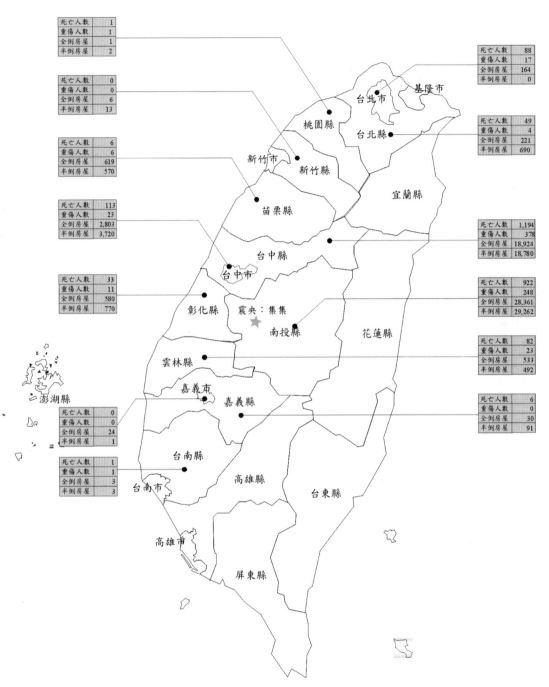

死亡人數	1
重傷人數	1
全倒房屋	1
半倒房屋	2

死亡人數	0
重傷人數	0
全倒房屋	6
半倒房屋	13

死亡人數	6
重傷人數	6
全倒房屋	619
半倒房屋	570

死亡人數	113
重傷人數	23
全倒房屋	2,803
半倒房屋	3,720

死亡人數	33
重傷人數	11
全倒房屋	580
半倒房屋	770

死亡人數	0
重傷人數	0
全倒房屋	24
半倒房屋	1

死亡人數	1
重傷人數	1
全倒房屋	3
半倒房屋	3

死亡人數	88
重傷人數	17
全倒房屋	164
半倒房屋	0

死亡人數	49
重傷人數	4
全倒房屋	221
半倒房屋	690

死亡人數	1,194
重傷人數	378
全倒房屋	18,924
半倒房屋	18,780

死亡人數	922
重傷人數	248
全倒房屋	28,361
半倒房屋	29,262

死亡人數	82
重傷人數	23
全倒房屋	533
半倒房屋	492

死亡人數	6
重傷人數	0
全倒房屋	30
半倒房屋	91

基隆市
台北市
桃園縣
台北縣
新竹市
新竹縣
宜蘭縣
苗栗縣
台中縣
台中市
彰化縣
震央：集集
南投縣
花蓮縣
雲林縣
嘉義市
嘉義縣
澎湖縣
台南縣
高雄縣
台東縣
台南市
高雄市
屏東縣

圖 2-1-1　九二一大地震各縣市受災概況圖

（資料來源：作者繪製）

　　由於南投縣和台中縣在九二一地震為受災情況最為嚴重的地方，故這兩個行政區管轄內之各鄉鎮的房屋全半倒災情簡單整理如下：

　　南投縣房屋因九二一地震倒塌嚴重，全倒戶數佔全國 54.2%，半倒戶數佔全國 52.5%。就南投縣各鄉鎮而言，全縣房屋倒塌最嚴重者為埔里鎮，房屋全倒戶為 9,220 戶，半倒 6,607 戶。其次為南投市，房屋全倒戶數為 5,213 戶，半倒 6,318 戶。房屋全倒數量小於 600 戶之鄉鎮，包括名間鄉、仁愛鄉，房屋半倒部分。少於500 戶之鄉鎮，包括名間鄉、信義鄉、仁愛鄉。（如表 2-1-3 所示）

表 2-1-3　南投縣死亡失蹤、重傷人數

地區	全倒戶數	半倒戶數	地區	全倒戶數	半倒戶數
全國合計	38,935	45,320	鹿谷鄉	1140	1016
南投縣	**21,120**	**23,760**	中寮鄉	2542	1424
南投市	5213	6318	魚池鄉	2375	1476
埔里鎮	9220	6670	國姓鄉	1914	1871
草屯鎮	2557	4003	水里鄉	599	1263
竹山鎮	2828	3229	信義鄉	436	357
集集鎮	1819	956	仁愛鄉	330	418
名間鄉	359	442			

（資料來源：南投縣政府）

　　台中縣僅次南投縣為災情第二嚴重之縣市。房屋倒塌部分，台中縣全倒戶數佔全國全倒戶數之 35.3%，半倒戶數佔全國半倒戶數之 34.7%。以台中縣各鄉鎮而言，東勢鎮之房屋倒塌最為嚴重，全倒戶數達 5,139 戶，半倒戶數達 5,441 戶，房屋全倒嚴重程度與南投縣南投市相當。台中縣次為嚴重之鄉鎮為大里市，房屋半倒多達 4,518 戶，房屋無全倒之鄉鎮包括大甲鎮、沙鹿鎮、悟棲鎮、后里鄉、神岡鄉。戶屋無半倒之鄉鎮僅有后里鄉。（如下表 2-1-4 所示）

表 2-1-4　台中縣鄉鎮房屋全倒、半倒戶數

地區	全倒戶數	半倒戶數	地區	全倒戶數	半倒戶數
台中縣	**13,761**	**15,733**	潭子鄉	28	8
豐原市	1748	573	大雅鄉	0	4
大里市	2917	4518	新社鄉	1490	1101
太平市	2207	2098	石岡鄉	1975	1160
東勢鎮	5139	5441	外埔鄉	2	2
大甲鎮	0	4	大安鄉	0	2
清水鎮	4	22	烏日鄉	10	481
沙鹿鎮	0	11	大肚鄉	14	47
梧棲鎮	0	17	龍井鄉	0	3
后里鄉	0	0	霧峰鄉	2870	2412
神岡鄉	0	26	和平鄉	634	745

（資料來源：台中縣政府）

　　九二一地震後，政府為期在最短時間內有效、迅速推動災後重建工作，以恢復家園及產業。總統乃於民國 88 年 9 月 25 日頒布緊急命令，使各級政府能藉之進行搶修與緊急應變，惟在緊急救災安置工作告一段落後，為使各級政府研擬之重建計劃均有原則可資遵循，行政院經濟建設委員會爰訂定「災後重建計劃工作綱領」，並於 88 年 11 月 9 日行政院重建委員會第八次委員會議通過，作為九二一災後重建工程的依據。「災後重建計劃工作綱領」將九二一地震災後重建的整體計劃，劃分為：(1)公共建設計劃，(2)產業重建計劃，(3)生活重建計劃，及(4)社區重建計劃四個大項。然為利於重建工作推動能有相關之法源，乃於民國 89 年 2 月 3 日完成頒訂「九二一震災重建暫行條例」，以作為推動災後重建之依據。

 第二節　**重建相關之行政體系**

　　九二一地震後中央政府為了能迅速推動災後重建，乃於民國 88 年 9 月 25 日由當時總統李登輝先生頒布緊急命令，行政院經濟建設委員會爰訂定「災後重建計劃工作綱領」，並於民國 88 年 11 月 9 日行政院重建委員會第八次委員會議通過，作為九二一災後重建工程的依據。「災後重建計劃工作綱領」將九二一地震

災後重建的整體計劃，劃分為：(1)公共建設計劃，(2)產業重建計劃，(3)生活重建計劃，及(4)社區重建計劃四個大項。又考量重建工作推動能有相關之法源，並於民國 89 年 2 月 3 日訂定「九二一震災重建暫行條例」，作為推動災後重建之依據。九二一震災災後重建工作，自地震發生後至民國 88 年 9 月 21 日至 89 年 6 月止，主要辦理緊急應變救援及災民安置等工作；民國 89 年 6 月之後乃以特別預算辦理各項重建計劃與工程。

一 中央層級

民國 89 年 2 月 3 日訂定「九二一震災重建暫行條例」後，行政院依暫行條例第五條所訂，於同年 6 月 1 日於南投中興新村成立「行政院九二一震災災後重建推動委員會」（以下簡稱重建委員會），由行政院長擔任主任委員，副院長擔任副主任委員及執行長。委員會成員由行政院各部會局處首長擔任，下設行政、財務、新聞等組，由各相關部會首長擔任召集人。並在台中市設立中部辦公室為前進指揮所，由副院長兼執行長指揮，辦理各項災後重建工作。

重建委員會主要工作職掌為：

1.負責災後重建整體工作計劃之規劃與審議；

2.協調推動及督導重建區土石流、土壤液化、山坡地、河川、堰塞湖等災害防治與水土保持、水利設施、環境維護措施及建築廢棄物之處理等；

3.負責協調推動及督導重建區行政機關、文教、道路等公共建設、歷史性建物重建及修復等事項；

4.協調推動及督導重建區居民心理輔導、就業服務、社會福利、醫療服務等、及重建區產業重建與發展等事宜；

5.推動督導重建區地籍與地權整理、都市及鄉村地區更新、農村及原住民聚落重建及協助受災戶完成個別建築物重建，並專案融資房屋貸款等事宜；

6.重建區產業重建與發展工作之協調、推動與督導；

7.重建區重建之管考、人民陳情等。

重建委員會早期以「設置要點」之方式設立任務編組，委員會的組成由政務委員、相關部會首長及災區地方政府共 35 至 39 人組成，工作人員由相關機關派

兼，以行政導向為分組原則（13 組）。經費預算由各部會編列，而由各部會自行推動運用。此階段重建委員會之總部設於台北市，另於台中市警局五樓設置臨時辦公室，而為重建委員會的草創階段。

　　在民國 89 年 5 月 20 日，民進黨政府執政後。行政院立即進行重建會之組織調整，且於該年 5 月 24 日通過「行政院九二一震災災後重建推動委員會暫行組織規程」，由該規程第三條及第四條之規定，由行政院院長及副院長分別擔任重建會召集人與副召集人，相關部會首長、災區地方政府與民間團體成員出任委員。另政務委員兼執行長，專職負責重建工作，四位副執行長也都是專職。同年 6 月 1 日，重建會於南投中興新村掛牌運作。改組後之重建會下設有七處，分別為：企劃、公共建設、產業振興、生活重建、住宅及社區、大地工程及行政等處，負責掌理所有重建之規劃、協調、聯繫、審核、推動及監督事宜，重建委員會的組織體系參見圖 2-2-1，相關編制參見表 2-2-2。

表 2-2-2　行政院九二一震災災後重建推動委員會編組

職　稱	員　額	備　考
召集人	1	由行政院院長兼任
副召集人	1	由行政院副院長兼任
委員	29-33（改組前為 35-39）	—
執行長	1	由政務委員專職（改組前係由召集人指定適當人員兼任）
副執行長	4	專職（改組前係由由召集人指定適當人員兼任）
處長	7	由召集人指定適當人員兼任
副處長	7	由召集人指定適當人員兼任
科長	26-30	由召集人指定適當人員兼任
工作人員	161-165	以原職稱兼派

資料來源：行政院九二一震災災後重建推動委員會

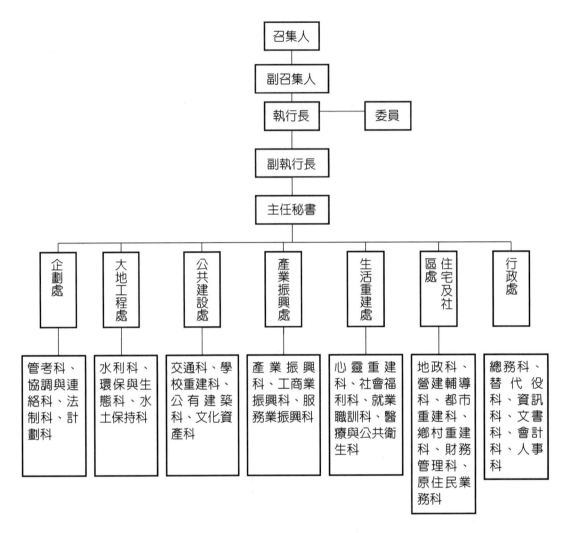

圖 2-2-1　89 年 6 月 1 日至 92 年 7 月 31 日重建會組織架構

資料來源：行政院九二一震災災後重建推動委員會

　　民國 92 年 7 月 30 日後，因眾多重建及修復工作陸續完成，且暫行條例施行之 5 年期效將至，重建會於該年 6 月起開始逐步將其所職掌之業務，回歸各相關部會繼續辦理，同時精實重建會之組織與人力，將原設 7 處、1 中心、1 小組，合併為 4 處，分別為公共建設處、社區重建處、產業振興處及行政處，而保留民眾服務中心，4 位副執行長精簡為 3 位，7 處精簡為 4 處，30 科精簡為 27 科（如圖 2-2-2）。

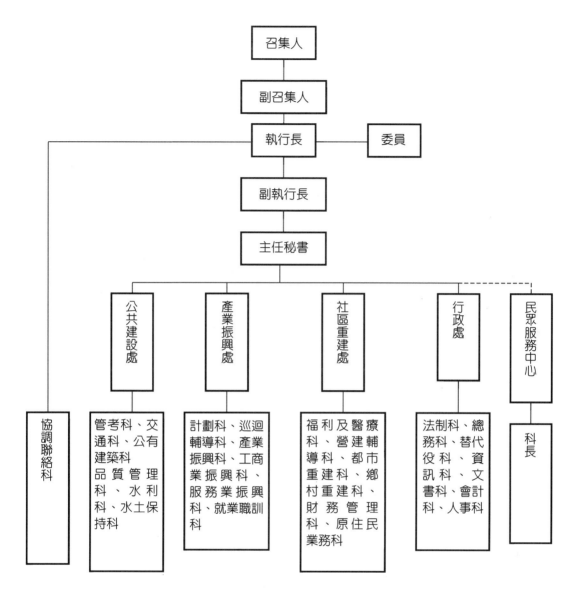

圖 2-2-2　重建委員會縮編後組織架構

資料來源：行政院九二一震災災後重建推動委員會

　　重建委員會下各個處其主要工作內容如下：

　　1.大地工程處，負責山坡地崩塌、土石流、水利環保、廢棄土等相關事宜。

　　2.公共建設處，處理道路、橋樑、古蹟、學校重建。

　　3.住宅及社區處，為最大的處，負責住宅重建、社區重建、社區總體營造、原住民、土地測量。

4.生活重建處，負責醫療、衛生、教育、文化、心理輔導、就業、社會福利、殯葬。

5.產業振興處，負責觀光及農業振興、產業重建、優惠貸款。

6.企劃處，修訂（暫行條例）、提出未來施政方針、負責各項管考。

7.行政處、包括文書、會計、人事、預算編列、替代役訓練與管理。

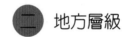 地方層級

九二一震災後，各受災縣（市）及各受災較嚴重之鄉（鎮市）為進行災後復原重建之相關工作，皆藉由調整原有行政組織之方式或依據「九二一震災重行條例」之規定，成立重建工作專責機構「九二一震災災後重建推動委員會」等類似組織，負責規劃、協調推動在後重建相關事項。直轄市、縣（市）、鄉（鎮市）所成立之災後重建推動委員會，主要工作任務如下：

1.重建綱要計劃之審議內容。

2.都市更新區重建計劃之審議事項。

3.鄉村區重建計劃之審議事項。

4.新社區重建計劃之審議事項。

5.農村聚落重建計劃之協調推動事項。

6.原住民聚落重建計劃之協調推動事項。

7.生活重建、產業重建、公共建設計劃之協調推動事項。

8.其他有關災後重建計劃之審議、規劃、協調、推動及研究事項。

九二一震災災後重建推動委員會，在九二一災後重建工作中扮演重要的領導角色，多數重建工作及計劃，如公共工程、產業及生活重建等，皆由其規劃主導，地方政府僅於配合之角色，於整體重建工作中處於較被動之角色，僅於社區重建等較地方尺度之重建工作，擁有較高之主導權限。整體而言，在九二一重建工作中，公部門以中央政府為主要執行單位，主導重建工作之推動，地方政府則屬於輔助執行單位，執行上級所訂立之重建政策。

三　民間團體

　　民間團體的參與是社會資源自發性投入重建工作的管道，也可以彌補政府重建工作的不足，且民間團體參與表現的是人性關懷與溫情，對社會人心具有啟發之意義，也是重建過程中彌足珍貴的經驗。而參與九二一重建工作的民間團體，大多自地震發生後，即投入緊急救援工作，待救災告一段落後，並繼續投入長期性輔導工作（九二一震災災後重建實錄，2006）。就參與重建工作之民間團體而言，可分為：

　　1.支持性、諮詢性的團體，如全國民間災後重建聯盟、九二一震災重建基金會等，其提供專業知識與經費援助，成為災後重建重要支持力量。

　　2.宗教團體，如慈濟基金會、法鼓山慈善基金會、行天宮、佛光山中華總會、台灣基督教長老會、中華基督教救難協助會與世界展望會等。屬宗教系統之團體，其組織嚴密，經費來自信眾的捐納，以其在地方上長期經營所建立之社會網絡，將關懷與重建的力量，直接輸送至民眾身上，宗教團體之廣大動員能力，以及充沛的社會資源，在重建過程中發揮了很大的幫助。

　　3.社會福利團體，如台灣兒童暨家庭扶助基金會、伊甸福利基金會、兒童福利聯盟等。社福團體以其長期豐富社會工作經驗，從事民眾身心之輔導、失親學童之就養與就學照顧、婦女與就業輔導、與老弱族群之關懷與照護工作等。在重建的過程中，擴大服務的層面與相關新的議題的開拓，對後續社會的福利工作奠下新的理念。

　　4.在地重建團隊，其數量甚多，背景互異，思想觀念不一，使得社區重建工作更加多元活潑，對於社區之發展以及產業的振興，注入了新的想法以及更加緊密連結社區之間關係。

　　民間團體參與之重建工作，可分為社區、住宅與學校重建，弱勢族群照顧與就業輔導、醫療性服務，社區營造等。民間團體之參與經驗，就社會動員、重建成效與社會團體運作與發展等三個層面而言，展現了台灣社會豐沛的動員能力，印證了源源不息之社會活力；重建效果不僅是硬體的建設，也凝聚民眾意識與公共意識；重建除了硬體上效果，更多則是在宗教團體對於人心的重建，使得個人

對自己存在於社群、社區與環境重新反省與認知；透過此次重建累積民眾、社區與公部門的互動經驗。

　　九二一地震災害造成的影響直接衝擊社會底層的許多機制，不只是社會的結構面的破壞，也包含了社會實質面以及心理面的破壞。無論是各級政府重建重要政策措施還是民間團體參與重建等方面，都是為了能在最短時間最快速度恢復重建原先的社會實質結構。面對災後的重建工作而言，黃榮村（2000）指出台灣地區並未在災前建立一套統一的機制，使得各部門之間的分工整合不健全，政府部門的重建計劃是由上而下，從中央的政策到地方組織進行運作，相較於政府分工整合不完整，民間團體則為各自獨立的單位直接進駐災區協助重建提供支援與諮詢，民間團體的機動性在重建過程中反而更有效且即時發揮效用。

第三節　各項重建主要內容

　　本節針對政府主要的重建內容分：緊急救助與安置、公共工程、大地工程、住宅及社區重建、產業振興與生活重建六個部分，簡要說明之。

一　緊急救助與安置

　　九二一震災後，行政院緊急提出「88 年下半年及 89 年度中央政府總預算追加（減）預算案」，經立法院通過，計核列 1,061 億元預算，主要用於民眾死傷及房屋毀損之慰助金，及重要公共設施之修復、重建，優惠貸款利息之補貼等項目。

　　九二一震災發生時災後緊急救助與安置方案，行政院所採取的災害重建事項，至少包括下列諸項措施（黃榮村，2000；陳亮全等，2002；洪鴻智、邵珮君，2004）：

　　1.生命傷亡撫慰：死亡者每位發放救助慰問金 100 萬元，重傷者每位 20 萬元。

　　2.房屋毀損補助：住戶全倒者，每戶發放 20 萬元，半倒者每戶 10 萬元。

　　3.災民安置：第一階段，於機關學校體育場設置帳棚，以收容有需要的災民，第二階段，發放租金或提供臨時屋，由居民擇一適用，發放租金每人每月 3 千元，期限為 12 個月，此處所謂提供臨時屋，指提供組合屋、貨櫃屋或鐵皮屋，一

戶以 8 坪為原則。

　　4.緊急救災基金：緊急提撥 4 億元給各縣市政府的前進指揮所，另動支 24 億元第二預備金，其中台中縣 10 億元、南投縣 10 億元及其他縣市 4 億元供作慰助金，並將平衡預算基金提前撥付，15 億元給台中縣、10 億元給南投縣供調度救災之用。

　　5.購屋及優惠貸款：(1)中央銀行提撥郵政儲金轉存款 1,000 億元，供銀行辦理受災戶購屋、住宅重建或修繕緊急融資，貸款金額 150 萬元以下免息，150 萬元至 350 萬元利率為固定年息 3%，期限 20 年，(2)提供國宅由受災戶承購，可跨縣市購買，這些國宅將以公告出售價格的七成售予受災的民眾。(3)專案辦理「輔助勞工建購住宅貸款」2,500 戶，每戶貸款金額 220 萬元，年息 5.075 厘。(4)專案辦理「輔助勞工修繕住宅貸款」5,000 戶，每戶貸款金額 50 萬元，年息 5.075 厘，(5)辦理農、林、漁、牧業「專業紓困低利貸款」，年利率 3%。

　　6.償還貸款之展延與減稅：(1)災害損失經報備勘驗者，個人綜合所得稅、營利事業所得稅、房屋稅、營業稅、地價稅及貨物稅得以申報扣除減免，災害損失之報備日期於災害發生後三個月內均可受理，(2)需為自用房舍，凡借款戶本人或其配偶、直系親屬於震災時已設籍於該擔保品門牌住址者，但其情形特殊者，由原貸金融機構自行認定，(3)原貸款係屬購屋貸款：以受災戶提供其自用房舍為擔保向金融機構申借之七年以上購屋貸款為限，其餘雖有抵押權設定而其借款用途非屬購屋貸款者，則不包括在內，(4)原貸款之自用房舍經政府認定屬於全倒或半倒，經拆除而於原地重建；或經政府輔導採整體更新方式重建或採遷建方式重建者。

　　7.疫情防治及緊急醫療：(1)空運破傷風疫苗到災區，緊急調送各地防疫消毒藥材、消毒藥水；疫病監視人員進駐災區進行疫情監控，(2)組成醫療分隊分批進駐四十多個醫療服務站，(3)自震災日起至 9 月 30 日止，災民無論是否持健保卡，均免部分負擔，醫療費用及住院膳食費亦一律由健保局先行全額支付，若有醫院未照規定，可向健保局申訴，(4)受傷或緊急傷病患救助。

　　8.受災勞工就業協助與輔導：(1)動用就業安全基金 10 億元，提供受災地區勞工申領臨時工作津貼；(2)協助受災勞工免費參加職業訓練，受訓期間發給生活津貼，並輔導就業；(3)提供職業訓練券及就業券。

　　9.交通及郵政：(1)公路受損通報查詢，(2)88 年 9 月 24 日至 10 月 8 日止，寄

往災區之救災包裹及慰問函免費收寄，災民寄出之「報平安信」免費收寄。

 公共工程與設施

公共工程與設施重建計劃可分為短期之「災後公共設施復建計劃」及「中長程公共建設計劃」兩部分，災後公共設施復建計劃之項目及執行之組織單位可參見表 2-3-1。在災後公共設施復建計劃中，屬於整體性、計劃型建設項目者，由各主管機關擬定計劃，以「中長程公共建設計劃」核報中央實施。實施細項主要包含：農業建設、都市建設、交通建設、水利建設、工商建設、能源開發、文教設施、環境保護與衛生福利等，主辦機關則依各項之屬性歸屬至各部會執行，而災後公共設施復建計劃綱要則如表 2-3-2 所示。

表 2-3-1　公共建設處與產業振興處之組織單位

工作組織		工作重點
公共建設處	公有建築科	公有廳舍復建工程控管
	交通科	交通橋樑復建工程控管
	文化資產科	更新基金「古蹟復新」
	學校重建科	學校工程重建控管
產業振興處	農業振興科	推動重建區農作物產業重建及技術輔導 推動重建區畜牧產業重建及技術輔導 推動重建區坡地灌溉系統重建 推動重建區農產運銷機能重建 推動及協助重建區農特產品展售促銷活動
	工商業振興科	工業重建：協助產業恢復產銷機能、吸引新產業投資、輔導中小企業災後重建生產力、發展多變化具地方特色產業。 商業重建：商圈硬體重建、商圈軟體活化、特色產業之輔導、傳統市場之整建、零售市場之管理經營輔導、經營技術之提升、連鎖加盟之引進。
	服務業振興科	公共工程：產業促銷、企業觀光特色活動、協助民間團體規劃觀光活動。 產業宣傳：編製觀光景觀文化宣傳文物、觀光景點媒體宣傳、重建成果資料建立。 政策統合：召開觀光產業業者重建座談、擬具觀光產業重建相關策略、協調籌編觀光產業重建經費。 資料來源：行政院九二一震災災後重建推動委員會

表 2-3-2　災後公共設施復建計劃綱要

類　別	項　目	主（協）辦單位
交通	1.省道 2.日月潭國家風景區 3.市區道路 4.縣、鄉道及村里道路（公路局代養） 5.縣、鄉道及村里道路（地方政府自養）	交通部 交通部 內政部 交通部 縣市政府
水利	1.水庫、攔河堰、河海堤及區域排水設施 2.自來水設施 3.地方自辦排水設施	經濟部 經濟部 縣市政府
學校建築	1.國立大專院校、公立高中職校舍 2.國中、小學校舍 3.其他各級學校及相關教育機關建築補強工程	教育部 教育部 教育部、縣市政府
公有建築物	1.中央部會辦公廳舍 2.地方政府辦公廳舍 3.各級政府辦公廳舍補強工程	各主管部會 縣市政府 各級政府
農林漁牧	1.治山防災 2.農林漁牧設施（中央辦理部分） 3.農林漁牧設施（地方辦理部分）	農委會 農委會 縣市政府
其他	1.地震教育館、博物館等 2.火葬場、公墓等	教育部（文建會、內政部、國科會） 縣市政府

資料來源：行政院九二一震災災後重建推動委員會

　　此外，公共工程的重建工作，又可分為「道路橋樑搶通及復建工程」、「公有建築重建工程」、「校園重建工程」與「文化資產復建工程」，由於內容繁多，在此不多敘述。

三　大地工程

　　九二一震災時眾多公共建設受到嚴重的破壞，因此政府所推動的重建計劃，多與公共設施與建設有關，主要可分為：整體流域規劃、水利設施重建、水土保持工程、環境保護重建。關於重建推動委員於震災後擬定與執行的計劃內容，整理如表 2-3-3 所示。

表 2-3-3 　大地工程處執行之重建工程內容

重建目標	策　略	行動方案	實施年期	主辦機關
水利設施功能復原	辦理水利設施工程	石岡壩復建蓄水營運評估等	90	經濟部水利處、水保局、林務局、台電公司
		河堤及排水復建		經濟部水利處、苗栗、台中、南投、彰化、雲林、嘉義縣政府
		山區農田水設施復建		台中、南投、雲林農田水利會
		補助台灣省各縣市辦理重建區排水設施復建、非屬水利會管轄水利設施		相關縣市政府
環保與資源再利用	復建改善	建築廢棄物移除與再利用	90	環保署
	再生利用	研訂建築廢棄物再利用相關標準與規範		內政部營建署
	興建土資場	台中縣一處，南投縣五處	90-92	
堰塞湖安全與利用	安全原則有限度利用水資源	草嶺、九份二山堰塞湖長期穩定處理（災害殘坡、攔砂壩處理、防汛等工程）	90	經濟部水利處、雲林縣政府、嘉義縣政府
		草嶺潭堰塞湖長期水資源利用規劃		
恢復自來水供水	簡易自來水復建	引水管線、蓄水池等工程	90	自來水公司、苗栗、台中、南投、嘉義、雲林等政府
	自來水工程復建	豐原、鯉魚潭雨場自來水淨水設備、管線、機電等復建		
防止或減少二次災害	緊急處理小組及專家學者會勘後決定工法、經費等，由主辦機關計劃辦理	土石流災害防治工程及防砂治水工程	90-92	農委會（水土保持局、林務局）
		林道復建工作		
		辦理中橫公路德基段台八線道路邊坡崩塌地之植生造林及野溪防砂工程		
		土石流害緊急處理		
崩塌裸露地植生復育	植生復育	辦理重建區在地人工作講習等	90	農委會（水土保持局、林務局）
		運用重建區從事裸坡植栽復育工作		
監測與防災系統之建立	配合專業學術團體建立防災系統資訊提供整體性的治理參據	建立土石流監測系統	90	行政院農委會、水土保持局及重建區縣市政府
		擬定中長期治山防災整體性規劃		
		土壤液化方案評估		經濟部水利處
		重建增設 22 處雨量站		交通部中央氣象局
		儲置場環境監測，		環保署

資料來源：行政院九二一震災災後重建推動委員會

四　住宅及社區重建

　　本章一開始即談到，九二一地震後有關住宅相關的損害：以門牌（住宅單位）統計，九二一地震後台灣地區房屋計有 38,935 戶全倒及 45,320 戶半倒。其中集合住宅部分，因震損全倒 171 棟，受災戶計 11,271 戶，半倒 148 棟，受災戶 18,513 戶，兩者合計 29,784 戶；而個別住宅全倒 27,644 戶，半倒 26,807 戶，受災戶計 54,471 戶。而針對這些住宅的毀損，整理主要的住宅重建內容如下：

（一）主要住宅重建內容

1.安置時期

　　九二一地震發生後，第一階段之災民安置，由政府提供帳篷於機關學校、公園、空地或體育場等公有建築物，收容需要暫時安置的災民。政府以發放租金、提供臨時住宅及優惠承購國宅等方式供災民擇一緊急安置。其主要執行內容請參照表 2-3-4。

表 2-3-4　救援時期計劃

計　畫	相關內容
租金補助	實際租金補助發放兩次 ・第一次租金發放時間為 1999 年 11 月 1 日起至 2000 年 10 月 31 日止，主要法令規定依據「九二一大地震安置受災戶租金發放作業要點」，每人每月 3 仟元，依次發給一年 ・租金再發放第二年為自 2000 年 11 月 1 日起至 2001 年 10 月 31 日止，分為租金補助與生活補助，補助災民兩年之租金，以助災民重建，改善居住生活，主要法令規定依據「九二一震災原申請租金之受災戶再發放一年作業要點」，每戶最高補助 1 萬元，發至 90 年 10 月止
承購國宅	九二一震災住屋全倒半倒之受災戶承購國民住宅方案，實際配售之國宅範圍包括各直轄市、縣（市）政府待售及即將推出之國宅，執行有效時間為民國 88 年 9 月 25 日起至民國 89 年 3 月 24 日止，為九二一大地震發生後 4 日推行之方案。
建置臨時住宅	行政院安置組、一般民間團體或是國內外熱心人士，在各受災地區搭建多處臨時住宅，提供受災戶申請臨時住宅，以解決災後房屋全倒、半倒，原設定臨時住宅之暫時居住期限為一年，後因臨時住宅居住之受災戶，未能於一年期間內順利搬遷完成，故針對臨時住宅之居住期限，於 2000 年 11 月進行九二一震災重建暫行條例之修正，於第 23 條明文規定臨時住宅之居住期限於緊急命令期間以三年為限，必要時得以延長一年。

資料來源：行政院九二一震災災後重建推動委員會

2.住宅重建措施

採取緊急救援措施後，災區恢復時期之住宅重建相關措施，包含：社區整體重建及個別建築物重建兩方面，而社區整體重建則包括開發新社區、農村重建、集合住宅重建、原住民聚落重建等方式，以下可將住宅重建之相關內容可參見圖2-3-1。

(1)個別重建

a.原地原貌重建

依暫行條例第 13 條規定，原地重建方式係指於判定全倒建築物之原土地上，及在建築物所有權人同意下，採原地點設計、原戶數、原建築基地面積及樓地板面積等方式重新建築。執行主體為所有權人或社區管理委員會（依據公寓大廈管理條例規定組成）。此類重建方式之資金來源，除政府提供每戶最高 350 萬元低利貸款，以及汙水處理設施與地下室拆除之補助外，主要仍由個人或社區自籌資金或採銀行聯貸方式辦理。

b.修復與重購住宅

修復是針對半倒房屋或社區震損進行補強的工作，主要由內政部營建署與九二一震災重建基金會進行審查與補助。若受災戶自行重購住宅或剩餘國宅亦享有 350 萬優惠利息補貼。

(2)社區整體重建

a.都市更新重建

更新重建是依據都市更新條例規定辦理，其中有關重建同意比例，則依暫行條例第 17 條放寬規定，由原三分之二改為二分之一，同意比例若超過 50% 社區，即可透過都市更新方式進行重建。更新方式下的執行主體需依法成立社區更新委員會，建築設計可依據實際需求戶數，進行增減或原戶數規畫，亦可透過都市更新專業團隊協助權利變換機制，將單獨可建築用地視為一分配單元處理。此外，既有政策對更新重建方式亦有相當多的補助，除 350 萬元重建低利貸款外，尚有更新重建融資、建築設計規劃補助、更新委員會行政作業費補助、容積獎勵與稅捐減免等優惠措施。在九二一重建基金會推動的臨門方案協助下，已協助數十處集合住宅社區辦理都市更新方式重建。

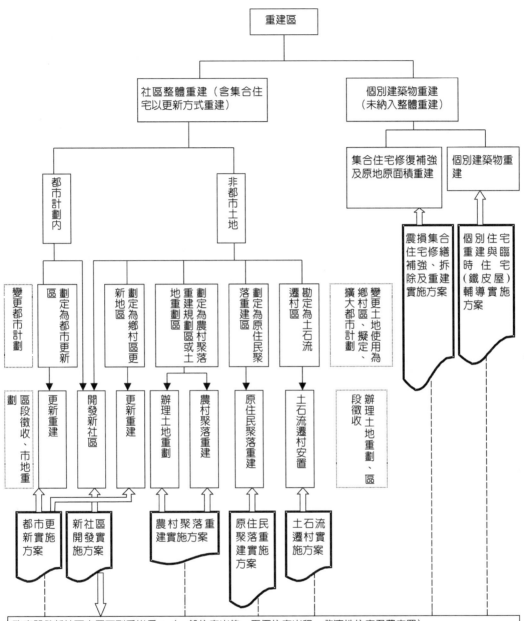

圖 2-3-1　住宅重建架構圖

資料來源：行政院九二一震災災後重建推動委員會

b.新社區開發

新社區開發模式是依暫行條例第 33-37 條，及「以土地重劃區段徵收開發新社區安置九二一震災受災戶土地之處理及配售作業辦法」之規定，對原土地位於斷層帶、土石流危險區、土壤液化區或其他地質脆弱，導致原地不能重建或無法以市地重劃、區段徵收、都市更新或其他方式辦理者，可由地方政府另外覓地規劃興建。其土地取得方式，可利用國有非公用土地、向民間協議收購、徵收、市地重劃或區段徵收等方式取得。

c.以地易地重建

以地易地重建方式是依據暫行條例第 36-37 條，及「九二一地震災區國私有土地交換作業辦法」之規定，針對原土地曾因死亡嚴重，或位於斷層帶、土石流危險區或其他地質脆弱地區，造成原地不能或不願重建之地區或無法辦理市地重劃或區段徵收之土地者，可以等值交換公有可供建地的方式進行土地交換之機制。作業方式是由執行機關勘選可供交換之公有土地，並公告接受申請，再由申請人單獨或合併提出申請。

d.農村聚落重建

九二一地震造成中部地區農村房舍傾毀嚴重，各項農村公共設施也大量損壞，農村聚落重建工作，係以協助房舍重件及興建必要之公共設施列為首要。主要執行內容，可分為：農村住宅重建及公共設施建設兩部分，共計完成 74 區之農村聚落重建規劃。自民國 88 年 10 月中旬起，行政院農業委員會水土保持局即派員深入災區，進行農村損害情形調查，並提供重建之經費補助、貸款及農宅設計圖供災民選用與進行重建。

e.原住民聚落重建

九二一地震原住民居住之山區災情嚴重，震災後政府隨即頒佈相關救災及災後重建措施。為協助災區原住民重建工作，行政院九二一震災災後重建推動委員會下設立原住民地區震災復建小組為專責窗口，以恢復原住民地區社會秩序、重建生產生活環境及安定居民生活為首要目標。重建工作以受災密集、嚴重、極需重建之聚落劃為重建規劃區。然居民意願實為重建工作能否順利推動之重要因素，故重建過程以住戶 70% 以上同意重建之原住民聚落，為優先辦理重建之對象，共計 23 個部落辦理重建。

五　產業重建與振興

九二一震災對於各級產業也帶來相當大的衝擊，依官方發布產業振興與重建之資料，產業重建之內涵主要分為：農業、工商業與觀光產業三部分進行。

（一）整體性產業重建計劃

九二一地震重創中部各縣市，其中以南投縣、台中縣、台中市最為嚴重，緊鄰的苗栗縣、彰化縣、雲林縣亦有不小的災情。政府之產業重建，採因地制宜措施，對各地區、各級產業特性，推動產業重建計劃。整體的產業重建計劃可概分為產業重建與產業振興計劃兩個層面。其中產業重建計劃乃主要受災縣市皆有推動，主要推動計劃內涵包括：農業文化、作物栽培與生產技術、灌溉系統、農機服務中心改建等計劃。產業振興計劃則包含：有機農業推廣、街道景觀及公共設施改善、精緻農業輔導、休閒觀光推廣、精緻農業推廣、農產加工改善計劃等。

（二）農業

1.農業產業重建計劃

政府對於九二一震災之農業重建，除對於災害之救助與農田損害救濟外，另針對各災區尚實行農業產業重建計劃，整體農業重建主要可分為：農作產業重建、畜牧產業重建、產業公共設施重建、土石流與坡地災害防範及崩塌地造林綠化、林業重建與與辦理農產品推銷之六大部分。民國 90 年農業產業重建工作，包括「農業產業重建計劃」與「農業振興方案」兩大項，整理如表 2-3-5。

表 2-3-5 農業整體重建計劃與重要工作項目彙整

計劃名稱	重要項目	主辦機關	備　註
農業產業重建計劃	森林遊樂區復建計劃	林務局	辦理奧萬大、大雪山、八仙山、阿里山森林遊樂區內相關設施復建。
	農作物產業重建及技術輔導計劃	農委會	農作物產業重建及技術輔導花卉產業建：補助災區花卉產銷班專業化、企業化生產，發展災區花卉產業朝精緻化發展。
	農作物產業重建及技術輔導計劃	農委會	竹產業重建：補助災區竹類產銷班，辦理竹財精緻利用，開發高附加價值竹材製品。
	畜牧業重建及技術輔導–建立家禽統合經營管理體系計劃	農委會	畜牧業重建及技術輔導
	坡地灌溉系統重建計劃	農委會	推廣中部六縣市（台中市、苗栗縣、台中縣、南投縣、彰化縣、雲林縣）省水管路灌溉。
	重建災區農產運銷機能計劃	農委會	輔導重建區縣市政府辦理三十八場次農特產品展售促銷活動，協助苗栗縣三灣鄉農會興建農特產品展售中心，協助苗栗縣三灣鄉農會及東勢林場興建農特產品展售中心所需內部裝潢及設備費用。
	竹產業轉型及振興計劃	農委會	技術研發、市場評估
農業振興方案計劃	輔導災損之公共產銷設備全面完成復建計劃	農委會	辦理九二一震災集貨場、冷凍庫、蓄水池及產銷與加工等農業設備、設施一次完成。
	重建災區加強有機質肥料推廣計劃	農委會	補助農民使用有機肥替代部分化學肥料。
	增進重建區農業生產機能計劃	農委會	辦理重建之枇杷、高接梨、梅等產業，協助其改善產銷機能，塑造優良品質形象，促進產業升級，提高經濟效益。
農業振興方案計劃	重振具競爭性本土化產業計劃	農委會	擴充重建區具競爭性產業（如蓮霧、茶葉等）、重振重建區具競爭性特產（如中寮柳橙、鹿谷茶葉等）。
	發展安全衛生之高品質農特產加工計劃	農委會	輔導信義鄉農會食品家工廠取得 CAS 認證改善南投鄉農業加工生產合作社、台中縣新社鄉菇類生產合作社、台中縣蜂產品運銷合作社、草屯薏仁生產合作社、埔里農會金縣連產銷班加工處理廠所衛生環保設施及加工設備等，生產衛生安全產品。
	建立農特產品標準作業規範穩定品質提高運銷效率及降低成本計劃	農委會	輔導農民加強辦理共同運銷，改進分及包裝實施共選共計計劃，輔導農民團體改善運銷設施，改善農業資訊系統。
	建立區域共同品牌拓展多元行銷通路活絡農村經濟計劃	農委會	設計重建區農特產品共同品牌標誌，建構通路間垂直供銷聯盟關係，辦理重建區農特產品促銷。

整合農業資源發展重建區休閒農業規劃及教育宣傳計劃	農委會	規劃設計四條套裝農業休閒旅遊路線，培訓農業解說員，辦理宣傳廣告，導覽手冊
整合農業資源發展重建區休閒農業計劃	農委會	整合中潭公路、集集信義、大湖卓蘭東勢谷關、古坑草嶺梅山瑞里竹其石卓等四條套裝農業休閒旅遊路線，改善其整體環境與設施；遴選合適之農村休閒園及動線景點，加強園區周邊美化，提供完善農業服務設施。
發展保健植物及藥膳產業際會	農委會	規劃設置台中縣石岡鄉保健植物及藥膳產業一處，重要項目有設置藥膳植物產品展示館及教育生活應用館、藥膳餐廳及特產美食商店街、保健植物教育園區、景館及綠化美化工程、停車場等。
輔導竹農施用有機肥及竹才開發研究計劃	林務局	補助台灣大學實驗林管處辦理租地竹農使用有機肥料，提高產量。

資料來源：行政院九二一震災災後重建推動委員會

（三）工商業

1.工業

在工業損失救助與重建方面，包括成立企業災後重建服務團，協助企業取得重建資金，對於中小企業提供重大天然災害復原貸款，並協助廠商取得租稅減免，重建方案內容可參見表 2-3-6。

表 2-3-6　工業整體規劃措施

重建目標	實行措施	主要內容
工業損失救災與重建	成立協助企業災後重建服務團	1.設 24 小時服務電話，協助企業解決問題 2.成立「經濟部協助企業災後重建服務隊」
	協助企業取得重建資金	有行政院開發基金災後復建貸款、交通銀行優惠機械設備及廠房重購貸款、自動化機械設備貸款、小額週轉金簡易貸款、中小企業發展基金支援辦理重大天然災害復舊貸款及各往來銀行提供受災廠商之工商貸款。
	中小企業發展基金提供重大天然災害復舊貸款	因震災受損之企業，可再復工計劃所需資金八成之內提出申請貸款。
	協助廠商取得租稅減免	協調國稅局各地稽徵所及各縣市稅捐處盡快勘驗廠商損失，以申報各種稅目減免火扣除。

資料來源：行政院九二一震災災後重建推動委員會

2.商業

對於商業之災後重建，政府整體規劃措施，主要為規劃並輔導重塑商圈、活化，並對於觀光及農業具有特色產業地區進行輔導；傳統市場之整建，亦引進連鎖加盟，並提升經營技術，詳細內容參見表 2-3-7。

表 2-3-7　商業整體規劃措施

重建目標	實行措施	主要內容
商業之災後重建	商圈活化之輔導	1.短期以「商圈再現策略」著手 2.中期以「商圈再造策略」著手 3.長期以「商圈再生策略」著手
	商圈重塑之規劃	1.對新化社之商業區，從環境視覺設計、各種配置的角度，作整體規劃，塑造新商圈。 2.考量各區原有的發展特性，結合當地各種資源，建立具地方特色之商圈。
	特色產業之輔導	以商業支援觀光及農業發展，並選定地區特色產業進行輔導。
	傳統市場之整建	對於現有攤商，政府設置臨時攤販集中市場予以安置；另對於全倒及不勘使用之復建，則分期重建或鼓勵民間投資重建。
	連鎖加盟之引進	針對新商圈當地居民之民生需求與外來人口消費行為之態樣，配合資訊科技及網際網路發展有特色之連鎖加盟體系。
	經營技術之提升	政府投資災區之商業發展及人才培育工作，以全面提升商業經營技術。
	產銷機能之強化	針對各災區農業供銷現況進行調查，並配合商業產銷機能辦，辦理各種促銷活動。

資料來源：行政院九二一震災災後重建推動委員會

（四）觀光產業

行政院九二一震災災後重建委員會產業振興處，針對觀光產業推動一系列的整體重建計劃，而為達成振興觀光產業的重建目標，實行之主要策略包含：(1)業者組織動員；(2)聯合促銷；(3)中台灣各風景線軟體企劃；(4)中台灣深度之旅；(5)各風景線環境整備；(6)各風景區土地使用檢討；(7)離峰業務開發；(8)大陸觀光客專案。

六　生活重建

　　九二一震災發生後的生活重建經驗，大致可歸納震災後生活重建之工作至少包括：(1)醫療衛生（緊急醫療、防疫、促進身心衛生、長期照護及後續醫療照顧）；(2)社會福利與救助（災後救助、生活扶助、兒童少年福利服務等）；(3)就業促進（災害失業援助、就業輔導等）；(4)住宅重建促進（租屋援助、房屋貸款等）。震災重建之社會救助與福利事項，依經費補助來源，分為「九十年第一期特別預算」、「九十年第二期特別預算」與「九二一震災重建基金會」之經費挹注，而執行於各縣市的九二一震災重建之社會救助與福利方案，主要的內涵乃針對婦女、兒童、失依老人、身心障礙者、原住民、組合屋住戶等社會邊陲團體的救助，及教育、就學、救災物資與生活扶助之相關計劃。

第四節　小　結

　　本章主要整理 921 大地震後當時之災況、災後重建之架構與重建工作內容。民國 88 年 9 月 21 日地震發生後，總統於 9 月 25 日頒佈緊急命令後，各級政府動員進行相關救援與重建工作。隨著「災後重建計劃工作綱領」之制訂、隔年 2 月「921 震災重建暫行條例」之頒訂及 6 月「行政院九二一震災災後重建推動委員會」之成立並運作，使得重建工作內容涵蓋「公共設施重建」、「生活重建」、「大地工程重建」、「住宅及社區重建」與「產業重建」等部分。從各重建項目之內容不難發現其計劃之錯綜複雜與層層相關，也使得重建工作異常繁重，所涉及之重建相關組織也涵蓋公部門各級政府及民間非政府部門之大規模動員。也顯示重建工作亟需公私部門來協力合作推動。

　　由於 921 地震為台灣近年來最大規模之地震災害，此地震發生之前，相關災後重建體系建構之經驗實尚未完備，因此，在 921 地震重建當時衍生部分重建政策推行困難受阻、政府重建部門垂直、橫向連結之落差等窘境。然 921 地震之重建經驗與教訓實成為台灣日後遇到大規模災害時應變與重建體系擬定時之重要參考依據。本書後續各章節所探討之主題將以 921 地震重建過程所衍生之議題為重心，透過各章節之研究成果嘗試提出具體建議以供日後災後重建政策之參考。

參考文獻

行政院九二一震災災後重建推動委員會，（2006），「九二一震災重建經驗上冊」，
國史館台灣文獻館。

行政院九二一震災災後重建推動委員會，（2006），「九二一震災重建經驗下冊」，
國史館台灣文獻館。

南投縣政府，南投縣統計要覽，民國 86-91 年。

台中縣政府，台中縣統計要覽，民國 86-91 年。

黃榮村（2000），「災後重建的政策性議題」，理論與政策，頁：157-172。

陳亮全（2000），「集集大地震後的社區重建及其醒思」，九二一災後重建經驗交流
研討會會議手冊，全國民間災後重建聯盟。

洪鴻智、邵珮君（2004），「災後重建體系及其運作機制檢討與建制之研究」，行政
院災害防救委員會委託研究報告。

垃圾桶理論與城鄉環境重建

　　大規模災後城鄉重建的工作困難處主要在於時效上，而要達到有效的救災重建決策，組織間的協調極為重要。以國內九二一地震為例，由於地震前對於緊急應變與重建之制度未健全建立（災害防救法僅有草案，直到地震後的 2000 年才通過災害防救法），因此中央與地方行政之防救災分工未具體規範與落實，導致在地震後關於公部門自身對於救災與重建業務之協調與溝通產生很大問題，而在社區進行重建時社區亦有大量民間團體湧入，對於重建資源相互瓜分，且由於大量社區民間組織無法具有明確的公部門對口單位（因公部門亦對所負責重建業務不清楚）進行溝通，使得地方公部門無法有效地運用重建資源協助社區進行重建；再者，由於有效的災後城鄉重建體系必須建立在災害對都市社會與實質結構的衝擊理解上，所以防救災的資源應優先投入在連結性最高的樞紐，亦即都市社會與實質結構連結的樞紐，其互動頻率與連結為最高，同時也是關鍵性的集散節點。故本章著重於都市體系社會與實質結構的互動關係，藉由城鄉空間結構之案例探討，歸納出複雜網絡下的城鄉空間結構發展特性，以此建構出空間決策模型並且輔以進一步分析國內九二一地震對台灣帶來的衝擊影響，結合前述理論深入探討災害發生時，對都市社會與實質結構的互動關係與影響，並進而提出有效的災後城鄉重建體系的建議。

第一節　城鄉結構與社會體系之探討

一　城鄉空間結構之複雜網絡系統概述

　　都市發展的空間型態向來都為從事都市規劃研究者感興趣的研究領域，而過去以總體經濟方式由上而下的研究方法或規劃邏輯，乃基於傳統的經濟理性基礎，此理性基礎假設經濟學中個體為效用最大化或追求最大利潤，將都市發展視為均衡作用下的演變。例如 Alfred Weber 於 1909 年提出的工業區位理論、Walter Christaller 於 1933 年提出的中地理論、Harry W. Richardson 於 1973 年提出的區域成長理論等，皆屬總體經濟由上而下的研究方法。在這樣的立論發展驅使下，許多學者或研究者認為都市發展變遷的空間結構及互動關係，應該可用波松

（Poisson）的鐘形分配觀點加以解釋，加上都市本身為一開放的系統，所以在鐘形分配的觀點下便會忽略掉極端的影響，不重視都市發展中的各種意外，因為這些意外在常態中屬於極端值，對整體分配的影響不大，所以過去的研究重點與規劃重點皆容易忽略這些極端影響，而災害的發生在都市空間上便屬於極端的現象，災害沒有一定的規律性也難以預測，並非是常態模式所能掌控的，因此以鐘形分配的觀點來看待都市空間結構便會產生許多難以解釋或處理的現象。

複雜理論的興起，改變了許多過去的研究方向與方法，以其觀點來研究或闡述都市發展變遷，不同於過去由上而下的方式，而是以個體為基礎（agent-based）透過「由下而上」（bottom-up）的探討方式來觀察都市空間演化的型態，有別於以往立基於傳統經濟的假設。複雜理論視都市結構及其空間演化為非經濟的動態模式，實際上都市並非完全是均質狀態的發展，都市空間結構也並非是全部皆為鐘形分配，當討論到規模與頻率時，會呈現冪次分佈，這種現象迄今尚無明確的解釋來說明原因。本書認為透過冪次分布的觀點來解釋災害對都市的影響是非常契合的，在冪次分布中，極端的影響是非常大的，實質空間與社會互動間的關係屬於冪次分配，災害在此連結關係中便是極端的現象，所以需要被重視並加以防患。

都市為開放性的複雜系統，因為世界上沒有任何一個都市是獨立存在並與外界隔離的，而都市的實質結構其實就是複雜的網絡結構，網絡由節點（node）與連線（edge）所組成，連線就是用以描述節點與節點之間的關係，連線可以是實際相連結的路徑，也可以是抽象的非實質的概念，例如社群網絡中的連線可以用以描述人際關係，而人際關係就是抽象的概念。近年來複雜系統網絡的研究發展出小世界（small world）與無尺度（scale free）網絡，此兩種網絡都具備了解釋真實世界中存在的部份現象。小世界網絡是 1998 年 Watts 與 Strogatz 提出的基於人類社會網絡的網絡模型，它是一種介於規則網絡及隨機網絡之間的模型（如圖 3-1-1），小世界網絡的特徵是具備較高的群聚度、較小的平均最短距離，因此當網絡型態呈現小世界時，其分隔度較低，而能以較有效率的方式來接受及發放資訊，或者說可以縮短龐大體系中任兩個節點的距離。

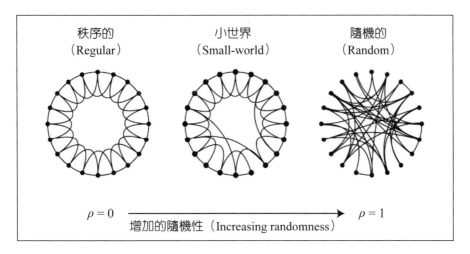

圖 3-1-1　小世界網絡的構造介於規則網絡至隨機網絡的過渡中

　　1960 年代中期，美國心理學家 Milgram 進行了一個描繪人際聯繫網的實驗，他在內布拉斯加（Nebraska）與堪薩斯（Kansas）州隨機選出一些人，並託付給他們信件麻煩他們轉交，此信件署名某位他在波士頓任職股票經紀人的朋友，但信件上並沒有該位朋友的地址，這些被託付的人只能把信寄給他們認為可能會認識該股票經紀人的朋友，實驗的結果發現大多數的信最後都到了該股票經紀人手中，而轉寄的次數平均約為六次，此實驗就是著名的「六度分隔」（six degrees of separation）實驗（Milgram, 1967），也證明了小世界網絡存在於實際的社會之中。例如全球資訊網大約有十億個網頁，但是從其中某個網頁連結到另一個網頁，不需要經過太多次的連結次數；又例如美國的網路電影資料庫有幾十萬個演員名字，從某個演員連結到某個演員大部分都會在六個或更少的連結數之內（此連結的定義是任何兩個演員在同部電影中演出，就稱此兩人為連結的），而沒有任何演員間的連結數會超過十個。由此可見真實社會其實處處存在這種小世界的微妙關係，規則或是隨機的網絡關係在真實世界中並不常見。

　　無尺度指的是網路元素與連結數之間呈現冪次分布，連結數並沒有天生的尺度，最高連結數與最低連結數的節點，其連結數可能差了幾十倍、幾百倍，甚或幾十萬、幾百萬倍。隨機網絡的例子可用美國高速公路系統為代表（圖 3-1-2 左上），此網絡包含了一些節點與隨機分配的連結，其連結分布會遵循鐘形曲線的分布（圖 3-1-2 左下）；而美國的航空網則屬於無尺度網絡（圖 3-1-2 右上），它

存在擁有大量連結的集散節點（圖中的黑色節點），此類型的網絡，節點與節點間的連結分布會遵循冪次定律（圖 3-1-2 右下），其中大部分節點的只有少量的連結數，而少數的節點擁有大量的連結數，以此觀點來解釋則可視這種類型的網絡為無尺度網絡。

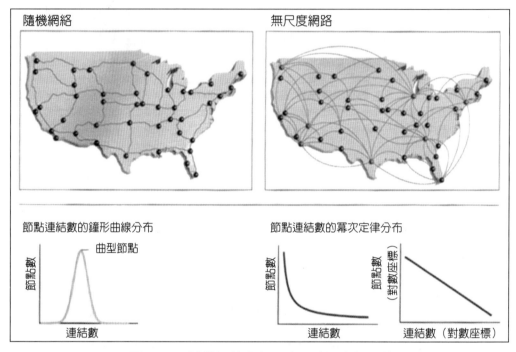

圖 3-1-2　隨機網絡與無尺度網絡的實例比較

　　無尺度網絡的特徵是具有集散節點、具備規模報酬遞增特性，因此無尺度網絡能承受意外攻擊而不導致整體癱瘓的機率較高，但反過來說，如果攻擊是刻意鎖定集散節點或集散節點遭受到攻擊，則會造成較大的傷害。例如美國 911 恐怖事件、或是都市中遭受各種災害破壞的樞紐點（位置、設施），都重創了整個都市系統而需要長期的復原與重建工作。

　　複雜系統中的核心概念是突現（emergence），藉由個體（agent）進行自我組織（self-organized）達到臨界性而突現出個體沒有的特質，個體與突現等這些概念的提出，是源自於美國新墨西哥（New Mexico）州聖塔菲研究所（Santa Fe Institute）中的眾多傑出科學家（Murray Gellmann、George Cowan 及 Philip Anderson 等）。聖塔菲研究所並明確提出：複雜性，實質上就是一門關於突現的

科學（齊若蘭譯，1994）。大部分研究複雜系統的科學家與學者普遍認為，突現具有不可預測性、系統整體性、不可還原性等特性，而突現所欲表達的解釋，並不在於個體的特性為何，而是個體間的互動模式何以會產生複雜的現象。網絡的連結關係或型態便說明了其互動的方式，瞭解特定網絡的特性與性質，可以從中歸納或推敲出，所有真實世界存在而符合該網絡型態現象的可能發展或是所隱含的規則。

 ## 二 案例研究：都市結構與社會互動之網絡關係

（一）無尺度網絡——蘇南鄉鎮公路網分析及探討

「基於無尺度結構的蘇南鄉鎮公路網分析」此案例是由蘇偉忠、楊桂山以及甄峰於 2007 年 9 月在地理研究期刊第 26 卷第 5 期中所發表的。以下將分為兩部份描述，首先概述此案例之研究主題、方法以及研究成果等，其次再針對此案例對都市結構之啟發進行探討。

網絡圖是由節點和連接節點的邊所組成，若考慮城鎮相互作用所依賴的網絡，則各城鎮可視為節點，而連結各城鎮的公路就可視為連接節點的邊。1959 年以來，科學家慣於把複雜網絡看作隨機網絡，認為節點的連節邊數遵循鐘形的波松分布，即邊數比平均數高或低許多的節點較罕見。1999 年 Barabasi 和 Albert 則表示因特網的網頁連結邊數遵循冪次分布，提出無尺度網絡，認為這種網絡的大部份節點只有少數幾個連結，而某些節點卻擁有其他節點的大量連結。

・研究方法

研究的區域包含了南京、鎮江、常州、無錫與蘇州等地。採用 2004 年研究區土地利用現狀圖、公路路網圖以及鄉鎮人口數據，利用 Arcgis 軟體建構鄉鎮公路網絡圖（圖 3-1-3）。

令 D 為連結節點的邊數，D_r 為節點連結公路的等級大小，D_p 則為節點人口規模的大小。以此為基礎將探討各自的分布形態並且分析 D_p 和 D、D_r 的相關性與空間關係。

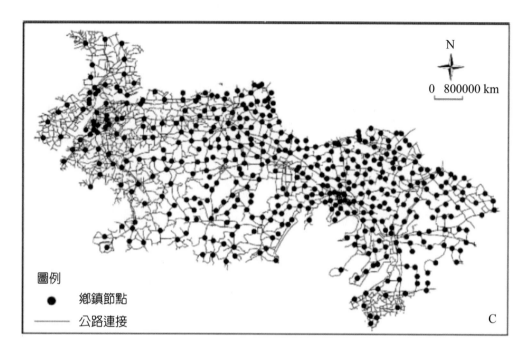

圖 3-1-3　鄉鎮公路網絡圖

• 研究結果

1.鄉鎮公路網 D 的分布特徵

　　將各鄉鎮的節點連結公路邊數依照等級分為六類，而每類鄉鎮所對應的節點
數設為 V_j，以此進行模擬回歸分析，所得出之公式如下：

$$V_i = -(4.08D_i - 14.83)^2 + 124.67 \quad (R^2 = 0.9857)$$

　　由圖 3-1-4 可看出鄉鎮公路各節點的連結數是符合鐘形的波松分配，且判斷係
數更是高達 0.9857。

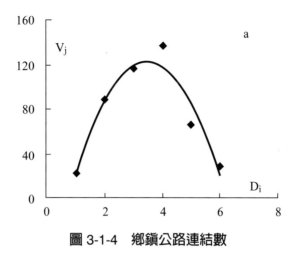

圖 3-1-4　鄉鎮公路連結數

2.鄉鎮公路網 D_r 的分布特徵

在此部份將公路等級分為高速公路、高等公路以及鎮級公路等三種，標示為 D_{r3}、D_{r2} 與 D_{r1}，而其對應的節點數為 V_{rj}，進行回歸分析之公式如下：

$$V_{rj} = 326.95 D_{rj}^{-1.6283} \quad （R^2 = 0.9889）$$

由圖 3-1-5 可看出鄉鎮公路各節點的連結數是符合無尺度結構，且判斷係數更是高達 0.9889。此與前述美國高速公路系統呈現隨機網路結構不符，均進一步加以探討。

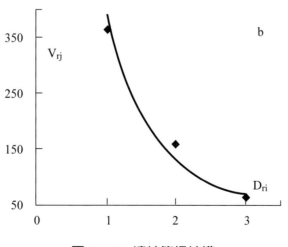

圖 3-1-5　連結等級結構

3.鄉鎮公路網 D_p 的分布特徵

以人口數作為各鄉鎮規模大小的依據，對應其規模位序 V_{pj}，所跑出之回歸公式如下：

$$V_{pj} = 85.21D_{pj}^{-0.6295} \quad （R^2 = 0.9789）$$

其判斷係數高達 0.9789，可知鄉鎮大小規模與其對應的序位是符合過去文獻所闡述的冪次分配。

4.鄉鎮的 D、D_r、D_p 的相關性分析

利用 D（節點之公路連接數量）、D_r（依據連接節點之等級分為 D_{r3}、D_{r2}、D_{r1}）及 D_p（節點之人口規模）計算之間的相關性及空間關係，其研究發現 D_r 與 D_p 具高相關性，接著，該研究又將其兩者作空間相關性分析，發現節點之人口規模與連接公路層級在空間上具高相關性。也就是說，人口規模大的節點，有相當大的機率會連接高層級的公路，反之人口規模小的則是大部分都連結到層級最小的公路。但是，D 與 D_p 的相關性卻很低，換言之，就是節點的公路連接數量與人口規模並無相關性，也就是說，並不是人口多的地區其公路連結數就會多。見表 3-1-1。

表 3-1-1 　D、D_r、D_p 的相關性分析

	D	D_r	D_p
D	1		
D_r	0.569	1	
D_p	0.546	0.801	1

• 結論

此研究基於無尺度的概念，借助 GIS 的技術，對於中國蘇南鄉鎮公路網絡結構特徵進行研究，發現了無尺度結構表現在節點公路連結等級上，是呈現冪次分佈情形；而節點數則是呈現常態分配的情形。

透過 D、D_r、D_p 的相關性分析，研究發現，鄉鎮規模節點度 D_p 與 D 的相關係數為 0.569，呈現弱相關，但與 D_r 相關係數為 0.801，具高相關性且空間對應明顯。

（二）冪次法則及波松分配—高雄市公園分布情況分析及探討

‧ 高雄市公園現況

截至 93 年度，高雄市每人擁有已開闢都市計劃公園、綠地、兒童遊戲場，倘加計廣場面積（4.9537 公頃），則每人享有綠地面積為 4.53m^2，目前高雄市的大、中、小型公園以及兒童遊戲場共有 320 座，其中下列幾種類型：都會公園（高雄都會公園）、自然公園（柴山自然公園）、湖畔公園（蓮池潭、金獅湖）、主題公園（內帷埤文化園區）、古蹟公園、海岸公園、社區公園等。

本小節希望透過公園的面積以及各區公園數量密度的分布，透過常態分配以及冪次法則探討公園分布所代表的意義，以了解城鄉空間結構組織體系的關係。

‧ 常態分配下的公園分布情況

傳統的法規檢討針對公園的部分主要是對於該區域人口密度以及公園面積進行檢討，從法規的規定可以理解是以常態分配去檢討公園面積以及數量，也就是說公園面積與個數的分布常假設為呈現鐘形。本研究透過將高雄市公園之資料以面積大小、數量以及各區公園個數、各區總面積兩種常態分配，見表 3-1-2，以探討高雄市公園的分布情形。（高雄市公園綠地導覽手冊，2003）。

表 3-1-2　高雄市公園各行政區基本資料

行政區	人數	公園面積（公頃）	公園數	各區面積	公園平均面積（m^2）	人口密度（人／公頃）	人均公園面積（m^2）	公園占各區面積比例
鹽埕區	33,463	4.8499	8	141.6	0.6062375	236	1.4	3.43%
新興區	61,188	2.6975	4	197.64	0.674375	310	0.4	1.36%
小港區	144,841	46.7849	66	3985.73	0.708862121	36	3.2	1.17%
前鎮區	204,467	41.7927	58	1913.6	0.720563793	107	2.0	2.18%
苓雅區	21,000	38.7918	36	815.22	1.07755	26	18.5	4.76%
三民區	361,394	97.8077	45	1978.66	2.173504444	183	2.7	4.94%
左營區	169,389	113.326	37	1938.88	3.062864865	87	6.7	5.84%
旗津區	30,059	27.7509	8	215.22	3.4688625	140	9.2	12.89%
前金區	32,007	16.45	3	197.64	5.483333333	162	5.1	8.32%
楠梓區	155,109	209.5826	31	2782.49	6.760729032	56	13.5	7.53%
鼓山區	108,901	1320.792	24	1474.58	55.03301667	74	121.3	89.57%

（資料來源：高雄市政府，2003）

· 公園面積與個數

此案例中將 2000 平方公尺以下的公園共 280 座以面積大小以及個數進行個數及規模分布分析,由下圖 3-1-6 可知在面積大小以及個數的分布下,以 1000～2000 平方公尺有 74 座公園分布數量最高,且由圖可知高雄市之公園數量主要集中於面積大小為 6000 平方公尺以下的尺度,故此非呈現鐘形的常態分配,故在常態分配的趨勢線 1 下,$R^2 = 0.3084$,相關性低。而從趨勢線 2 可以看出高雄市公園屬峰形往左偏的分配情況,$R^2 = 0.708$。

表 3-1-3　高雄市公園面積個數分布表

範圍	<1000	1000～2000	2000～3000	3000～4000	4000～5000	5000～6000	6000～8000
個數	23	74	31	27	20	21	28
範圍	8000～10000	10000～12000	12000～14000	14000～16000	16000～18000	18000～20000	
個數	15	10	17	4	6	4	

(資料來源:高雄市政府,2003)

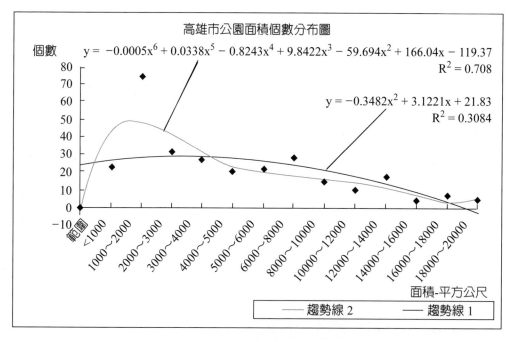

圖 3-1-6　高雄市公園面積個數及規模分布圖

· 各區總面積與各區公園個數

為了解各行政區之公園密度集中趨勢,本研究將各區之公園數量除以各行政

區之總面積,將得到之密度與個數進行個數及規模分布分析,可以發現在高雄市 11 個行政區有 161 座公園主要是落於密度 1～2 間,見趨勢線 2 而非趨勢線 1 峰頂端之 X 值 3 處,故 $R^2 = 0.2885$ 與常態分配的相關性低。見下表 3-1-4 及圖 3-1-7。

　　究其原因,從公園數量無法得知公園面積的大小,又高雄市各區行政區面積也有大小差異,從各行政區之公園個數以及各行政區之面積得出來各行政區公園分布之密度其個數規模分布顯然偏離常態分配型態。

表 3-1-4　高雄市各行政區公園數量與密度資料

行政區	總面積（km^2）	公園總數	密度
楠梓區	25.8276	31	1.200266
前金區	1.8573	3	1.615248
鼓山區	14.7458	24	1.627582
小港區	39.8573	66	1.655907
左營區	19.3888	37	1.908318
新興區	1.9764	4	2.023882
三民區	19.7866	45	2.274266
前鎮區	19.1309	58	3.031744
苓雅區	8.1522	36	4.415986
旗津區	1.4639	8	5.464854
鹽埕區	1.4161	8	5.649319

（資料來源：高雄市政府,2003）

• 冪次法則下的公園分布情況

　　本案例為高雄市公園的分布與冪次法則之間關係的探討,在案例中舉出高雄市之公園面積呈現冪次法則分布,其中最大面積的公園為鼓山區柴山自然公園面積 1,200 公頃,其次為楠梓區之綠地 145.98 公頃,第三則為左營區蓮池潭風景區面積 73.416 公頃,面積大於 10 公頃以上之公園數量僅 13 座,介於 10 公頃至 1 公頃間有 67 座,1 公頃以下有 240 座,面積愈大之公園在高雄市的數量則愈少,反之面積愈小則愈多。由圖 3-1-8 可見高雄市仍多為中小型公園為主,由於大型公園面積差距過大,導致圖面資料多集中於下緣略呈直線。而在圖 3-1-9 除柴山自然公園為特殊資料外,在中型公園的數量些微不足,仍然以小型公園占多數。由於公園屬於都市活動的重要大眾空間,面積大小將影響活動的頻率和強度,藉由探討面積大小和分布將對都市社會活動有初步的了解。

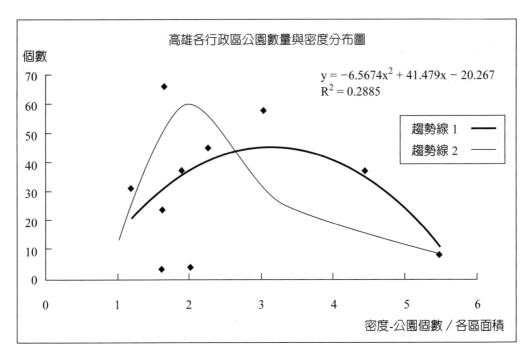

圖 3-1-7　高雄公園各區數量與密度分布圖

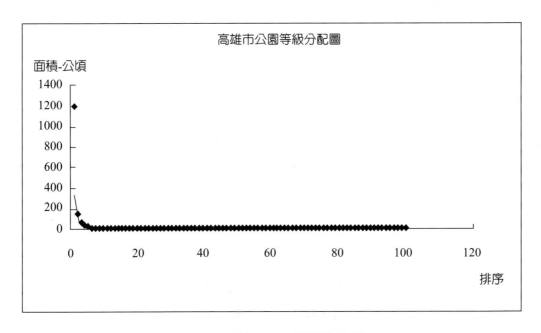

圖 3-1-8　高雄市公園等級分配圖

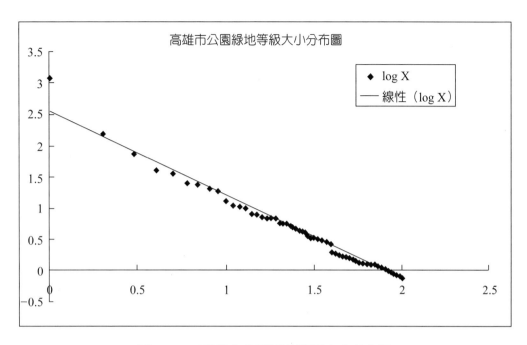

圖 3-1-9　高雄市公園綠地等級大小分布圖

・結論

從高雄公園的分布可以了解的是，從面積與個數以及數量與密度的分布上，都是集中落在一個區間，雖非鐘形的常態分配，也為峰態左偏的分配型態；而在探討公園等級的部份則是呈現冪次法則的分配型態。所以我們可以知道的是無尺度結構表現在公園大小等級上，是呈現冪次分佈情形；而數量與密度則是呈現峰態左偏的分配的情形。

透過上述案例介紹發現：都市發展本身即為複雜的演化過程，其發展的型態乃是種非樹狀階層的結構（Alexander, 1965），所以傳統古典經濟觀點將都市發展視為均衡的假設，並無法完全合理地解釋真實世界的現象，而都市的實質環境可視為由各種不同部門的空間決策下的產物（Batty, 1995），因此我們可以把都市的結構視為複雜網絡的互動與組成。根據上一節實際案例的分析，我們可得到的結論是：都市空間結構在論及規模與頻率時，的確會呈現冪次分布的情況而非常態的鐘形分布。而符合冪次律分布的城鄉空間網絡結構，其特性歸納如下：

1.以蘇南鄉鎮公路的連結情況可發現，公路等級與節點數的關係、節點人口規模與節點數的關係，皆會符合冪次定律的分布，某些節點擁有較多的連結數，大

部分的節點只有少數的連結。這些具有較多連結的節點便是網絡中的樞紐，可稱之為「集散節點」。

2.我們可以推論，遵循冪次分布的網絡對於意外或隨機的連結破壞是較有承受能力的，因為集散結點的分布屬於極端值，遭受到破壞的機率較低，但是當集散結點受到破壞時，整體網絡較容易癱瘓（如圖 3-1-10 所示），所以面對協同式攻擊是很脆弱的。災害發生有不可預測性，一般都市火災、爆炸，或者局部淹水皆屬於隨機性的破壞，因此對整體都市的影響並不會造成都市運作的癱瘓，但是大規模災害，例如地震、颱風則如同協同式攻擊般，破壞的範圍相當廣泛，此時集散結點會遭受破壞，因此對整體都市的衝擊會很大，嚴重者會使得都市在某種功能上的癱瘓。

隨機網絡節點遭受破壞

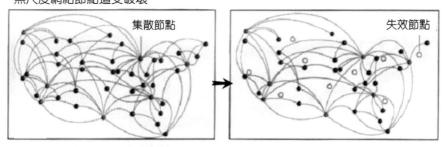

無尺度網絡節點遭受破壞

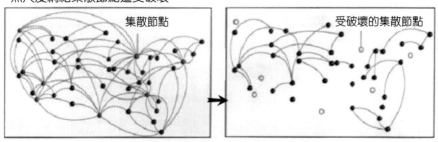

無尺度網絡集散節點遭受破壞

圖 3-1-10　不同網路型態的受損可能性

3.網絡中節點的分布方式遵循冪次定律，例如蘇南鄉鎮的公路等級與節點數的關係、節點人口規模與節點數的關係、高雄市公園面積與數量間的關係等。在冪次定律下任何節點與其它節點連結的機率，會隨著節點數目的增大而呈現指數遞減的現象。

4.符合冪次定律的網絡具備較低的分隔度，因為存在集散結點，其大量的連結縮短的節點間的距離，而能以較有效率的方式來接受及發放資訊。

5.此種網絡型態同時具備有規則網絡較高群聚度與隨機網絡較低最短路徑的特性，因此無論網絡規模有多大，它依舊是個小世界的結構。

6.集散結點的連結數量會有遞增報酬的現象，意即連結數多的節點比連結數少的節點更容易增加連結數，這種現象國著名的社會學家 Robert K. Merton 將之稱為「無尺度網絡的馬太效應」（Merton, 1968），這個詞源自於新約聖經的內容：凡有的，還要加給他，叫他有餘。

綜合以上 6 點城鄉空間網絡結構的特性，我們可以進一步歸納出都市空間實質結構的集散節點，是具備大量連結的樞紐，這些連結的對象便是社會結構中的各種組織、團體或個人。同時，樞紐也擁有遞增報酬的現象，所以它的連結數比其他節點更容易增加，由此可證明，樞紐在都市各種活動進行及其發展中，的確占有極重要的地位，一旦大規模災害對樞紐造成破壞，輕者可能會使都市某種功能上受到障礙，而較嚴重的衝擊，可能會使整體都市的活動系統癱瘓。因此防救災的資源應優先投入在連結性最高的樞紐，也就是都市社會與實質結構連結的樞紐，其互動連結最高也是關鍵性的集散節點。基於此論點，此節整理出都市空間部份實質結構上的樞紐，茲說明如下：

・政府單位：各級政府所在地。由於政府是整個都市的指揮中心，因此政府等於是都市中各種團體與組織連結的樞紐。

・學校：學校在某時段會聚集大量的師生及員工，而同時學校也常做為避難據點或其他防救災活動的空間，因此學校是非常重要的節點，若大規模災害對學校產生破壞，則會造成相當多的人員傷亡，例如中國四川省大地震，造成至少一萬間學校受到嚴重破壞，其中大約有七千間學校是完全被摧毀，受災的學童根據估計超過百萬人；而像是都江堰的聚源中學，因為一棟教學大樓倒塌，直接造成 200 多名學生死亡；四川北川縣的北川中學

則更嚴重,學校的教學大樓全部倒塌,造成 2000 多名的師生被活埋。所以學校是很重要的場所,可視為都市實質空間上的樞紐。

- 維生設施:諸如變電所、基地台、自來水廠站或下水道等設施,皆是提供都市居民生活上必備的設施,可以說是連結所有都市居民的重要設施,當災害破壞到這些維生設施,必會帶來莫大的衝擊影響,例如變電所或基地台毀損,則無法傳遞資訊與外界聯繫,對防救災上的工作執行會造成阻礙,而導致更多傷亡或損失。

- 公園:公園是都市居民活動休閒的場所之一,同時也具備複合性的機能,例如美化綠化環境、提供災害發生時,避難或收容、物資集散、醫療服務等空間據點,日本更發展出都市防災公園的概念以強化地區防救災的能力,所以公園在都市中扮演極為重要的公共設施,在平時或災時大量連結了社會結構中的各種組織,並與之互動頻繁,因此公園也是都市複雜網絡中的重要樞紐之一。

- 交通運輸場站:涵蓋鐵路與火車場站、捷運場站、航空機場等。這些交通運輸場站皆為大量旅運人口在流動上必經的場所,也提供交通運輸服務以滿足各種旅運需求,所以交通場站等於連結了大量的流動人口。例如前述章節中曾提及,納莉風災造成台北市車站與捷運系統場站淹水,使得台北市的鐵路與捷運系統無法運作,導致非常嚴重的損失與影響。

都市實質結構上的樞紐在都市各類活動中扮演著非常重要的角色,不但與社會有著緊密頻繁的互動,更連結了大量的組織或個人,因此,防救災資源應優先投入樞紐,以有效地降低大規模災害的衝擊影響。

第二節　空間決策模型之建立與實證

 群聚型空間垃圾桶模式建構

垃圾桶模式(garbage can model)最先是由 Michael Cohen、James March 及 Johan Olson 等人於 1972 年提出(Cohen 等,1972)。這種模式首先用來瞭解有限

理性下「有組織的無政府狀態」（organized anarchy）其決策的過程。「有組織的無政府狀態」有三個特徵：有問題的偏好（problematic preferences）、不清楚的科技（unclear technology）以及流動的參與（fluid participation）。這種以有限理性觀點來解釋組織決策的模式，稍後為 John Kingdon（2003）沿用，並且被用來解釋美國聯邦政府許多交通及衛生議程設定的決策過程。

（一）垃圾桶模式特徵

柯恩（Michael Cohen）提出決策行為是在一個裝有鬆散結構意見的垃圾桶中完成的，而組織中有許多這樣的垃圾桶，構成了下列組織選擇行為的特性：

1.有問題的偏好（problematic preferences）

該項特徵為整個組織本身所要追求的目標並不具體清楚，對各種施政目標的優先順序也不明確，此意味著組織對各種施政目標的優先順序，並非一成不變，而是可以視必要情況隨時加以調整的。通常當一個組織發展到具有相當規模時，伴隨而來的就是組織愈變愈複雜，它同時也會追求許多不同的目標，這些目標又可分成多項的次目標。當企圖再將這些次目標加以具體化陳述時，則常會出現目標之間矛盾不一的情況。正如前面說過，組織目標及偏好是模糊的，施政目標的優先順序不是一成不變的，而是可以挪動的。

例如：九二一地震發生時，由於遭逢重大災難，政府與民間各單位均全力投入救災，導致組織龐大是無可避免的。但每個救災單位的目標不一致，如消防單位與警政單位或民間單位（如：慈濟）的目標就不同，短時間內缺乏統整，因此造成偏好的模糊。

2.不清楚的科技（unclear technology）

此特徵是對如何達成目標的手段或方法並不清楚。這種組織的成員通常只知道與本身職責相關的業務，對整個組織的運作充其量只有一些很基本和粗淺的認識。成員需要去嘗試錯誤，從經驗中去學習，甚至要在面對危機時摸索和思考解決的辦法。該種組織是一個鬆散的結構，有時甚至是先決定了要做什麼事或是有了行動，然後再去思考為什麼要做這件事，以及做這件事的目標是什麼，而不盡然像理性決策模式所主張的依邏輯思考的決策步驟以解決問題。

例如：九二一地震災害發生後，由於救災體系龐大，而為短時間所組成的系

統，彼此缺乏溝通也無法完全了解本身權職，對於救災體系內其他組織的作業方式與所採用的方法也不甚瞭解，對於需要立即性投入的工作可能會有時間上的落差。

3.流動的參與（fluid participation）

第三個特徵是在政策形成的過程中，參與決策人員具有相當程度的的流動性，也就是說參與決策者可能前後完全不同，故同樣的議題由於不同的人員出席討論，結論也可能與原先規劃完全不同。流動性參與在九二一地震發生的過程中十分常見，在救災體系中的決策人員與救災人員都有著流動性參與的特徵，而此團體中的每一人或每一個組織，都會對整個救災體系的的結果產生影響。

（二）垃圾桶決策模式

垃圾桶理論認為，如具有上述三項特徵的組織，其決策常常決定於四股力量（或稱為：流）：1.問題（problems）；2.解決方案（solutions）；3.參與人員（participants）；4.決策的機會（opportunities）。

1.問題（Stream of Problems）

決策本來就是企圖解決問題，垃圾桶管理決策組織「問題」林林總總，有大有小。每一問題由下列三項來描述，分別為(1)進入時間，即問題浮現的時點；(2)解決問題所需的能量或資源；(3)通路結構，即一些能觸及到問題的選擇機會或決策情況。

2.解決方案的流速（Rate of Flow of Solutions）

有了問題並不表示就有解決的方案，當問題與選擇機會（決策情況）能配合時，會有解決方案產生，而流動速率是指系統內產生方案解決的速率。如目前失業問題，顯示我們的勞資雙方與國家經濟甚至教育體系都有問題，但我們尚無較佳的解決方案。再則，很多的問題，也不是有了方案就真的能解決問題，端視這些元素是否能在適當的時機搭配。

3.決策參與者（Stream from Participants）

決策參與者的重要性，前面已有提及。決策參與者不必然是一群在某時某地開會和參與討論的人員或官員，有可能學術界、輿論界、民間團體、乃至一般老百姓，也加入某一政策的爭辯且企圖影響最後的決策。而決策參與者共識的建立，也是決策能否訂定的關鍵之一。

4.決策的機會（Choice Opportunities Stream）

最後的一股力量是決策的機會，組織的決策時機，John Kingdon（2003）書中稱之為政策之窗（policy window）。政策的決定，要等待恰當的時機。政策之窗一開，機會一來，打鐵趁熱，決策就可定案。如果機會一失，代表政策之窗關閉，則需等待下一次機會的出現。

這四股力量（主流）很像四道河水，有時候各自流動，互不相干，有時又會形成交集。換句話說，什麼問題會浮上檯面，成為熱門的議題，然後定下一個決策來試圖解決（只能說是試圖解決，因為，有時候問題是解決了，有時候問題並沒有解決，有時候則解決了一部分問題，但又衍生出另外一些問題），就看這四種力量的消長和互動。

（三）空間垃圾桶模式

此外，垃圾桶模式也適合用來描述如城鄉發展的複雜系統運作過程。例如，John Kingdon 便運用修正後的垃圾桶模式來描述政府政策制定中議程（agenda）形成的複雜過程，並指出該模式與目前正流行的渾沌理論（Chaos Theory）有異曲同工之妙（Kingdon, 2003）。因此，基於垃圾桶模式，將城鄉活動區位的空間因素考慮在內，認為特定的決策者（decision makers）、解決之道（solutions）、選擇機會（choice opportunities）、問題（problems）及設施區位（locations），在機會川流中隨機性地不期而遇，而產生了決策，進而解決了問題。筆者曾應用這樣的概念設計一電腦實驗（Lai, 2006），以 4×4 Graeco-Latin Square 的設計考慮元素互動之限制結構及形態間的相互影響。實驗結果發現管道結構（access structure）（什麼問題在何種情況下可解決）的主效果（main effect）在影響系統效能上，其在統計上是顯著地。但空間結構（spatial structure）（什麼選擇機會在哪裡可發生）之影響卻不顯著。其意味著城鄉系統演變，其傳統上以空間設計的方式來改善該系統的效能，不如以制度設計的方式來改變活動的行為來的有效。也許兩者應同時並行，以改善城鄉發展的品質。本節所提之空間垃圾桶模式（Spatial Garbage Can Model）應可觸發許多其他城鄉模式，包括城鄉防災研究，所未探及的有趣課題，包括交易成本（transaction cost）與城鄉系統演變的關係、複雜空間系統中制度（institutions）產生的源由以及計劃對城鄉發展的影響等等。本書對於

天然災害對城鄉發展影響的詮釋，擬根基於此空間垃圾桶模式的架構，就實質面及制度面，針對災後城鄉重建體系之研擬進行深入的探討。

筆者以 Michael Cohen 等人於 1972 年提出的垃圾桶模式為原型，並結合過去曾提出的空間垃圾桶模式作為基礎，將都市活動區位的空間因素考慮在內，嘗試透過空間垃圾桶模式（Lai, 2006）架構，認為特定的決策者（decision makers）、解決之道（solutions）、選擇機會（choice opportunities）、問題（problems）、設施區位（locations），在機會川流中隨機性地不期而遇，而產生決策，進而解決了問題，而這個概念也應可擴充來解釋都市的社會空間過程。

（四）群聚型空間垃圾桶模式

此模式以空間垃圾桶模式的架構為基礎，並結合社會網絡（social network）的觀點將其擴充，把數個空間垃圾桶聚集成群，並定義為群聚型空間垃圾桶模式（Clustered Spatial Garbage Can Model），每個群體皆可視為都市社會網絡中的一個團體或組織，其複雜的網絡關係表現在互動影響的特色上，亦即每個垃圾桶運作的結果，將有可能直接或間接影響到另外一個垃圾桶，帶動新的決策行為產生，群聚型垃圾桶可分成開放式與封閉式兩種，以下便說明群聚型垃圾桶的互動影響模式與兩種型態。

群聚型垃圾桶的互動影響模式可分成群體內的互動與群體間的互動兩種，此兩種互動影響模式如下所述：

1.群體內的互動

在一個群聚型垃圾桶內，某個空間垃圾桶對其他空間垃圾桶的影響，亦即某個空間垃圾桶運作的結果輸出，成為另一個垃圾桶的起始輸入，使其產生決策過程的行為（如圖 3-2-1）。

2.群體間的互動

群體間的互動又可分成兩種影響型態，第一種是群體對群體的影響（如圖 3-2-2），亦即整個群聚型垃圾桶對另一群聚型垃圾桶產生影響，此種影響型態可視為整個團體或組織各種決策結果的集合，對另外一個團體或組織產生了影響使其內部的空間垃圾桶開始產生決策過程改變的行為。第二種群體間的互動形態是群體中的某個空間垃圾桶對另一群體中的空間垃圾桶產生了影響（如圖 3-2-3）。

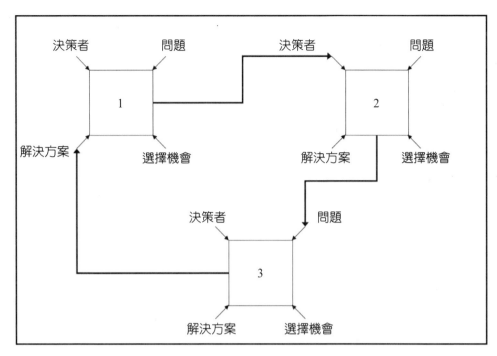

圖 3-2-1　群體內互動圖

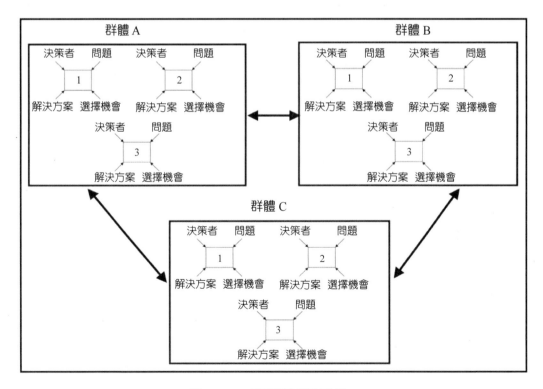

圖 3-2-2　群體間互動型態 1

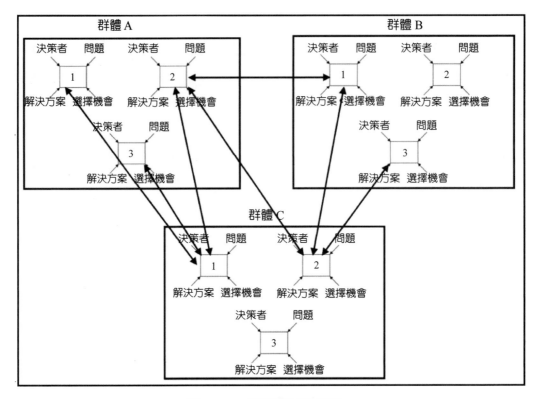

圖 3-2-3　群體間互動型態 2

而群聚型垃圾可進一步將之分成開放式與封閉式群聚型垃圾桶兩種，此兩種不同之處在於此群聚的空間垃圾桶是否可明確分類歸屬，茲說明兩種模如下：

1.開放式群聚型垃圾桶

開放式群聚型垃圾桶意指每個群聚型垃圾桶沒有明顯的分界，因此無法完全去找出哪些空間垃圾桶屬於同一個群聚，只能概略去作分類，而其產生的決策結果，其輸出對其他空間垃圾桶的互動影響除了群體內的互動外，大部分的結果輸出都會是群體間的互動，亦即構成另一個群聚型垃圾桶及其內各別空間垃圾桶的起始輸入。

2.封閉式群聚型垃圾桶

封閉式群聚型垃圾桶乃是每個群聚型垃圾桶有明顯的分界，可以明確的將某些空間垃圾桶分類歸屬於某個群聚型垃圾桶，而其互動影響的型態大部分屬於群體內的互動，少有群體間的互動。

　　筆者懷疑真實的都市系統其垃圾桶連結形態亦介於開放式及封閉式群聚型垃圾桶之間。無論如何，不論是開放式或者封閉式的群聚型垃圾桶，其互動影響的型態都會包含群體內與群體間，而其與社會實質的互動乃在於每個垃圾桶的空間區位輸入不同而產生互動，某些決策的產生只會在特定的場所中，透過各種輸入元素的碰撞才會形成。而決策形成後形成的解決方案的輸出會決定在某個特定的社會空間中進行特定的活動，例如九二一地震災害發生後，大部分政府的救災組織是接獲上級命令才到某些特定地點進行救災工作，上級的命令就是決策結果的輸出，到該特定場所進行救災的工作就是與社會實質的互動。

　　本文中所提出的群聚型垃圾桶模式乃是以空間垃圾桶模式（Lai, 2006）的理論架構為基礎，將都市發展實質變遷的過程視為土地開發行為的決策結果，而在此並不討論規劃行為對垃圾桶內部運作的影響，單就討論土地開發的互動影響所突現都市整體變化背後的運作機制。都市本身有著自我組織與自我相似的特性，所以都市發展變遷的過程乃是一複雜系統突現的過程，此一複雜的過程，可將之視為動態系統的網絡互動關係，根據 Watts 與 Strogatz（1998）所提出的小世界網絡（small-world networks），當動態系統的網絡互動關係介於正規（regular）與隨機（random）之間，便可將此系統視為小世界網絡關係。

　　若我們將空間垃圾桶決策情況的網絡關係以二維的細胞自動機模擬平面來表示，也就是把每個空間垃圾桶視為一個細胞，規則網絡（如圖 3-2-4）代表每個細胞所能影響的範圍與方式，只包含其鄰接的八個細胞，但會影響哪個鄰接細胞則視決策結果輸出的選擇而定。小世界網絡（如圖 3-2-5）代表每個細胞間的互動關係介於規則與隨機之間，亦即具備規則與隨機的部份特性。隨機網絡（如圖 3-2-6）則無法預期細胞間的影響範圍與方式，而完全隨機產生。

　　本文提出的群聚型垃圾桶模式，其互動影響型態如前所述。同一群聚內的個別空間垃圾桶對個別垃圾桶與群聚型垃圾桶間的互動關係，可視為具備規則網絡的特性；而某個群聚內的空間垃圾桶對另一個群聚內的空間垃圾桶產生的影響，則可視為具備隨機網絡的特性。整體而言，群聚型垃圾桶模式的互動影響型態乃是介於規則網絡與隨機網絡之間，亦即此網絡關係可視為小世界網絡。而都市土地開發決策過程間的互動影響關係並非完全隨機產生，亦即每個空間垃圾桶之間的互動影響型態並非完全隨機；而且此種影響型態也不是完全規則。如果都市的

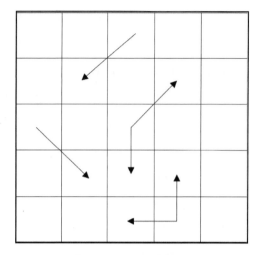

圖 3-2-4　規則網絡

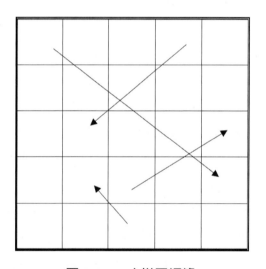

圖 3-2-5　小世界網絡

開發決策間的互動影響為完全隨機，則都市的發展為凌亂無章，並不符合自我組織與自我相似的複雜系統特性；如果此互動影響關係為完全的規則，則都市之間便不該存有差異性，但每個都市都有其特色與差異，並不可能完全相同或者相似，因此本文認為，都市土地開發決策過程的互動影響關係，應該介於規則與隨機之間，而形成一小世界網絡。

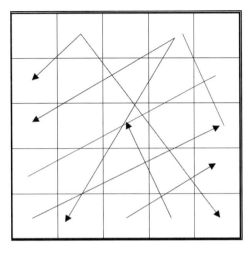

圖 3-2-6　隨機網絡

 案例研究：實證分析－台南市東區建築（學仕園）

都市活動可概略分為實質空間活動與社會活動兩種，本節將介紹驗證群聚型空間垃圾桶模式是否適用於此兩種都市活動。

（一）實質空間活動

在都市過程決策的產物中，最基本的元素便是建築物，每一個都市皆是由許多不同的建築物所組成，而本文亦認為建築開發之決策過程與前述所建構群聚型空間垃圾桶模式（Clustered Spatial Garbage Can Model）是相符的，又近年來由於台南市虎尾寮重劃區的開闢，台南市東區亦開始推行大量建案；考量資料取得之難易程度，本文便以台南市東區的建築開發案為實證案例，針對位於台南市東區之建案以隨機抽樣方式進行訪談，期望了解各建築開發案之決策過程，藉以驗證是否與本文所建構之模型相符。

1.基本資料

位於裕信六街 129 號，分為住商使用的兩種透天別墅，地坪 27～39 坪，建坪59～74 坪，四至五房，價格 688 萬起，屬於台南市東區虎尾寮地區，為目前透天建案興盛地帶。（如圖 3-2-7）

圖 3-2-7　銷售廣告

2.實證分析

　　透過訪談資料的整理（詳見表 3-2-1 及圖 3-2-8），學仕園建案之開發針對垃圾桶模型的建構對於問題、解決方案、決策者、場所以及決策結果（輸出），歷經晉暉建設有限公司共三次會議決定。首先在第一次會議（或垃圾桶），主要是了解的問題為「基地是否適宜開發」，針對鄰近地地價與基地價格比較是否合理、鄰近類似基地之銷售中建案開發是否順利、聯外道路是否暢通、基地本身是否平坦或有無開發限制，經初步評估「基地價格合理」、「鄰近地區類似建案銷售順利」以及「聯外道路順暢」，且由「總經理與土地仲介」在「基地現場」的協商後，得出了「評估樂觀」的結果；第二次會議主要為晉暉建設有限公司之「總經理」與郭晉忠建築師事務之「建築師」為決策者在「建築師事務所」討論，委託建築師檢討建築法規相關規定，進行基地分割，並提出基地相關問題、個案分析、成本分析與優劣勢檢討，進行開發產品之定位，經由第一次的會議之決定方案以及「基地與建案檢討」定位本「開發案為低成本、純住宅區」；第三次

會議主要為「總經理、股東及公司財務與工務部門」位於「案場之銷售中心」檢討相關開發利弊得失，討論本案之產品定位與預算，經由討論得到的解答定位本案為「純住宅區且公司預算充足」可進行開發，最後決定「本案確定開發」。

在開發的過程中，本案件並非單獨由建設公司決定，而是在開發評估的過程中建築師事務所便一併參予討論，故決策的過程絕非是單一而是多方的協商所得到的結果。此外本案在銷售上則為建設公司自售，故也無代銷業者參與最後的決策，故在垃圾桶模型的建構上已將建設公司與建築師事務所之決策過程一併帶入模型中。

表 3-2-1　學仕園建案開發決策過程表

問　題	過　程	決策者	場　所
一、決定學仕園建案時，一共經過多少次重要會議（正式及非正式）討論？	至少三次非正式會議。 為減少行政人力負擔與考量購地時效，本公司皆已非正式會議評估開發個案，故多未保留會議討論相關紀錄。本公司亦不拘泥作業形式，相關決策地點多隨事件發生當時的場所而定。	總經理	
二、各次會議的地點、參與人員、討論議題、構想解決方案及會議結果為何？	第一次會議： 針對基地條件評估現況環境是否適合開發。 主要以鄰地地價與本基地價格比較是否合理、鄰近類似基地之銷售中建案開發狀況是否順利、聯外道路是否通暢、基地本身是否平坦或有無開發相關限制（風水問題或障礙物）。本案評估樂觀	總經理 土地仲介	基地現場
	第二次會議： 委託建築師檢討建築法規相關規定，進行基地土地分割。提出基地相關問題、個案分析、成本分析與優劣勢檢討。本案定位為純住宅低價位產品	總經理 建築師	建築師事務所
	第三次會議： 與股東及公司財務、工務部門檢討相關開發利弊得失，討論本案產品定位與預算。本案確定開發	總經理 股東財務、工務	案場銷售中心
三、建築設計者與銷售者等建案參與單位為何？	建築設計者：郭晉忠建築師事務所 銷售者：自售		

資料來源：晉暉建設有限公司

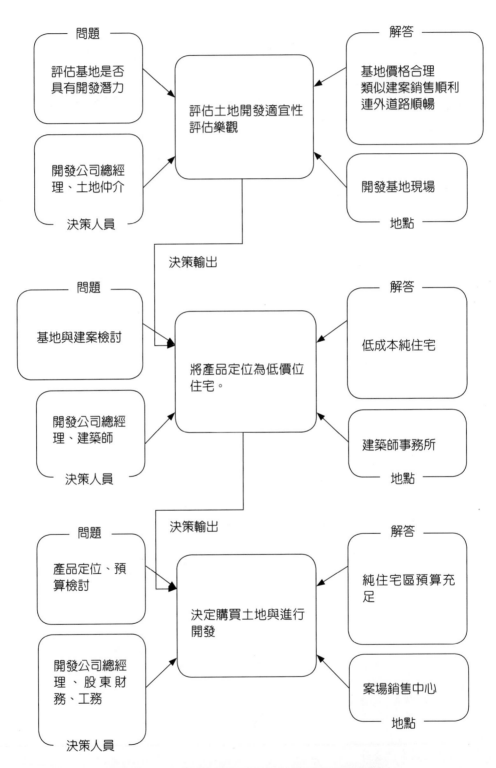

圖 3-2-8　學仕園建案開發之群聚型垃圾桶模型

（二）社會活動模擬－以休閒活動模擬

一般而言，「人」的活動不外乎就是上學、購物、休閒與工作此四項。早上起床之後，學生去上學，上班族就去上班，在下課下班之後或是星期假日時，人們便會去做些休閒活動，而購物除了算是一種休閒活動外，亦是滿足日常生活所必需之行為。但上學、購物、休閒與工作之種類皆相當多，本節將介紹從社會活動中之休閒行為來進行模擬。

在休閒活動部份，以打籃球此一休閒活動為例，在一開始決定要不要去打籃球時，會遇到天氣好壞的問題，假設天氣為晴天便決定要去打，決策者為自己，決策場所為家裡。在決定要去打後，又會遇到何時要去的問題，解答是在有空閒的時間，假設為星期天下午，決策場所同樣是家裡，決策者則為自己與同行球友。接下來所會衍伸之問題是在哪裡打，解答為將會選擇離家最近的運動公園，決策場所為家裡，決策者同樣是自己與同行球友。在決定場地之後，亦會衍生出如何去的問題，假設有機車與腳踏車此兩項交通工具，解答選擇為機車，決策場所為家裡，決策者同樣為自己與球友。到了球場之後，又會產生要跟何人打球的問題，此問題主要在於有無球場，若無球場則需與人一起打球，若有空球場則可與自己同行球友打，解答假設為有球場，與自己同行人打球，決策場所則為球場，決策者則為自己與球友。

表 3-2-2 · 休閒活動模擬決策過程表

決策事項	問 題	解 答	地 點	決策者	決策輸出
要不要打籃球	天氣晴天或雨天	晴天去打	家	本人	決定要去打後，會衍生何時去的問題。
何時去打	何時有空	星期天下午	家	自己與球友	決定星期天下午後，會衍生出到何地去打的問題。
在哪裡打球	哪一個球場	離家最近的運動公園	家	自己與球友	決定好到哪去打後，會衍生出如何去球場的問題
如何去球場	交通工具的選擇，機車或腳踏車	騎機車	家	自己與球友	決定好如何去後，會衍生出跟誰打球的問題。
跟誰打球	有無空場，有，跟別人打；無，跟自己人打	有空場，跟自己人打	球場	自己與球友	完成打球活動，達成要不要去打球之決策輸出

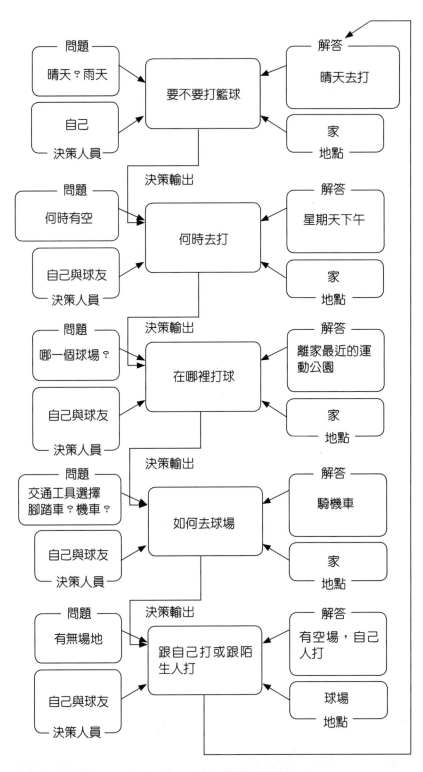

圖 3-2-9　休閒活動模擬圖

經過實質空間活動的驗證可初步發現本節探討所建立的群聚型空間垃圾桶模式（Clustered Spatial Garbage Can Model）應可成立，雖然每個參與單位之間（群聚型垃圾桶與群聚垃圾桶之間）的連結並不如預其中的有規則性，但其關連性依然是有跡可尋的，而每個參與單位其內部決策難以預期也是顯然的。而經由社會活動模擬可以大概窺知群聚型空間垃圾桶模式（Clustered Spatial Garbage Can Model）套用在各種社會活動行為的決策過程，而從中可得知似乎社會活動在某種程度上是互相影響的。

第三節　災害重建決策之探討──以九二一地震為例

一　九二一地震之特性與受災

（一）大規模災害的特性

國內外相關組織針對災害的定義則有些差異。國外多類似於相關文獻定義，如國際減災戰略秘書處（ISDR, International Strategy for Disaster Reduction）定義所謂自然災害，是指自然危害對具有一定程度脆弱性的社會經濟系統所造成的影響與後果。這種脆弱性妨礙了社會能夠用適當的方式因應這一影響。自然危害本身並不一定導致災害，只有當自然危害與人及其環境互相作用，才有可能達到災害性的程度。美國聯邦緊急事故管理總署（FEMA, Federal Emergency Management Agency）則認為一個事件或自然狀態，具有引發死亡、傷害、財產損失，基礎設施損壞、農作物損害、環境危害、商業活動中止，或其他型態傷害或損失的潛在可能即稱之災害；重大災害的標準則是指當天然災害、工程事故或人為事件的發生，導致超出地方管轄單位應變能力而造成嚴重的財產損失、死亡及大量人命傷亡之事件（內政部消防署，2000）。因此依照國際上共通的界定，災害定義為：「危害發生的影響，嚴重破壞社會運作，造成大規模的人命、物質和環境損失，並超出受影響的社會僅憑自己的資源就能對付的能力」（內政部消防署，

2000）。國內機關亦有許多災害的認定和重大災害定義，如行政院經濟建設委員會都市及住宅發展處定義災害，係指其造成之原因是自然的或人為的，已經引起人命或社會受到損傷，並進而引發社會失去已構成之均衡現象。由於自然變異、人為因素或自然變異與人為因素相結合原因所引發的對人類生命財產和生存條件造成的危害，即為災害。依經濟部之「天然災害及重大事件通報項目」，重大天然災害之認定，為當風災、旱災、震災等災情，造成機關（構）人員死亡、或重大損害（金額估計達三百萬元以上），足以影響單位正常運作或社會民生者。再根據不同災害的相關單位亦有針對各種災害細部定義，如「地震中央災害處理中心作業要點」、「颱風、豪雨中央災害應變中心作業要點」、「旱災中央災害應變中心作業要點」等都有詳細的規定。而在國內針對重大災害的定義以法規明文列定死傷人數來判定：以「災害防救法」最為詳盡。

　　針對大規模災變的研究則由林主潔等（2003）提出公路發生災變且有人員傷亡，或影響範圍大，或嚴重影響民間生活機能，且層級到達交通部以上者，才能稱之為大規模災變。因此，大規模災變不應僅以傷亡數字或財產損失來界定，而必須觀察其災情所導致的後果，如具備(1)連鎖效應及複合性災情，(2)嚴重影響社會正常活動及秩序，(3)大量人員傷亡，(4)大量環境資源損失，(5)對災變管理專業之改進有重大意義，(6)後續影響深遠等六個特徵者，則可稱之為大規模災變。

　　因此透過國內外文獻和相關機關法令的探討大致可以歸納出大規模災害具有的七項特性：

　　1.連鎖效應及複合性災情：

　　大規模災害發生並非單純的一種災害發生就能造成大規模的破壞，相關連鎖的災害會形成複合性災情而擴大整個影響範圍和強度。

　　2.嚴重影響社會正常活動及秩序：

　　災害的發生除了會造成實質上的破壞和損失，更會導致整個社會的活動受影響甚至中斷其連結，瓦解災區的正常運作秩序。

　　3.大量人員傷亡：

　　大量人員的傷亡是災害嚴重性的重要指標，大規模災害更是會造成人員生命財產的嚴重威脅。

4.大量環境資源損失：

災害常會造成環境的劇變，破壞既有的自然和生活資源，而牽連到更廣泛的損失和破壞，甚至會導致人員的死傷和經濟的損失。

5.對災變管理專業之改進有重大意義：

災害應變管理因災害規模超出預期範圍，而容易造成第一反應時間的延遲甚至應變能力的喪失，這都在災後的重建和檢討帶來更進一步的改進空間。

6.後續影響深遠：

災害造成的破壞不管是環境還是社會層面，對於後續的重建都是需要長時間的努力，尤其是環境的改變常使得當地被迫改變生活方式，這對後續影響是持續長久的。

7.超出受災地區自行應變和還原之能力：

災區遭受大規模災害往往以超出地區可以自行應變處理的能力，必須經由外界的援助和支持才能進行搶救和重建工作。

（二）九二一地震之災情簡介

1999 年 9 月 21 日凌晨發生芮氏規模 7.3 級的強烈地震後，共造成 53,406 戶房屋全倒、54,104 戶房屋半倒；罹難者多達 2,492 人，重傷者亦有 739 人。地震當時許多民眾早已進入睡眠狀態，致使絕大多數的罹難者因建築物倒塌而喪生。

綜合以上的九二一地震之建物與公共設施、維生管線的損壞分布分析、交通系統損害分布以及產業損害狀況分析，可發現沿車籠埔斷層沿線之鄉鎮市，皆遭逢重創，針對其影響之社會層面分成可貨幣化及不可貨幣化損失了解其災害規模以及整體社會經濟損失狀況。見下表 3-3-1。

表 3-3-1　九二一地震災害損失估計（統計至 89 年 2 月 24 日止）

單位：億元新台幣

	金額（億元）	說　　明
一、可貨幣化財物損失	3,622.8	1.以各縣市政府彙整鄉市公所消防局資料，房屋全倒 38,935 戶，半倒 45,320 戶估算。
（一）資產損失（直接損失）	2,651.6	2.資產損失導致國人財富縮水，削減消費能力，另消費能力減弱，雖不利未來經濟成長，惟重建帶動投資增加，有利經濟擴張。
1.建物設備	2,503.9	
一般房屋、住宅	1,284.2	依主計處家庭收支調查各縣市房屋平均市場價格（不含土地價格，為市價而非重置成本）計算。
家庭耐久財	270.4	依主計處家庭收支調查平均每戶家庭耐久財 34.4 萬計算（半倒戶折半計算）
機關	126.0	各機關及縣市初步統計數
工商服務業	174.7	以各縣市房屋倒塌比率、工商普查廠房設備價值及參考中小企業受損彙總表估算。
電力、水力、瓦斯及油氣設施	115.3	台電輸配線 59.4 億元，水利設施 43.38 億元，自來水管線 9.5 億元，油氣 2.9 億元；另原住民簡易自來水設施 0.71 億元，水圳設施 0.55 億元。
校舍	390.4	九二一重建計劃經費需求表教育部報送資料。
醫療院所	44.1	九二一重建計劃經費需求表內政部、退輔會、衛生署報送資料。
農業設施	70.1	九二一重建計劃經費需求表農委會報送資料。
營區設施	28.8	九二一重建計劃經費需求表國防部報送資料。
2.交通設施	147.6	九二一重建計劃經費需求表交通部報送資料，其中公路 116.2 億元、鐵路 3.9 億元、郵局 0.5 億元、電信 27.0 億元。
（二）營收損失（間接損失）	971.2	
1.農業	23.6	
2.工業	729.6	估計至 88 年 10 月 10 日止營收損失，並非附加價值（GDP）之損失。
製造業	691.2	
水電燃氣業	38.4	
3.服務業	218.0	
二、無法貨幣化損失		死亡（含失蹤）2,505 人、受傷 11,305 人、訂單流失、自然生態損失、商譽損失、古蹟損失（如霧峰林宅、員林興賢書院全倒）及風景區損失。

資料來源：行政院主計處

　　將災害的特性與九二一地震之受災情況歸納分析，可整理如表 3-3-2 所示：

表 3-3-2　大規模災害特性與九二一地震之歸納分析

大規模災害特性	九二一地震
連鎖效應及複合性災情	除了實質的設施損壞外，對於社會經濟上的衝擊是更嚴重的災情。例如停電和生產機具的損壞造成後續經濟的損失。
嚴重影響社會正常活動及秩序	建物損壞、傷亡分布、公共設施與維生管線損害分布、交通系統損害、產業損失狀況等造成災區的生活機能嚴重受損。
大量人員傷亡	罹難者多達 2,492 人，重傷者亦有 739 人
大量環境資源損失	1.建物損壞：53,406 戶房屋全倒、54,104 戶房屋半倒。 2.交通系統損壞：受損公路路線為 55 條，橋樑 27 處，受損地點 711 處，中斷了主要災區包含南投縣全境以及台中縣市部份鄉鎮之對外聯絡道路全部中斷。 3.維生管線：自來水停水戶達 103.5 萬戶，瓦斯阻斷戶有 32.7 萬戶，斷電戶有 678.4 萬戶，斷話戶數達 19 萬戶。
對災變管理專業之改進有重大意義	巨災對於受災地區影響，除實質的設施損壞外，對於社會經濟衝擊型態與內涵，會依災區的地方經濟型態而有差異（Horwich, 2000）。此現象在災害重建與巨災管理政策應用上，應是值得進一步討論的議題。也因此加速了災害防救法的立法通過。
後續影響深遠	自然生態損失、工廠無法生產訂單商譽損失、古蹟損失（如霧峰林宅、員林興賢書院全倒）及風景區損失。
超出受災地區自行應變和還原之能力	大量來自各國、民間團體和政府的援助以進行後續重建工作。

（三）地震所破壞之社會與實質結構

　　探討九二一地震對社會的結構面所造成之破壞主要可分為建物、公共設施、維生管線、交通系統、產業損失五大面向。

　　在尚未受到地震災害破壞前，各地建物，如住宅、學校、工作場所提供給民眾居住、上學、工作的空間。地震發生後因為建物的結構受損，在建物內部活動會造成危險，故就算建物是半倒狀況，或僅是些微受損，也會使得民眾寧可暫處於臨時避難區，但臨時的場域畢竟只是短暫居住場所，缺乏建物提供的空間無法維持日常生活的連結，建物的破壞對社會實質結構造成巨大的影響。

　　在公共設施系統上，在地震發生後，全台大停電，維生管線損壞嚴重，使得受災民眾在用水、用電以及天然氣有很大的問題，除了在日常生活，也影響產業

層面，其他需要水跟電的產業也無法順利運作，造成工商產業的財貨損失，以及社會實質層面的損失。

交通系統在地震災害發生後，產生了橋樑、道路的毀壞，災區對外道路連結交通中斷，使援救物資無法快速送達災區，災區居民也無法與外界聯繫，原先在外縣市工作的人無法出去工作，居住在外縣市在災區工作的人也無法到災區工作，交通系統使得原本內部與內部、內部與外部的連結中斷，原先的社會健全完整的運作模式也因而無法順利進行。

地震發生後，影響到眾多的層面，因為人員傷亡、交通系統損害使得提供產業勞力的員工無法順利工作，加上公共設施維生管線、建物損害，使得提供產業使用之廠房及水電力等無法順利供應，造成工廠停工，產生了經濟的損失；原先因觀光發展的地方，也因地震帶來的實質影響，觀光客無法進來觀光區的風景也被破壞，失去了原先的優勢性，產業損失解決也對社會實質結構有直接的影響。

社會底層的許多機制因九二一地震而遭受破壞，無法由下而上地堆疊出社會結構，如此一來，社會實質結構變面臨崩解。除以上敘述外，人與人之間因鄰里互動所構成的連結也在九二一地震中蕩然無存，由於災區地處鄉村地區，鄰里間的互動較一般都市地區頻繁且緊密，原本可以靠鄰里彼此間的溝通協調來維持良好的互動，但因為無情的天災使得這種無形的結構面也消失，因此在社會底層的機制中，受破壞的不僅是有形的結構面，無形的情感維繫力量也將層層瓦解。

由以上可知，九二一地震所破壞的不止是社會的結構面，也包含了社會的實質面，甚至包含了心理面的破壞。

災害體系的樞紐與重建機制對策

（一）災害體系樞紐

在九二一地震的重要樞紐點主要是在於公共設施、維生管線與交通系統的損害，造成都市無法有效持續運作。其中在九二一地震災害中受創最大的都是沿車籠埔斷層沿線之鄉鎮市，故對於九二一災害樞紐點之影響的探討主要是以受災嚴重的中部區域為主。

1.公共設施

都市內部的公共設施，因機房被震壞無法提供使用，造成斷電以及通訊中斷的問題，在南投縣電塔及變電所受損 2%、發電廠受損 11%，而台中縣發電廠受損 33%。而輸電設施主要損壞在南投縣中寮、名間與埔里，除造成南投縣輸配電設施之重創外，因南投之輸配電設備為南電北輸的樞紐點，也因此造成全台大停電，亦對於全台經濟活動造成重大衝擊；而電信設施損壞方面，地震初期災區電信系統遭到重創，且地震初期，探詢災情的電話大量湧入，造成機組不堪負荷，使通訊中斷；行動電話方面，中華電信中繼站受損較不嚴重，遠傳電信南投災後重建體系及其運作機制檢討與建置之研究 24 縣損壞率達 85%，台中縣則未受損、台灣大哥大台中縣及南投縣幾全數受損；而在政府機關以及學校部分，也因為斷電斷水或是建物被震壞損毀無法提供使用，開放空間的公園成了臨時受災戶的暫居地點（黃秀政，2006）。

2.維生管線

維生管線因為地震也無法正常輸送，在自來水以及天然氣與上、下水道系統等等，因鋪設在地下的管線斷裂，無法提供居民日常生活所需。維生管線在自來水設施幾全數受損，造成災區供水系統的癱瘓；而天然氣系統則以南投縣之竹山與民間損害較嚴重，造成南投縣之天然氣系統難以運作。另台中與南投縣之上、下水道系統，亦幾乎全毀，造成嚴重的都市排水問題。九二一地震對於維生管線系統的損害，最嚴重時自來水停水戶達 103.5 萬戶，瓦斯阻斷戶有 32.7 萬戶，斷電戶有 678.4 萬戶，斷話戶數達 19 萬戶（洪鴻志，2004）。其中斷電戶之比率，甚至高於日本阪神地震。

3.交通系統

交通系統損害上，地震將台中縣市、南投縣等地區的道路及橋樑震毀斷落，造成在救災搶救以及物資運送上的不便，特別是震央的中部地區，道路幾乎是全部中斷。車籠埔斷層經過之橋樑發生橋樑斷落，由北而南分別有石圍橋、長庚大橋、埤豐橋、一江橋、烏溪橋、名竹大橋、桶頭橋等；道路受損部份：在台中地區有台 3 線、台 8 線、台 8 甲線、127 線、129 線及 136 線；南投地區有台 14 線、台 14 甲線、台 16 線、台 16 甲線、台 18 線、台 21 線、台 21 甲線，投 60、67、69、131、136、149、149 甲、149 乙、151、158 甲等 18 條路線；全台灣在

此次大地震總計受損公路路線為 55 條，橋樑 27 處，受損地點 711 處，中斷了主要災區包含南投縣全境以及台中縣市部份鄉鎮之對外聯絡道路全部中斷。（黃秀政，2006）

透過上述分析可知樞紐點可以概括為三個層面：包含公共設施、交通和維生管線。可以由此認為是生活必須的三個重要樞紐，在後續災害防治的考量將針對此三個環節進行操作，以達到減災防災的效果。

（二）重建機制對策初擬之概念

本節就先前所蒐集到之災害傷亡人數做統計，探討台灣天然災害的規模是否符合冪次定律（Power law），發現是符合冪次律的（賴世剛等，2008）。在天然災害規模符合冪次定律的基礎下，深入探討其背後所代表的意義，以及討論是否可能利用政策的手段去改變其曲線的位置或是形狀，亦即是否可以減少大規模災害的傷亡人數的差距。

1.在總防災成本不變的前提下，針對單一或特殊幾種災害投入較高的防災成本

若針對單一或數種會造成較大傷亡的災害投入較高的防災成本，總防災成本維持不變。如圖 3-3-1，區線上 A、B 兩點代表的是兩筆資料，若針對規模較大的災害投入較高的防災成本，則原本位於 B 點的資料會往 A 點的方向移動（因規模下降，故排序也往後移），但因總防災成本不變，因此會有某些防災成本被減少，導致該災害規模會上升，例如可能原本在 A 點的災害事件往 B 點方向移動，此現象稱為「輪轉」。圖 3-3-2 是將數據都取 log 的示意圖，實線面積代表的是減少的傷亡人數；虛線面積代表的是增加的傷亡人數。直線 A 是原始資料，直線 B 是改變部分防災成本投入比例而影響災害規模排序分布後的結果，僅使得直線的斜率改變，但因總防災成本不變，因此兩直線相交點兩側的面積必相同，亦即總傷亡人數不變，以此來看這樣的改變是沒有意義的。

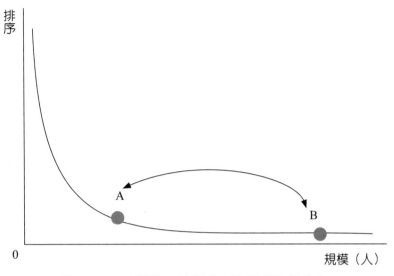

圖 3-3-1　改變單一防災成本比例後資料分佈

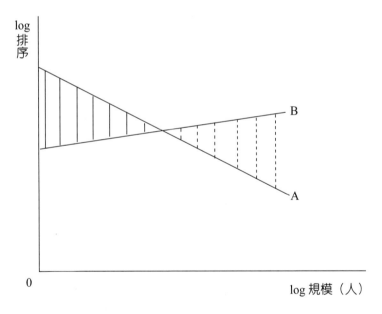

圖 3-3-2　改變防災成本比例後資料分佈（資料取對數）

2.對所有類型災害提高其防災成本

　　如果提高總防災成本，那麼，就會如圖 3-3-3 所示，各項資料的排序不變，但各種類型災害所造成死傷人數皆會降低，因此曲線會從實線向左平移至虛線的位置，也就是各項災害的排序不變，但其規模皆降低；以取對數後的圖來看，如圖

3-3-4，提高總防災成本的結果會使本來的直線 A 向下平移至直線 B，斜率不變。而直線面積就是降低的傷亡人數。因此比單一提高特定種類的災害還來的有意義，而不是因為某幾種災害會造成重大傷亡而都將重心擺在其中，卻忽略了雖然傷亡人數低，但次數卻較頻繁的災害，這樣以結果來說是沒有實質意義的。

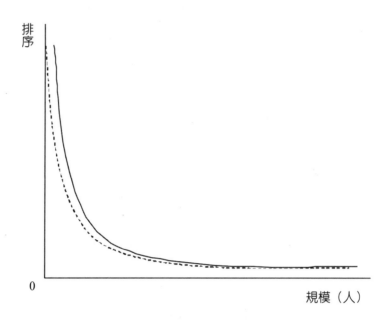

圖 3-3-3　提高總防災成本災害規模排序分佈

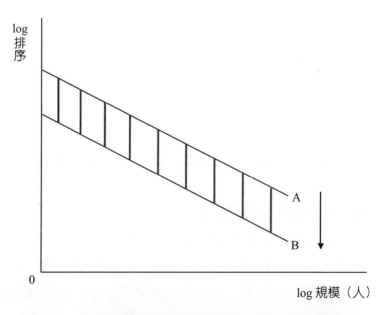

圖 3-3-4　提高總防災成本災害規模排序分佈（取對數）

　　然而，當災害發生時，事後的重建固然重要，但是在重建的同時更應著重在事先的防災措施上，如果只是單純的做實質上的修復，雖然短時間內就可恢復居住的環境恢復其該有的機能，但若是下次再遭逢災害，還是會造成相同的傷亡。由本文研究發現，若不增加總防災成本，而只是針對某幾種災害提高其防災成本，雖然可能遭受相同的災害會減少傷亡，但當遭逢別種災害時，傷亡會更嚴重，這樣對於防災來說是沒有效率的，故應該提高總防災成本，對所有種類的天然災害作防範，才比較有意義。

　　但是，針對所有規模的災害提高防災預算在現實中不大可能實現，因為必須增加大量的國家預算，所以折衷的辦法是針對某種程度以上之災害提高其防災預算。雖然增加了成本，但是增加幅度較少，也較為實際可行。

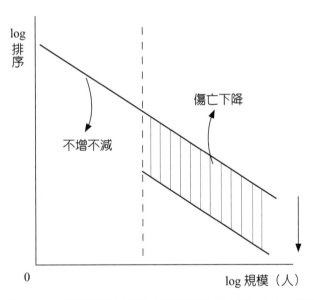

圖 3-3-5　提高部分防災成本災害規模排序分佈（取對數）

　　筆者曾透過搜集二手災害的傷亡人數資料，來檢視其傷亡人數是否有其規則存在（賴世剛等，2008）。與先前研究最大的不同之處在於樣本的選取，以往所做的災害統計皆是以特定類型災害為主（如地震等）。筆者視所有類型的天然災害為相同的事件，結果經統計發現其排序與傷亡人數亦呈現冪次律的關係，雖因時間限制無法將所有類型的災害作相同的統計，但從先前學者所作的地震的統計，根據冪次律的規律：自我相似性，我們可以推估若將個別災害作統計依然會

有相似的結果。因此針對防災，我們必須去考量的是整體性的規劃，如同上面所討論，若不對整體作考量，僅僅對特定災害作防災，仍無法改變原有災害規模排序的分佈趨勢，而只是改變特定災害事件的排序而已，如此，總傷亡人數還是不變，但以防災來說，最大的意義就是在於減少人員傷亡。以此來看，必須考量所有類型的天然災害才是防災政策的優先考量。

（三）九二一地震之重建機制對策

九二一地震發生後，造成都市實質空間結構各樞紐點的鏈結斷裂，故在災後重建的機制上主要是針對這些構成整體網絡的樞紐點進行修復，以恢復原先連結。

1.針對交通重要樞紐點進行重建工作

在政府以及民間都以最快速度投入災區的救援，但在第一時間因為交通的中斷使得搶救出現困難，交通系統是聯繫網絡最重要的部份，由於交通系統的斷裂，所有的物資以及救災的人力皆無法進入災區，故在重建上最先要進行的是道路系統的連結。當時在九二一地震發生後，南投縣的道路系統全數中斷，對外聯繫困難，從台中縣至南投縣的道路網絡可知，聯繫台中與南投間最重要的鄉鎮為草屯鎮，只要草屯與霧峰斷了連結，南投縣對外就中斷了。所有要從南投縣到台中市的路網都通過草屯，故在交通路網上扮演了樞紐點的角色，連結斷裂使得南投縣各鄉鎮市區的對外連結無法運作，故在災害發生的重建工作必須使草屯鎮在第一時間恢復其機能，才能提高重建的速度。見下圖 3-3-6。

2.搶修維生管線恢復供水供電

九二一地震災害之所以造成全台灣如此大的損失，除了人員傷亡跟建物損毀外，最重要的就是維生管線系統受損，輸電線路之敷設藉由鐵塔、線路及變電設施等聯結調度之電力網，將位處偏遠之水力發電、核能、火力發電，輸送市區，供工商業、民生、農漁牧業之使用，其鐵塔、線路及變電設施因地震災害而受損，無法供輸電力，將造成工商產業損失，可能造成自來水供應不足或停水、降低消防單位滅火能力及醫療、交通作業受阻，增加公共衛生的危險，以及妨礙產業活動，造成社區民眾生活不便。故在災後的重建上恢復維生管線系統也是從樞紐點切入最快恢復都市運作的方式。

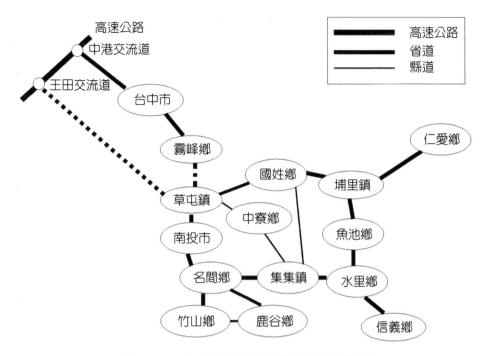

圖 3-3-6　台中至南投縣市鄉鎮網絡聯繫圖

3.事前災害預防與減災措施

九二一地震發生，事後的重建固然重要，但在這同時對於事先災害的預防措施，如地區災害防救計劃地震災境況模擬，雖是探討單一模擬地震作用下的災害分佈和數量，但因沒有時間的急迫性，可以針對各項收集到資料進行損害評估，甚至推估其所引致的二次災害和社會經濟的損失，並且針對前所述的災害樞紐點規劃搶救的路線以及方法，會有效的提升政府第一時間救援的速度，降低災害造成巨大的金錢與生命損失。

在地震災害風險評估則可整合歷史性的地震目錄，考慮地震震源的時空分佈和規模等，針對特定工程結構系統或設施，輸入多個與危害度分析相符的模擬地震，應用機率和統計理論推估該目標每年承受的震災風險。若不增加總防災成本，而只是針對地震發生時，將資金注入在這些樞紐點的重建，雖然可能還是會再遭受地震災害創傷，但可以降低損失提升事前預防以及事後救援的效率。根據九二一地震所研擬出來之重建對策及防災作法，可以作為台灣對於災害的防範和因應對策，提高反應機制速度，以降低災害的影響。其中在重建對策可以了解到

交通因素將影響整個救災重建的績效，尤其對於一些山區偏遠地區多屬於災害的高危險群，交通的破壞往往會延誤整個救災機制的運作，因此在防範對策亦需將交通因素作為首要考量。接著，維生管線則為另一重要樞紐點，提高各地區自我維生機能和確保維生管線的暢通，都可減少災害對於生活的衝擊。

第四節　小　結

　　本章主要探討在災害之下城鄉體系的社會與實質結構之互動過程，簡易的來說，就是探討城鄉體系中如何有效的事先預防災害的發生以及增進災後重建的效率。首先探討一般性的城鄉結構與社會體系，接著再建立空間決策之模型，而在一般性的結構與模型皆探討整理完之後，再利用國內九二一地震重大災害之案例為依據，進而討論出災害之下的相關重建機制與對策。本章之重點結論整理如下：

　　真實的城鄉空間網絡結構應是類似小世界網絡的，且同時亦存在著無尺度網絡的特性。而在城鄉空間複雜系統之中，是以重視整體互動過程的「突現」概念為核心，表明個體間互動模式的重要性更勝於個體本身的特質。

　　都市空間實質結構上之樞紐點為政府單位、學校、維生設施、公園與交通運輸場站等地方。

　　在空間決策方面，可用本研究所創建之群聚型空間垃圾桶模式來做解釋，群聚型空間垃圾桶模式可分為開放式與封閉式兩種，而其互動影響模式可再細分為群體內的互動與群體間的互動。

　　大規模災害之定義應為「災害發生帶來連鎖效應，擴大災害影響層面和範圍，造成大量人員傷亡以及環境資源嚴重損失，導致整個社會活動結構瓦解，並超出當地自救的能力，使得整個原先預定之災害應變程序失效，即可稱之為大規模災害。」

　　由九二一地震之大規模災害驗證中可知，都市空間實質結構上之樞紐點亦是影響災害預防或損害嚴重程度的重要決定因素，在防災方面應特別注意此些實質空間地點。

　　在災害重建機制方面，若僅針對各別的災害去提高防災成本是無效的，必

須增加整體的防災成本。而若加入現實面之考量，在預算不足的限制下，則可考慮針對某種程度以上之災害提高其防災預算，如此做法效果雖不如全面增加來的好，但其成本不需付出太多，同時亦能有效減低災害發生。

參考文獻

內政部消防署（2000），「美國聯邦緊急事件管理總署／整合災變管理系統（FEMA/IEMS）」，重要文獻翻譯計劃。

林玉潔、羅俊雄、施邦築、姚錫齡、李君宇、廖惠菁（2003），「大規模災變之公路系統防救災規劃與修復策略研究（二）」。行政院交通部運輸研究所委託財團法人台灣營建研究院研究報告。

洪鴻智（2004），「災後重建體系及其運作機制檢討與建置之研究」，行政院災害防救委員會委託研究報告。

高雄市政府（2003），「高雄市公園綠地導覽手冊」。高雄市政府工務局。

黃秀政（2006），「九二一震災災後重建實錄」，行政院九二一震災社區重建更新基金清理小組。

齊若蘭譯，（1994），Waldrop, M. M.（1992）著，「複雜─走在秩序與混沌邊緣」，第二版。台北：天下文化。

賴世剛、王昱智、呂正中（2008），「冪次定律的普遍性與恆常性─以台灣之天然災害規模為例」，2008 年全國災害危機處理研討會，長榮大學，台南。

蘇偉忠、楊桂山、甄峰（2007），「基於無尺度結構的蘇南鄉鎮公路網分析」。地理研究期刊，第 26 卷，第 5 期。

Alexander, C. (1965), A city is not a tree. *Architectural Form*, 112 (1, 2): 58-61.

Barabási, A-L. and Albert, R. (1999), Emergence of scaling in random networks. *Science*, 286 (5439): 509-512.

Batty, M. (1995), New ways of looking at cities. *Nature*, 377 (6550): 574.

Cohen M. D., March J. G., and Olsen J. P. (1972). A garbage can model of organizational choice. *Administrative Science Quarterly* 17 (1): 1-25.

Christaller, W. (1933), *Die zentralen Orte in Su«ddeutschland*; published in 1966 as Central Places of Southern Germany, translated by C. W. Baskin (Prentice-Hall, London).

Horwich, G. (2000), Economic lessons of the Kobe earthquake, *Economic Development and*

Cultural Change, 48: 521-542.

Kingdon, J.W. (2003). *Agendas, Alternatives, and Public Policies*. New York: Longman.

Lai, S. K. (2006), A spatial garbage-can model. *Environment and Planning B: Planning and Design*, 33 (1): 141-156.

Milgram S. (1967), The small-world problem. *Psychology Today*, 1: 60-67.

Merton, R. K. (1968), The Matthew effect in science: The reward and communication systems of science are considered. *Science*, 159 (3810): 56-63.

Richardson, H. W. (1973), *Regional Growth Theory*. London: Basingstoke.

Watts, D. J. and Strogatz, S. H. (1998). Collective dynamics of 'small-world' networks. *Nature*, 393 (4): 440-442.

Weber, A. (1909), *Über den Standort der Industrien*. J. C. B. Mohr, Tübingen.

公共利益理論與政府重建資源決策

第一節　前　言

　　從 1990 年代以來，如賀伯颱風（1996 年）、九二一集集地震（1999 年）、桃芝與納莉風災（2001 年）、七二水災（2004 年）與八八水災（莫拉克風災）（2009 年）等，皆造成台灣農業、生命、公共設施與財產的災害重創，其中九二一地震更造成台灣中部地區的重創。九二一災後重建工作至 2009 年，雖已屆十年，惟仍持續進行中。依洪鴻智、邵珮君（2004）的彙整，九二一地震災後重建的經費投入，政府部門從 1999 年至 2001 年投入的預算約 3,252 億元（約佔重建總投入金額之 91%（不包含受災戶之支出）），民間募款約 341 億元。而以莫拉克風災為例，中央政府亦編列 1,200 億特別預算，[1]以因應重建之經費需求。可見不管從九二一震災或莫拉克風災重建資源的投入，政府資源的挹注不但具有極關鍵的地位，且對於重建工作如何推動，亦扮演決定性之角色。

　　政府部門龐大重建資源的執行，最主要的執行者在於地方政府。然對於地方政府如何執行重建、影響重建決策的主要因素與重建過程所面對的問題，不但資訊不足且探討的相關文獻亦非常有限（Mileti, 1999）。因多數政府部門皆缺乏重大災難的災後重建經驗，因而如何建立中央與地方政府的分工與合作模式，特別是中央與地方政府如何發揮各自的功能，及如何扮演彼此的角色，提升重建資源投入與分配的公平與效率，乃是討論災後重建體系建立與資源有效配置的重要課題（May, 1985; Berke et al., 1993）。

　　在台灣重大災害的重建經驗中，地方政府可能因自然與社經條件、政治環境、受損狀況等的差異，而有不同的重建模式。惟在九二一地震發生與「災害防救法」頒布前，對於如何進行災後重建、重建體系建置或關於重建計劃之擬定，很少有地方政府進行此等工作，其他國家如美國，亦存在類似之問題（Wu and Lindell, 2004）。因而災後重建執行與資源分配模式，多數為問題導向，且常是在依循中央政府的計劃，及在滿足社區與不同利益團體的需求前提下，擬訂重建計劃、資源投入與經費分配的政策。

---

1 參見莫拉克重建特別條例第六條：「……在新臺幣一千二百億元限額內，以特別預算方式編列；所需經費來源，得以舉借債務方式辦理……」。

　　針對災後重建資源之分配，在標準理性組織決策理論中，強調的最大經濟效率追求之理性決策行為（March, 2002），常難在災後重建決策中實現。因政府在災後重建過程，除相關的重建資訊不充分外，政府的重建決策無法逃避來自政治與經濟的壓力。特別是來自重建的時間壓力、政府間的行政程序，及社區與各類利益團體的需求壓力。故如何妥善分配重建資源與執行重建計劃，反成為重建投入決策的最重要課題。一般探討災後重建規劃的文獻，較少從重建資源分配的角度，探討政府重建資源投入的特性，及影響重建資源投入程度的因素（Mileti, 1999）。此等課題的釐清，有助於瞭解政府的災後重建決策體制，且可提供重建資源如何有效分配與規劃的有效思考途徑。

　　Ink（2006）檢討美國 2005 年 Katrina 風災之應變與災後重建課題，認為政府在災後的應變與治理能力，是決定重建績效的重要關鍵。特別是地方政府從事災後重建，其實在於思考如何從中央政府或其他部門獲得更多的資源，並妥善的分配這些資源。故本章主要目的，在於透過政府與組織決策之公共利益理論（public interest theory）（亦稱為管制理論（regulation theory）或稱利益團體理論（interest group theory））的引入，詮釋政府的災後重建資源分配決策行為（Stigler, 1971; Peltzman, 1976）。

　　公共利益理論認為理性的政府規劃與管制策略，是在獲得最多的資源，及在滿足各社區與利益團體的需求下，追求自我福利（或效用）最大化的決策行為（Noll, 1989; Crone and Tschirhart, 1998）。然而在實際重建與資源分配過程，在資訊不充分與短期需投入大量重建資源時，政府常無法達到理性假設所指的資源使用效率最大目標。反而會以地區的政治經濟環境與損害恢復的需求為依據，進行資源重分配。故地區政治經濟環境或需求者的特質，方是決定重建資源分配模式的重要關鍵（Kamel and Loukaitou-Sideris, 2004）。

　　本章藉由九二一集集地震災後重建過程與重建預算（經費）分配經驗，觀察與詮釋政府部門的資源投入與重建計劃的執行特性，及瞭解影響政府重建資源與經費分配的主要因素。分析結果可助於釐清政府重建資源分配之實際決策行為，及主要的影響因素。分析結果可提供政府，關於提升重建資源配置政策效率與公平的重要決策支援。

　　本章結構，第二節將簡單回顧九二一集集地震之災後重建體系，第三節為

災後重建與資源分配的相關文獻回顧，第四節為理論模型建立、研究架構設計與分析方法之說明，第五節說明實證資料蒐集過程與案例分析成果；最後一節為結論，及針對可行的政策應用方向提出建議。

第二節　九二一地震災後重建體系

執行組織體系

九二一地震後，政府為能在最短時間內有效、迅速推動災後重建工作，以恢復家園及產業。在災後重建工作之第一階段，總統於 1999 年 9 月 25 日頒布緊急命令，使各級政府能藉之進行災害搶救與緊急應變。另為使各級政府研擬之重建計劃有所遵循，行政院經濟建設委員會爰訂定「災後重建計劃工作綱領」，作為九二一災後重建工作推動的依據，主要辦理之工作包含緊急應變、救援及災民安置等工作。第二階段重建工作，則從 2000 年 6 月開始迄今，主要處理救災後，關於災區地籍測量相關作業、集合住宅重建、災區就業輔導措施、安置受災戶與用地取得等問題，並以特別預算辦理各項重建計劃與工程。

九二一震災災後重建組織體系的成立，在中央政府層面，依重建階段的不同任務，亦可分為兩個階段：(1)2000 年 6 月前：依「九二一震災災後重建推動委員會設置要點」成立災後重建任務編組：「行政院災害重建推動委員會」；(2)2000 年 6 月後：則依「九二一震災重建暫行條例（以下簡稱「暫行條例」）」成立「行政院九二一震災災後重建推動委員會」。另為處理民間的捐款，將捐款進行統合運用，於 1999 年 10 月 13 日，藉由民間團體與相關單位共同組成「財團法人九二一震災重建基金會」之半官方組織，以協助重建工作之推動。

地方政府之災害重建組織，主要採取兩種模式：(1)直接從地方政府組織進行調整或任務編組；(2)依「暫行條例」與「災後縣市鄉鎮市及社區重建推動委員會設置要點」成立新組織：如成立各地方政府之震災災後重建推動委員會。除政府部門之外，許多民間團體，如重建協力團體、宗教團體、社區組織、社會團體亦協助社區與政府，進行整體的社區、住宅、生活、社會與產業重建工作（關於

九二一震災災後重建體系之示意，可參見圖 4-1-1）。

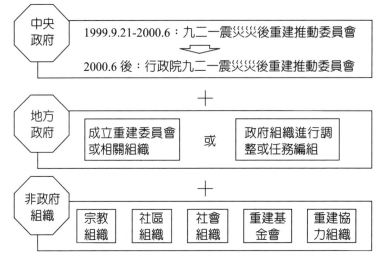

圖 4-1-1 九二一震災災後重建組織

資料來源：洪鴻智，2009

 財源籌措與資源分配

九二一震災重建的主要財源籌措與資源分配，仍以中央政府的預算編列與補助為主。而中央政府的財源，主來自：(1)相關部會的經費與編列預算支應，(2)民間捐款。政府預算編列的總額度，依「災後重建計劃工作綱領」工作流程，在 1999 年下半年、2000 年度至 2001 年度止，共編列救災及重建經費預算約 3,252.9 億元（此預算包含台灣省政府與台北市政府，其中中央政府編列之總預算數約為 2,123.6 億元）。

另中央銀行提撥郵政儲金 1,000 億元、中小企業紮根專案貸款 500 億元、開發基金震災優惠貸款 500 億元、中長期資金協助地震災區生產事業重建專案貸款 100 億元、中美基金協助震災災民住宅構建與修繕優惠貸款 20 億元等。以協助住宅重建、新社區開發與組合屋的受災戶安置。其協助災後重建方式，主透過災民低利貸款提供，協助受災戶解決購屋、重建、建物修繕的問題。

在 2001 年度的重建經費上，依「暫行條例」規定，須編列重建特別預算

一千億元，其內容項目包括各部會執行部分 225 億 2,127 萬元、縣市政府執行部分 102 億 5,142 萬元、預備金 236 億 470 萬元，另編列社區重建基金投資及補助支出 409 億 2,261 萬元。上述之重建經費分兩期編列特別預算，第一期重建特別預算 727 億 5,879.5 萬元，第二期重建特別預算 272 億 4,120.5 萬元。而上述重建經費用大都使用於企劃、大地工程、公共建設、產業振興、生活重建、住宅及社區重建與相關行政業務等。

　　2001 年度的第一、二期預算，除因一千億元之特別預算分兩次匆促編列，致使執行上產生困難外，尚因：(1)重建會乃臨時之編組，面對實際執行之基層機關、相關部會及縣市政府，難發揮應有權責，使各級政府間的配合、資金分享產生問題，而延宕重建進度；(2)重建特別預算乃倉促編列，又因預算案通過立法院審議時間較長，致使預算執行進度嚴重落後；(3)缺乏災後重建政策之專責執行機構與人員，中央與地方之各重建組織人員均屬派兼或任務編組，在重建經驗不足，而影響進度；(4)新社區用地之選定、重建部分用地取困難與工程流標等問題；(5)縣市政府及鄉鎮市公所，除執行年度預算外，尚需抽調人力執行重建工作，造成基層人力嚴重不足。另因工程款實際支付之落後，地方政府未能因實際需要編定重建計劃，導致預算計劃無法執行等原因，皆是重建預算執行與重建工作推動，在實務上面對的困難。

三　法　令

　　在九二一地震前，較缺乏跨縣市之大型災難重建經驗，故重建的相關法令體系相對較為缺乏（Hung and Chen, 2007）。九二一震災災後重建推動所依循之相關法令，除既有法令外，大部分法令皆是在九二一地震後擬定。其中在九二一地震發生後之 1999 年 9 月 25 日，總統即依憲法第 43 條所賦予的權限發布「緊急命令」。行政院為落實緊急命令，於 1999 年 10 月 22 日訂頒「中華民國 88 年 9 月 25 日緊急命令執行要點」[2]，辦理災害救助、災民安置與災後重建等相關事宜。

---

2 憲法第四十三條雖明定總統需依緊急命令法發布緊急命令，惟因緊急命令法目前仍付之闕如，故在執行上仍有一些困擾與爭議。

緊急命令的內容涵蓋災區重建財源籌措、央行提撥專款辦理低利與無息融資、災後安置作業、道路及公共工程搶修、居民重要證件登記補發，及因工務需要之人力、物力之徵調，及基於災區安全、衛生考量，實施特定地區管制等工作。

上述緊急命令之施行期限至 2000 年 3 月 24 日止（共六個月），為銜接緊急命令施行期滿之後續工作，政府遂於 2000 年 2 月 3 日頒佈「九二一震災重建暫行條例」，施行期限為五年。另於 2000 年 6 月完成「災害防救法」，及 2001 年 8 月完成「災害防救法施行細則」之擬定，而得以規範各種重大災害的預防、救助、避難與安置，及政府與民間互相合作支援等制度之建立，及漸次建立較完整的災害防救與災後重建相關法令體系。

如依法令類型區分，九二一災後重建之相關法令，包含下列五種類型：(1)社會重建：①地籍與地權處理，②都市地區重建，③非都市地區重建，④協助居民生活重建，⑤文化資產重建，⑥重建用地配合措施，⑦鼓勵民間參與建設；(2)租稅、融資與相關配合措施；(3)行政措施簡化；(4)重建財源籌措。這些法令除原有社會救助法等之既有法令外，多是依「暫行條例」擬定的相關子法。故許多法令的研擬，多是問題導向、任務型與特別立法，而非建構在既有的重建法令體系中進行重建。

四　規劃與執行

回顧九二一地震災後重建經驗，政府部門主要的重建規劃與執行措施，包括以下六部分：(1)緊急救助：含現金與非現金救助；(2)公共工程：含短期之「災後公共設施復建計劃」及「中長程公共建設計劃」兩部分；(3)大地工程：含四個主軸：整體流域規劃、水利設施重建、水土保持工程、環境保護重建，及部分之指標性重建計劃與工程；(4)住宅及社區重建：含個別重建與社區集體重建兩部分，(5)產業振興：主要包含農業、工商業與觀光業三部分之產業重建；(6)生活重建：含醫療衛生、社會福利與救助、就業促進、住宅租屋援助、房屋貸款等。由此可知，九二一震災災後重建涵蓋的層面非常廣泛，多已逾越傳統政府較重視的公共事務、公共工程與整體社區的重建工作。

九二一災後重建的推動，仍偏重在實質的「重建」或「復原」。許多高災害

潛勢地區的風險條件與脆弱度，仍無降低的跡象。有些弱勢族群或社會經濟邊陲地區，不但沒有恢復災前的條件，反而面臨更嚴重的失業與產業發展問題。故在重建過程中，有許多社會經濟課題，值得進一步評估與調查。另重建過程許多非政府組織（non-government organizations；簡稱 NGOs）、社區組織（community-based organizations；簡稱 CBOs）積極投入重建工作，特別是對於弱勢族群協助、生活與心理重建，提供直接與及時之協助。此對於重大災害之災後重建，對於如何引入公、私合作模式，以完整建立重建機制提供重要的思考方向。

第三節　災後重建程序與資源分配決策

「災後重建」是一個非常抽象的概念，其隱含許多概念的組成，包含：災後「重建（reconstruction）」、「復原（recovery）」、「恢復（restoration）」、「恢復生活機能（rehabilitation）」。依 Quarantelli（1999）與 Wu and Lindell（2004）的界定，其中「重建」特別強調災後受損、毀壞建物或實質設施（結構物）的復原。「恢復」強調重建須將災區之實質設施與社會經濟系統回復至災前之水準。「恢復生活機能」的主張與「恢復」類似，然較強調居民的生活機能恢復。「復原」所牽涉的層面較廣泛，隱含將災後受損情況，恢復至某個可接受的水準，此水準不必然等於災前的水準（可能更高）。本章探討的災後重建，較接近「重建」與「復原」的綜合概念。

關於災後重建與社區投入之重建方式，早期 Haas et al.（1977）透過四個美國與拉丁美洲城市的重建經驗，提出一個線性漸進模型（value-added model），將災後重建分成四個步驟：(1)緊急應變：包含廢棄物清理、短期住宅（庇護所）提供、傷亡搜尋與救助；(2)公共服務的恢復：如水、電、瓦斯等維生系統、通訊與物資系統恢復；(3)資本財與建物的重建或改建，以迅速恢復至災前水準；(4)改善或增進地方經濟發展與生活品質。

Haas et al.（1977）的線性模式，可解釋許多地區或社區的災後重建程序。不過從許多美國與台灣重大災害災後重建案例，甚至九二一震災災後重建模式，皆可發現非完全按 Haas et al. 所撰寫的程序推動（Berke et al., 1993；洪鴻智、邵珮

君，2004；洪鴻智，2007）。事實上，上述四個重建步驟，可能同時進行數個步驟或交叉進行。另外從開發中國家災後重建經驗觀察，亦發現地方或社區的重建決策形成，無法獨立於重建區本身的社會經濟與政治條件之外，而是奠基在地區之市民社會、社會資本與政治經濟體系之上（Mustafa, 2004）。因而各地區的重建程序與決策行為差異，非線性漸進模型可完全詮釋。重建過程常是許多次系統或因素的互動成果，而呈現複雜系統式的重建模式。Rubin and Barbee（1985）將這些因素，歸納為社區或地方政府的執行能力、動機、知識與政治因素的互動結果。

為更綜合歸納災後重建決策行為與程序，Mader（1980）觀察美國阿拉斯加與加州的地震重建案例，針對地震後的土地使用規劃與資源投入提出一個概念模型。其顯示災後重建資源決策過程是否妥善，深受下列因素影響：(1)土地使用規劃策略是否滿足災後的地方發展需求；(2)地方本身的資源與社會經濟發展條件；(3)社區或地方與外來支援的關係；(4)地方行政組織與管理外來資源之方式。這些條件的完整程度，不但會影響重建的效率，亦會決定地方政府該採取何種策略或投入多少資源從事重建工作。

從 Mader 的歸納，發現政府組織的資源配置策略，在重建模式選擇與實際運作上，扮演非常重要之角色。然多數文獻乃偏重在於探討如何公平分攤重建成本與財源籌措問題（Platt, 1999）。對於政府的資源或經費分配決策，有些文獻認為其常淪為政治運作，且多在缺乏有效的分配機制下，造成地方依賴、忽視社會弱勢族群與破壞市場運作的不良效應（Kamel and Loukaitou-Sideris, 2004）。這些文獻認為引發資源分配不均的重要原因，在於政府忽略不同地區社會經濟環境的差異。在此情況下，造成脆弱度愈高或社會愈弱勢者，反而分配的資源愈少。這些文獻對於現有災後重建資源分配模式，雖然提出重要的課題。然這些文獻未釐清政治運作、地方社會經濟特性與政府資源分配決策間的關係，亦未清楚說明其如何運作。導致在支援災後重建資源分配決策分析，仍有深入研究與擴展的空間。

Rubin and Barbee（1985）認為，當地方政府在面對重大災害的重建工作時，常會陷入複雜的中央—地方政府關係的處理，及須面對來自不同社區與團體的龐大需求壓力。故瞭解地方政府如何從事重建規劃、配置資源或選擇資源投入方式，乃建置重建模式的重要課題（Kartez, 1984）。地方的災後重建模式，絕非完

全決定在外來條件。地方本身的需求、災害受損狀況與擁有的資源，是決定如何
進行重建及投入多少資源的重要關鍵。因而傳統重視重建程序歸納的研究，已漸
轉向希望透過政府或社區的重建決策行為觀察，提出能增進地方重建資源公平與
效率分配的政策依據，而不再單純只是歸納重建的程序。

　　地方與中央政府在災後重建工作執行，或防減災相關工作推動的定位與需扮
演的角色，一直是災害防救政策執行與評估熱烈討論的議題。May（1985）曾經以
政治分析觀點，透過個案分析與經驗回顧，探討中央政府在災害防救與重建工作
功能與政策執行的定位。May（1985）指出中央政府應透過財政補助的機制與國土
政策，主導地方政府的災害防救與重建工作的執行，而非以「散財童子」方式，
透過零碎計劃補助或補貼地方政府，從事無助於災害根本問題解決的計劃方案。
May and Birkland（1994）進一步從美國加州與華盛頓地區的實證觀察，呼應上述
觀點。其認為地方政府從事減災或重建工作的良窳，其實是決定在州政府與中央
政府的政策目標是否明確、是否強力推動或提供充分誘因，使地方政府願意主動
從事減災與積極性的重建工作，而非一廂情願的期待地方政府會自動自發執行中
央政府之政策。

　　Uphoff（1986）藉由地區組織發展理論（local institutional development
theory），探討地方政府從事災後重建的決策行為。其強調地方/社區與國家機器，
甚至與外來資源的依賴關係。然而 Uphoff 的模型，過於強調社區與地方對於外來
資源的依賴，及外在條件的限制。而忽視地方重建決策除外來支援外，內部社會
資本條件與政府間的關係。實際上地方政府的重建決策模式，非常類似 Cohen et
al.（1972）所提出的無政府組織選擇的垃圾筒模式（garbage can model; GCM）。
決策過程常是不同的問題、方案、解答與決策者的參與和互動的過程。地方政府
需在不確定的環境下，依既有的法令或行政經驗，尋求不同重建課題的解答與計
劃方案。甚至因不同決策者的判斷，而導致對各種型態的重建問題有不同的解決
方案。故災後重建並不存在固定模式，而須視重建面臨的問題特性與決策環境而
定。

　　Berke et al.（1993）則從社區理論角度，提出一個整合縱向與橫向組織體系
的社區災後重建模型。其透過美國加州與東加勒比海兩個社區的災後重建個案觀
察，發現社區與社區外的更高層社會、經濟或政治組織的有效垂直整合，為提升

重建效率與滿足社區需求的重要關鍵，其可能遠較社區間的橫向整合更為重要，雖然此問題可能源於多數社區的橫向整合向來表現不佳。Berke et al. 的社區觀察，可證實地方政府與外來支援（特別是來自中央政府或 NGOs）的垂直整合決策機制，對於強化與提升社區的重建效率與公平，確實扮演重要之角色。

　　災後重建工作，許多國家將之視為地方事務。然重建的總體目標或土地使用政策，常是由中央政府制定。理論上，地方政府除須執行本身的土地使用規劃政策外，落實中央政府的重建政策應是必然現象。不過地方政府在執行這些措施時，常缺乏配合的意願或執行上產生嚴重落差，而形成所謂的委任難題（commitment conundrum）。欲改善此情況，Burby and May（1998）認為須從改善計劃品質著手。因問題產生的真正關鍵，在於須讓居民瞭解其面對的環境問題。透過居民或利益團體（此利益團體亦包含 NGOs 或 CBOs）的壓力，方可促使地方政府的政策執行，更能滿足社區、上級政府或不同利益團體的需求或目標。從此發現可推論，利益團體的壓力或需求，確實亦為主導政府重建決策的重要推力。透過政府與不同利益團體的互動，可助於釐清政府對於重建問題的認識、決策形成與不同決策者的關係，亦有助於瞭解 Cohen et al.（1972）之 GCM 描述的組織決策內涵與決策機制。

　　災後重建主要的執行組織之一為地方政府，特別是縣市政府與接近社區層次的鄉鎮市公所。綜合上述可發現地方政府在執行重建過程，須配合中央政府與本身的重建計劃，及整合來自家戶與不同團體的需求。故來自政治、社區團體與社會經濟的壓力，為影響地方政府重建決策的主要因素。透過公共利益理論，瞭解政府部門在面對重大災害後的市場失敗，從事的重建資源投入與相關決策。不但可進一步釐清 Uphoff 從地方組織發展觀點歸納的地方重建決策行為，亦可瞭解 Korten（1980）之經驗模型所提出，地方政府組織如何在成功滿足不同家戶與利益團體需求壓力下，所進行的重建決策選擇行為。

第四節　政府組織決策與分析方法

一　政府組織決策

探討政府組織決策的研究取向，主要包含三個領域：(1)決策行為理論，(2)組織決策理論，與(3)公共利益理論。第一個領域，主要在探討於不確定環境下，個體對於事件發生的機率估計、心理啟發（heuristic）過程，及可能引發的決策選擇與決策偏誤研究（Kahneman and Tversky, 1979; Kahneman et al., 1982; Kahneman, 1991）。第二個領域，較強調組織的資訊處理與決策過程，其主要奠基在 March and Simon（1958）的卡內基（Carnegie）學派組織理論相關之研究（Shapira, 2002）。第三個領域，則以 Stigler（1971）與 Peltzman（1976）的管制理論為基礎，探討政府的管制與計劃決策行為的相關研究。[3]本章主要的研究切入點，即欲透過公共利益理論建立研究的理論基礎與方法論。

透過公共利益理論探討災後重建的決策，主要立論基礎在於其指出政府的災後重建資源投入選擇，係基於政府資源分配的立場。亦即將來自外在的補助、捐獻與本身資源，透過計劃管制與分配行為，滿足不同社區與利益團體的需求。執行方式，可能透過融資貸款補貼、社會福利措施、計劃執行或各種不同的補助，進行政府的資源與經費分配。

政府干預災後重建工作的推動，主要基於公共財的提供與重建市場運作機制失敗。政府期望透過計劃性管制與補助，使重建資源的分配更有效率或更公平。政府推動重建計劃，乃假設災區無法完全透過市場機制進行復原重建，透過重建計劃的資源分配可助於改善此情況。在 Stigler（1971）與 Peltzman（1976）的一般性管制理論，即透過政治角度，詮釋政府的管制行為。後續更有 Noll（1989）從更廣義的政治經濟學角度，提出複雜公共利益理論（sophisticated public interest

---

3 在相關的政治經濟分析領域中，另一重要學派為「公共選擇學派（public choice school）」（相關的理論可參見 Buchanan and Tollison（1984）與洪鴻智（2000）之介紹），惟此學派理論的討論與應用非本研究探討之範圍。

theory；以下簡稱 SPI 理論），且將之納入 Stigler-Peltzman 模型，及透過經濟目標追求的機制修正傳統管制理論，使其能更完整的詮釋政府資源分配決策行為。

Peltzmen（1976）將 Stigler（1971）的概念性理論模型化，認為管制者或政府的決策目標在追求最多選票，其目標函數為：

$$M = f \text{ (vote, prob)} \tag{4-1}$$

式（4-1）之 vote 為在特定利益團體中的潛在投票者，prob 為特定利益團體支持管制者的機率。Stigler-Peltzman 模型隱含政府的市場管制決策，即在滿足選票極大化的政治目標。換言之，迎合特定利益團體的需求，成為資源分配的決定性力量，故此模式亦稱為利益團體理論。

Stigler-Peltzmen 模型對於地方政府的決策選擇行為，提供良好的觀察角度。尤其整合 Noll（1989）的 SPI 理論，可將不確定性與交易成本問題納入 Stigler-Peltzmen 模型，且進一步將各種利益團體、市民社會的需求，納入文官體系的決策選擇行為。洪鴻智（2000）探討環境風險設施的管制工具選擇，亦指出在災害管理過程，因對於政策執行之效益與成本的不確定性，在實務上常會偏好交易成本較低及較符合利益團體需求的計劃方案。

然而在實際政府運作的觀察，Noll（1989）進一步指出，在缺乏充分資訊及在協商的高度交易成本下，政府成為最佳或許是唯一可滿足彼此需求的管道。因而會透過不同方式遊說或給予政府壓力，使政府執行有利於自己的計劃或管制政策。在此情況下，政府資源的投入反而會以財富重分配為重心，特別是以地區或利益團體的政治經濟特性為分配依據，而偏離市場失敗矯正的初衷。故 SPI 理論擴展 Stigler-Peltzmen 模型，將政府資源分配工作，進一步詮釋為達成利益團體運作的財富重分配目標。故其不但無法擺脫政治經濟的操作，且會結合文官體系運作過程，達成財富重分配目的。此在災後重建的資源分配，即可能會以受災者之政治經濟環境、需求或政治條件為依據，而不必然是基於完整的規劃或成本－效益評估所歸納的資源分配政策。

文官的運作模式，在 Schneider（1995）的文官理論（bureaucracy theory）即指出政府的災後重建決策過程，會從政治議題操作的方式思考。故在資源投入上會

較關注下列之課題：(1)政策目標是否明確？(2)是否有明確可服務的選民？且可從資源重分配過程，獲得政治經濟上的回饋；(3)是否具有象徵（symbolic）意義？使政府部門的介入更具正當性，(4)是否具有市場失敗特性？

在災後重建過程中，政府的重建資源與相關計劃補助，為重建資源最主要來源之一。另因時間的壓力，政府不得不依循既有的文官行政機制進行資源分配，以滿足蜂擁而至的地方與利益團體需求。此分配機制非常難避免以需求為導向，且常是奠基在滿足文官習以為常的政治經濟目標下的資源重分配模式，亦即為 SPI 理論所言的計劃管制模式。

公共行政探討地方治理的文獻，主要在探討政府如何在「市場機制」與政府傳統職責之「政府干預或管制」（或資源分配）間，取得良好的定位與綜理能力（孫本初、鍾京佑，2005）。此問題的界定不僅在公共行政，甚至在政治經濟領域亦是重要的議題。然相關文獻較少從實證的角度，探討政府如何進行資源分配與滿足市場需求的取捨。本章分析的主題，雖然是從災後重建的角度，而非從日常性的政府運作角度出發。不過研究的成果，對於災後重建之地方治理課題，可提供兩個層面的貢獻：(1)助於釐清政府在防救災資源分配的機制，及提出其重要的影響因素；(2)提供一個觀察政府在重大自然災害後，如何進行市場需求與政府管制取捨的實證分析。

二 模 型

公共利益理論提出政府干預災後重建工作的推動，乃基於公共財的提供或市場失敗，而認為政府可透過計劃管制行為，使重建資源的分配效率達到最大化。故政府推動重建計劃，是奠基在受災區無法完全透過市場機制進行復原重建，而需藉由重建計劃的執行與資源提供改善此情況。然在實際的政府管制與干預過程，政治經濟仍是主導政府資源投入與地方治理行為的重要因素。

傳統 SPI 理論欠缺明確的實證模型，且多應用在自然資源與經濟管制政策分析（Noll, 1989; Crone and Tschirhart, 1998），較缺乏災後重建相關政策之實證應用。本文將之應用於詮釋災後重建資源分配決策，需結合 Stigler-Peltzman 模型與文官理論。從政治經濟操作角度，將政府的目標函數假設為政府組織乃在追求政治經

濟效用（福利）最大化，決定重建資源的分配方式。其目標函數為追求下列效用最大化：

$$\text{Maximum } U = f(soec, prob, redis, deman) \tag{4-2}$$

式（4-2）之 *soec* 與 *prob* 源於 Stigler-Peltzman 模型，*soec* 指特定利益團體中的潛在投票者。此可將利益團體視為來自社區及其內部隱含的選票，其為政府最主要的政治壓力源之一。故 *soec* 可以地方政治團體特性，[4]如人口規模、政治或其他社會經濟發展狀況表之。此特性不但顯示社區為資源爭取者，甚至從中央對地方政府的資源補助角度，地方政府亦可視為重要的利益團體；*prob* 為支持執政者的機率；*redis* 與 *deman* 主源於文官理論，其中 *redis* 為政府對重建資源的分配與需求態度。*deman* 為決策事項的政治象徵意義，其會展現在政府對於重建資源如何分配予受災戶的態度。

應用式（4-2）進行實證應用，須界定效用函數 $U(.)$ 的代理變數（被解釋變數），即決定政治決策變數。本章依不同類型之重建資源分配影響因素，分從兩個層面討論不同自變數與代理變數間的關係。第一層面之因素 *soec* 與 *prob*，代表地區的政治經濟環境（政治經濟環境變數），第二層面之 *redis* 與 *deman* 則為資源分配的決策與判斷態度（資源分配態度變數）。此兩個層面的影響因素，具有不同的性質與來源。故第一層面，將以實質的重建經費投入，作為代表 U 的政治決策變數，*soec*、*prob* 與 U 的關係假設為：

$$\partial U / \partial soec < 0 \tag{4-3}$$
$$\partial U / \partial prob > 0 \tag{4-4}$$

依 SPI 理論，式（4-3）隱含當決策者的重建資源如以重分配為目標，則當地區的

---

4 *soec* 亦可考慮其他利益團體、NGOs、非營利組織（NPOs）或 CBOs，在本文暫將之界定在地方政府與村里單元，其他利益團體之影響則暫不於研究中特別考慮，然不否定其重要性。

社會經濟發展（如所得、地價等）狀況愈佳，分配之重建資源愈少。[5]而在滿足政治經濟利益的目標下，式（4-4）代表支持執政者的機率 *prob* 愈高（例如屬同一政黨），所獲得之重建資源應愈多。至於第二層面，可以決策者偏好以地區社會經濟特徵作為重建資源分配依據的程度，以作為代表 *U* 的政治決策變數。其與 *redis* 與 *deman* 的關係假設為：

$$\partial U/\partial redis > 0 \qquad\qquad\qquad (4\text{-}5)$$

$$\partial U/\partial deman < 0 \qquad\qquad\qquad (4\text{-}6)$$

式（4-5）之 *redis* 與 *U* 的關係，依 Noll（1989）與 Schneider（1995）所指，在資訊不確定的情況下，如透過文官系統分配資源，會促使文官體系偏好以社會經濟為基礎的重分配策略，以降低交易成本。特別在欠缺清楚的資源分配機制時，當主要資源來自中央政府，對此資源愈依賴者，會愈偏好資源的重分配功能。同理在式（4-6）之 *deman* 與 *U* 的關係，乃地方政府期望中央政府重建資源分配方式的偏好。依 SPI 理論所推論，如決策者愈偏好以實際需求（例如災損狀況）分配重建資源，則會降低重建資源在重分配功能上的偏好，故其關係為負。

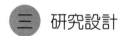

三　研究設計

　　九二一震災災後重建的政府資源分配工作，中央政府扮演主要的資源提供者，而實際的執行者則以地方政府（縣市政府與鄉鎮市公所）為主體。[6]地方政府在執行重建過程，須配合中央政府與本身的重建計劃，且須整合來自家戶與不同利益團體的需求。因而從地方政府的決策觀察，不但可觀察地方政府資源分配過程，亦可間接瞭解中央政府資源分配的政策偏好，而能深入探討政府執行重建資

---

5 如以利益團體理論解釋，在追求選票極大化之原則下，$\partial U/\partial redis$ 將大於零。

6 所謂的「地方政府」應包含縣市政府與鄉鎮市公所。故本文乃將兩者視為一體，不特別區隔其差異。然在實證分析，縣市政府雖為重建重要主體，但鄉鎮市公所常是縣市政府的執行機關，鄉鎮亦是資源分配之基本單位。本文即以鄉鎮市實際分配的資源與資源分配態度為分析對象。此不但可直接觀察鄉鎮市爭取的資源，亦可間接觀察縣市政府的補助與從中央轉下的補助。可能較直接觀察縣市政府，更能反映實際的重建資源分配內容。

源分配的決策過程。

　　當政府對於災損與如何有效推動重建工作的資訊不充分，且釐清這些事項存在高度交易成本時。將高度依賴地方政府、社區或相關利益團體提供的資訊。因此非常容易受這些團體的左右，而影響政府重建資源分配決策。應用 SPI 理論詮釋政府的重建資源分配，需考慮政府在決定資源分配時，常須在滿足重建市場的需求與財富重分配（政府管制）兩個政策目標中取捨。故建立重建的資源決策模型，不但需考慮政治經濟與地方因素對政治決策的直接影響，亦須考慮間接影響。

　　以下實證即應用式（4-2）之模型，以三個步驟的迴歸分析進行實證分析。採用三個步驟的主要原因，在於影響式（4-2）追求效用極大化目標的兩類因素，第一類較屬於客觀政治經濟環境變數，第二類則為主觀決策態度變數。在處理過程，宜先分開處理其影響重建資源分配決策的特性，再考慮兩類變數的綜合效應，及納入未能由這些變數完全解釋的間接效應。以下分三步驟說明研究方法設計（分析程序可參見圖 4-4-1）：

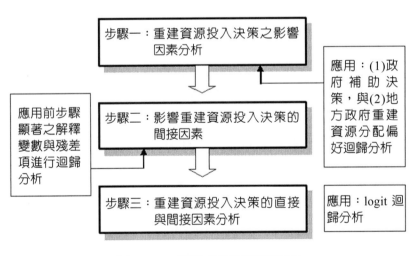

圖 4-4-1　實證分析程序與內容

（一）第一步驟：重建資源投入決策之影響因素分析

此步驟將資源分配之政治決策視為被解釋變數，進行 OLS（ordinary least

squares）迴歸分析，分析之迴歸模型包含下列兩個：

$$BUD = a0 + a1\ LnCOLLA + a2\ POPU + a3\ LANDP + a4\ COLLA*JUR +$$
$$a5\ PARTY + a6\ INCOME + ε1 \tag{4-7}$$
$$LnALLO = b0 + b1\ FAIR + b2\ SUBS + b3\ MITIG + b4\ EVALU + b5\ AID +$$
$$b6\ RENT + b7\ DAMAG + b8\ SENS + ε2 \tag{4-8}$$

式（4-7）代表九二一震災重建，政府補助的決策迴歸模型。其中政治決策變數 BUD 為政府在每個鄉鎮市的重建經費投入額度，LnCOLLA 為倒塌房屋數的對數值，POPU 為 1999 至 2003 年之平均人口數，LANDP 為 1999 至 2003 年之平均地價，COLLA*JUR 為倒塌房屋數（COLLA）乘上所在行政轄區之村里數（JUR）（1999 至 2003 年之平均值），PARTY 為重建期間（2001 至 2005 年）鄉鎮市與縣市長所屬政黨，[7]INCOME 為 1999 至 2003 年之戶年平均總所得。[8]α0 為常數項，aj（j = 1, ..., 6）為迴歸係數，ε1 為誤差項。

　　式（4-8）代表受訪之鄉鎮市公所，對於重建資源分配偏好的模型，資料來源為問卷調查。其中 LnALLO 為地方政府考量重建資源分配，贊同以社會經濟發展特性（包含人口、行政轄區幅員、產業發展狀況）為分配依據程度平均值的對數值。FAIR 與 SUBS 分別為受訪者認為中央政府分配重建資源的公平程度，及認為以中央補助款作為重建主要財源的適合程度。MITIG 與 EVALU 分別代表受訪者認為依減災執行程度調整重建補助款，與建立重建績效評估制度，對於提升重建資源使用效率的程度。AID、RENT 與 DAMAG 分別為受訪者認為補助金發放、租金補貼與針對地震之建物與財產損壞程度進行補償，對於受災戶的重要程度，SENS

---

7 縣市政府與鄉鎮公所首長的政黨屬性，皆可能影響重建資源分配。然縣市政府首長的政黨屬性，可能扮演更關鍵的角色。故實證分析的資料輸入，乃以虛擬變數（dummy variable）方式處理。設定之虛擬變數以縣市長的政黨屬性為基準，亦即縣市長為民進黨或無黨（與其他），且其所轄之鄉鎮市長同屬民進黨或無黨者（與其他）＝1；國民黨＝0。另在重建期間因經歷政黨輪替，本文乃以負責執行中長期重建工作之縣市（與鄉鎮市）首長的政黨屬性為主要考量，故縣市長以 2001-2005 年任期，鄉鎮市長則以 2002-2005 年任期之政黨屬性為輸入依據。

8 因缺乏鄉鎮市級之資料，故戶年平均所得之資料，乃以縣市戶年平均總所得代替。

乃認為轄區內災害敏感地開發的必要程度。另 b0 為常數項，bj（j = 1, 2, ..., 8）為迴歸係數，ε2 為誤差項。

　　式（4-7）為假設政府在追求政治經濟效用最大化的目標下，探討影響重建經費投入之因素。主要考慮的因素為式（4-2）之 *soec* 與 *prob*，*soec* 包含的自變數為衡量地區之社會經濟發展指標，包含 POPU、LANDP 與 INCOME。依 SPI 理論，重建資源之分配如朝向重分配，發展較遲緩之地區，可能反而獲得更多的資源，故POPU、LANDP、INCOME 與 BUD 之關係可假設為負。另一個較複雜的問題，為經費補助是否具損失導向（loss-based）特性？依 Noll（1989）所指，在資訊不充分下，容易掌握的資訊常會成為政策計劃執行的重要依據，這些資訊亦成為重分配的基準。在災害發生後，損失或建物倒塌程度為短期內可較精確獲得的訊息，故地震損害程度為重要的重分配基礎，故可假設 LnCOLLA 與 BUD 之關係為正。

　　另一個重要變數 *prob*，欲精確估計選民支持執政者的機率，有實質上的困難。故以政黨屬性 PARTY 與地方行政轄區數 JUR，作為間接衡量指標。由於重建期間，中央政府的主要執政黨為民進黨。依 Stigler-Peltzman 模型所指的選票考慮，同樣政黨（或愈偏向民進黨者）選票支持的潛在機率愈高，故 PARTY 與BUD 之關係預期為正。在台灣的地方政治生態，村里可視為選票的基本「樁腳」單位，故村里為重要的地方行政利益團體壓力源。在選票考慮下，村里單位數會顯示實質重建需求。特別是九二一震災重建期間，村里或社區不但是重要的經費分配基本單元，且重建經費分配會結合村里的建物倒塌或受損特性進行分配（洪鴻智、邵珮君，2004），而更能反映重建經費分配特質。故結合 JUR 與建物倒塌數，成為影響經費分配之重要因素，而可假設 COLLA*JUR 之係數符號為正。

　　第二個迴歸模型（式（4-8））為從受訪者決策判斷的角度，分析影響重建資源分配偏好之因素，主要即在檢視 *redis*、*deman* 與重建資源分配態度之關係。Uphoff 的地區組織發展理論與 Schneider（1995）之文官理論皆指出，地方之災後重建資源對中央政府常具有高度依賴性。透過地方對中央政府資源分配方式偏好的觀察，有助於詮釋資源重分配機制的定位，及協助對式（4-5）與（4-6）估計結果的解釋。式（4-8）中衡量 *redis* 的變數，包含 FAIR、SUBS、AID、RENT、EVALU，皆為衡量地方對中央政府資源的依賴程度。當其依賴程度愈高，可假設受訪者愈主張需依地方的社會經濟發展特性，進行資源重分配，故預期影響皆為

正。同理因經濟發展因素，而愈同意不得不開發災害敏感區者，愈會依賴中央資源，故 SENS 之符號亦假設為正。另 *deman* 為對資源的分配態度，如決策者偏好資源重分配功能，則會主張以社會經濟特性為分配依據；反之愈強調以實質地震損失與減災績效作為分配依據者，愈不贊同資源重分配之補助模式，故 DAMAG、MITIG 與 LnALLO 的關係可預期為負。

（二）步驟二：影響重建資源投入決策的間接因素分析

本步驟的分析，乃依據式（4-2）的假設，認為重建資源分配政治決策為地區政治經濟環境與決策者資源分配態度的函數。步驟一估計結果呈統計顯著的自變數，可直接視為關鍵的政治經濟變數，亦即為影響重建資源分配決策的直接因素。而第一步驟之估計結果不顯著的自變數，與其他未能觀察之可能影響 BUD 與 ALLO 的變數，則可視為間接因素。

本步驟與前步驟的差異，在於本步驟之 OLS 模型只考慮前步驟估計為統計顯著的自變數。然事實上，可能尚存在其他難以觀察或解釋之政治經濟變數。這些變數如能納入第一步驟的 OLS 分析，必可提升迴歸模型的解釋力。由於缺乏這些變數的資訊，本步驟只能估計部分的政治經濟變數，其他未能被自變數解釋的殘餘部分，則可透過步驟一 OLS 分析之殘差（residual）進行估計，其可解釋為 BUD 與 LnALLO 的間接影響因素估計值與其線性組合。此步驟之估計結果，可作為步驟三探討重建資源分配決策之直接與間接影響因素的輸入。

（三）步驟三：重建資源投入決策的直接與間接因素分析

本步驟估計兩個二元 logit 迴歸模型，從較綜合性的觀點瞭解影響重建資源投入決策之直接與間接因素。兩個 logit 模型，可示之如下：

$$RESO = \alpha_0 + \alpha_1 LnALLO + \alpha_2 POPU + \alpha_3 LANDP + \alpha_4 JUR + \alpha_5 PARTY$$
$$+ \alpha_6 INCOME + \alpha_7 FAIR + \alpha_8 SUBS + \alpha_9 MITIG + \alpha_{10} EVALU +$$
$$\alpha_{11} AID + \alpha_{12} RENT + \alpha_{13} DAMAG + \alpha_{14} SENS + \varepsilon_3 \qquad (4\text{-}9)$$
$$RESO = \beta_0 + \beta_1 POPU + \beta_2 LANDP + \beta_3 JUR + \beta_4 PARTY + \beta_5 INCOME +$$
$$\beta_6 FAIR + \beta_7 SUBS + \beta_8 MITIG + \beta_9 EVALU + \beta_{10} AID + \beta_{11} RENT +$$

$$\beta_{12}DAMAG + \beta_{13}SENS + \beta_{14}BUDR + \beta_{15}ALLOR + \varepsilon_4 \qquad (4\text{-}10)$$

式（4-9）與（4-10）logit 模型的依變數 RESO，乃透過群落分析（cluster analysis），以 BUD 與 COLLA 兩個變數為基礎，將研究範圍內之鄉鎮市分成兩群。其中接受較多經費資源與較多建物受損之鄉鎮市，[9]令其 RESO = 1，歸類為「高資源分配_高受損」鄉鎮市群。其他鄉鎮市則令 RESO = 0，歸類為「低資源分配_低受損」鄉鎮市群。第一個 logit 分析（式（4-9））納入的自變數，除排除進行群落分析之 BUD、COLLA 兩個變數外；步驟一所有之政治經濟變數皆納入分析，另變數 COLLA*JUR 則只以村里數 JUR 代之。另 α_0 為常數項，α_j（$j = 1, 2, ..., 14$）為迴歸係數，ε_3 為誤差項。式（4-10），則將政治變數 BUD 與 LnALLO 替換為步驟二估計之殘差，其他之自變數則同第一個 logit 分析。其中第二步驟之依變數 BUD 之 OLS 估計的殘差，設定為另一新自變數 BUDR，而 LnALLO 之估計殘差則為 ALLOR。另 β_0 為常數項，β_j（$j = 1, 2, ..., 15$）為迴歸係數，ε_4 為誤差項。

步驟二的自變數可視為政治經濟關鍵變數。其在式（4-9）之 logit 分析中，可預期為決定重建資源分配的直接影響因素，影響與貢獻可能超越其他變數。第二個 logit 分析（式（4-10））的變數轉換，則同時考慮來自政治經濟關鍵變數，及其他對於重建資源投入態度的直接與間接影響因素。

由於 RESO = 1 的鄉鎮市，乃分配重建資源較多且可能是重建需求較大的行政單位。依 Schneider（1995）的文官理論與 Mader（1980）對地震重建案例的觀察，步驟二所歸納的政治經濟關鍵變數，會成為探討重建資源分配的重要依據。在 *soec* 方面的自變數，其中社會經濟變數之人口（POPU）與地價（LANDP）與 RESO 的關係，如重建資源分配具有重分配效應，資源會依地區的社會經濟發展狀況進行重分配。故平均人口愈多或地價愈高之地區，屬於 RESO = 1 族群的機率反而較低，而使此兩個變數之預期符號為負。同理，如重建資源的重心在於重分配，則 INCOME 於兩個 logit 分析的預期符號亦為負。

---

9 透過群落分析之結果，RESO = 1 之鄉鎮市共 14 個（此群之 BUD 平均值 = 3,216 萬元，標準差 = 1,459 萬元；COLLA 平均值 = 336.07 棟，標準差 = 245.01 棟），RESO = 0 者，計 54 個（BUD 平均值 = 807 萬元，標準差 = 207 萬元；COLLA 平均值 = 12.72 棟，標準差 = 57.06 棟）。

代表 *prob* 的變數中，JUR 代表來自村里的需求，亦代表基層之政治利益團體數。其為重建資源的主要消費者，[10]且為 Stigler-Peltzmen 模型所稱的潛在投票者與支持者。當 JUR 的數量愈多，可預期獲得重建資源愈多，建物損害的總量可能亦愈多，屬於 RESO = 1 的機率愈高，故預期符號皆為正。另在政黨屬性 PARTY，愈偏向民進黨或無黨者，亦期望會獲得較多資源，故符號皆預期為正。

衡量 *redis* 的變數，為對於中央政府資源分配與依賴的態度。在以重分配為目標的資源分配機制下，可預期認為中央政府資源分配愈公平者，常是獲得資源較多或受損較嚴重者，故變數 FAIR 的預期符號為正。代表對中央資源依賴程度的變數 SUBS、EVALU、AID、RENT、LnALLO，其值愈高，隱含愈會要求更高的經費補助或屬於受損較為嚴重者。同理愈認同在經濟發展壓力下，不得不開發災害敏感地區者（SENS），會愈依賴中央政府的資源，此等變數皆可預期屬於 RESO = 1 族群的機率亦較高。在衡量 *deman* 的變數中，愈認為依減災執行程度調整補助款（MITIG）與認為對財產之地震損害補償（DAMAG）愈重要者，愈不會依賴資源重分配機制，屬於「高資源分配_高受損」族群的機率愈低，故預期符號為負。

第五節　案例分析

一　資料取得

九二一地震發生重創地區，主要集中在台中縣、南投縣與台中市北屯區（蔡克銓、羅俊雄，2000；陳亮全等人，2002）。其中南投縣災情最嚴重，其受損建築物超過 4,500 棟，佔全國受損建物 53%，尤以南投市、中寮與草屯受創最深。台中縣受損建物超過 2,800 棟，佔 32%，而主要集中在東勢、石岡與豐原地區。另台北縣及苗栗縣建物損壞數亦各超過 300 棟（內政部建築研究所，1999）。

九二一震災災後重建的重建資源（經費）分配，依「暫行條例」、預算法相

---

10 這些村里的資源需求，常會透過村里長與地方民意代表組成的「地方政治利益團體」，向政府要求重建相關的經費與資源分配。

關法令之規定，主要採兩種方式：(1)一般性補助與融資：包含租金補貼、貸款融資優惠、利息補貼與其他社會福利補助；(2)計劃補助：地方政府或社區透過工程計劃或專案計劃，向中央政府申請補助（行政院九二一震災災後重建推動委員會，2003；洪鴻智、邵珮君，2004）。類型一的重建資源分配，只要是屬於震災受損戶皆可申請，其運作較不會有政治經濟運作過程。第二類資源分配，則中央政府透過預算程序或成立基金，以專款專用方式，補助地方政府或社區進行重建。實際經費分配模式，可能透過縣市政府申請再轉往鄉鎮市公所執行，或由鄉鎮市（或社區）直接申請補助。此類型的經費補助，會涉及地方政府的資源爭取與中央的資源分配決策過程，故為本章探討的資源分配標的。

本文分析之資料來源主要包含三個部分：(1)政府統計資料，(2)立法院與各政府部門的預決算書資料，(3)地方政府的問卷調查。第一部分之資料，主要為各受災地區之人口、地價、村里特性、地方首長政黨屬性與九二一地震建物損害資料。此部分之資料來源為政府的統計要覽（1999-2003 年），政黨屬性資料則為中央選舉委員會提供（地方政府首長的政黨屬性資料較為複雜，詳細之說明可參閱注釋 8）。另建物損害（倒塌）資料，乃以內政部建築研究所（1999）之調查結果為依據。第二部分為關於政府重建資源與經費投入之資料，主要蒐集期間為1999-2003 年，資料來源是以九二一震災災後重建推動委員會的會議紀錄、各縣市政府與立法院的預決算案為主要來源，然此資料主要以前述之計劃補助經費為主，不列入一般性補助與融資之經費。

第三個部分之問卷調查資料，乃於 2004 年 9 月進行。主要針對地方政府於災後重建組織、重建工作與計劃項目、重建資源分配與重建法令的執行、偏好、自我評估與面臨之困難進行調查。因九二一地震災後重建工作內容與相關之評估內涵非常複雜，在問卷調查過程，為避免性質相同問項，可能影響受訪者的作答。在調查過程，乃錯開可能混淆受訪者判斷的問項，將性質類似之問項隨機配置。透過調查成果，瞭解地方政府對於重建資源分配態度、重建事項的偏好、從事減災的態度與重建過程面臨的困難。

表 4-5-1　變數統計

變數名稱	說　明	平均值	標準差
BUD	重建投入之經費（千元）	72,615	144,149
ALLO	贊同以社會經濟特性做為經費分配依據之程度（7 級之 Likert 尺度；非常贊同＝7 至非常不贊同＝1）	5.38	0.97
COLLA	房屋倒塌數（棟）	79.29	177.69
POPU	平均人口數（人）	52,311	42,855
LANDP	平均地價（萬元／m^2）	2.93	1.29
JUR	轄區之村里數	20.10	9.98
COLLA*JUR	COLLA×JUR	1,465.2	3,699.2
INCOME	年平均戶所得（萬元）	95.43	8.55
PARTY	縣市長與鄉鎮市長同為民進黨或無黨＝1，其他＝0	0.41	0.50
FAIR	受訪者認為中央政府分配重建資源的公平程度（7 級之 Likert 尺度；極公平＝7 至極不公平＝1）	3.41	1.31
SUBS	受訪者認為以中央政府補助款為重建主要財源的適合程度（7 級之 Likert 尺度；極適合＝7 至極不適合＝1）	5.93	1.12
MITIG	受訪者認為依減災執行程度調整重建補助款，對提升重建資源使用效率的幫助程度（7 級之 Likert 尺度；極有幫助＝7 至極無幫助＝1）	4.93	1.04
EVALU	受訪者認為建立重建績效評估制度，對提升重建資源使用效率的幫助程度（7 級之 Likert 尺度；極有幫助＝7 至極無幫助＝1）	4.94	1.12
AID	受訪者認為補助金發放對於受災戶的重要程度（7 級 Likert 尺度；極重要＝7 至極不重要＝1）	5.12	1.24
RENT	受訪者認為租金補貼對於受災戶的重要程度（7 級 Likert 尺度；極重要＝7 至極不重要＝1）	5.12	1.14
DAMAG	受訪者認為對地震建物或財產損害補償的重要程度（7 級 Likert 尺度；極重要＝7 至極不重要＝1）	5.43	1.08
SENS	受訪者認為對於災害敏感地區開發的必要程度（7 級 Likert 尺度；極必要＝7 至極不必要＝1）	3.94	1.57

　　本文之分析只使用部分之調查成果。問卷調查方式，乃以九二一地震受災與進行重建的相關縣市政府與鄉鎮市公所為訪問對象，包含台中縣市、南投縣、彰化縣、苗栗縣、嘉義縣市、雲林縣，共 119 個政府單位，進行郵寄問卷調查。接受問卷調查之人員，以實際參與重建之承辦單位為受訪對象。問卷經過多次電話與傳真催收，計回收 79 份（回收率 66.4%）。扣除嚴重遺漏項者，且本研究只選取鄉鎮市公所回答之問卷進行分析，最後以 68 份（58.1%）作為分析之基本資料。

資料分布

上述三個分析步驟所使用相關變數的敘述統計，可彙整於表 4-5-1。表中呈現各鄉鎮市分配的重建經費非常不平均（偏態係數 = 2.16），可能集中在特定地區。房屋倒塌的分布亦不平均（偏態係數 = 2.77），依陳亮全等人（2002）的歸納，房屋倒塌主要集中在車籠埔斷層經過的地區。鄉鎮市長的政黨屬性，無黨或其他占 34%，國民黨籍占 63%，民進黨只占非常少數。而所屬縣市長的黨籍，民進黨籍占 43%，國民黨占 29%。另在受訪者決策判斷的相關變數，其中受訪者顯著贊同以社會經濟發展特性做為分配重建資源之依據（ALLO 平均值 > 中位數 4，t = 3.21，p = 0.002）。對於中央重建資源補助分配方式的相關變數，除認為公平性有待加強化，對於 SUBS（t = 14.14）、MITIG（t = 7.34）與 EVALU（t = 6.94）皆有顯著的正向態度（平均值皆 > 4，p < 0.001）。另對於受災戶補助的相關變數，亦多顯著認為非常重要（平均值亦皆 > 4，p < 0.001）。而針對災害敏感地開發的必要性，受訪者則多認為迫切性不高。

三 影響九二一地震災後重建資源分配之因素

表 4-5-2 顯示步驟一與步驟二的估計結果。第一步驟的迴歸分析，包含依變數 BUD 與 LnALLO 兩個模型。在兩個步驟中，兩個模型的整體估計結果，F 檢定結果皆呈顯著（p 值皆小於 0.01）。代表兩個迴歸模型之估計結果，可有效解釋 BUD 與 LnALLO 與相關解釋變數之關係。

其中 BUD 模型之估計結果，發現影響重建經費分配較顯著之因素，為 LnCOLLA 及 COLLA*JUR，估計之係數符號為正且符合預期。隱含重建經費的分配，除與實質的建物損害程度有高度正相關外，村里數亦為關鍵性因素。實際上決定政府部門的重建經費投入與分配之其他重要因素，可能尚包含公共設施與維生系統的復原重建投入。然因缺乏公共設施與維生系統損壞的詳細資料，建物倒塌數或可間接顯示該地區公共設施與維生系統損壞的程度。藉由步驟一的估計，亦確實可反應重建資源投入與災後損害復原需求的正向關係。

影響重建經費投入的另一重要因素，為所屬行政區首長的政黨屬性 PARTY，其估計結果亦符合預期為正且呈統計顯著（在 α = 0.1 下呈顯著）。隱含政黨屬性，愈偏向民進黨者或無黨（與其他）者，確實會獲得較多的重建資源。另 INCOME 的估計結果，雖符合重分配機制之假設，與經費分配的關係為負，然不顯著。此原因之一，可能在於所使用的資料為縣之戶年平均所得，因而降低其顯著性，如能取得鄉鎮市級的所得資料或許可改善估計之結果。

表 4-5-2　步驟一與步驟二之 OLS 迴歸估計結果

變　數	第一步驟		第二步驟	
	BUD	LnALLO	BUD	LnALLO
常數	137665.83 (1.08)a	0.86** (3.61)	−19637.50 (−1.39)	0.85** (3.56)
LnCOLLA	36912.70** (5.83)	—	36577.98** (5.92)	—
POPU	−0.19 (−0.54)	—	—	—
LANDP	−1968.77 (−0.17)	—	—	—
COLLA*JUR	7.93** (1.97)	—	8.05** (2.02)	—
PARTY	42223.26* (1.95)	—	54487.61** (2.64)	—
INCOME	−1435.09 (−1.02)	—	—	—
FAIR	—	0.05** (2.02)	—	0.05** (2.34)
SUBS	—	0.06* (1.94)	—	0.07** (2.45)
MITIG	—	−0.07* (−1.79)	—	−0.08** (−2.08)
EVALU	—	0.12** (3.17)	—	0.14** (3.72)
AID	—	0.04 (1.18)	—	—
RENT	—	0.04 (1.05)	—	—
DAMAG	—	−0.09** (−2.35)	—	−0.04* (−1.65)
SENS	—	0.03* (1.79)	—	0.04** (2.05)
F 值	24.51	3.46	47.52	3.67
R2 (Adj R2)	0.71 (0.68)	0.32 (0.23)	0.69 (0.68)	0.27 (0.19)
觀測數	68			

註：迴歸係數括弧內為 t 檢定值；**為 α = 0.05 下呈顯著；*為 α = 0.1 下呈顯著

另一個 LnALLO 的迴歸模型估計結果，發現 FAIR、SUBS、EVALU、AID、RENT 之係數符號為正，亦皆符合預期，但 FAIR、SUBS、EVALU 的影響較為顯著。隱含受訪之地方政府，認為中央政府資源分配愈公平、愈依賴中央資源及愈認為重建績效評估愈重要者，愈認同須以社會經濟發展特性為資源分配依據。另外

SENS 的係數估計，亦顯著顯示愈認為災害敏感地區具有開發壓力者，愈認同應以社會經濟發展程度作為重建資源分配的依據。

DAMAG 與 MITIG 的係數，亦如預期估計結果為負，且分別在 $\alpha = 0.05$ 與 0.1 下呈顯著。顯示認為補償地震財產損害與減災績效愈重要者，其愈不認為以地區社經特性的資源重分配機制重要。尤其在災害損失與對於政府如何投入重建資源決策資訊愈不充分時，愈主張政府需尊重市場機制者，愈會認為政府應擺脫財富重分配的包袱，而應朝向以災害損失、實質設施與減災績效為主的資源補助政策。此作法雖較符合中央政府補助災後重建與資源補助的初衷。然是否因而犧牲許多急需政府資源進行重建或社會弱勢者取得資源的管道，此可能是須進一步討論的課題。另步驟二的估計結果與步驟一類似，相關自變數之估計係數亦皆符合預期，且與步驟一之估計結果高度相似。

表 4-5-3 為步驟三兩個 logit 分析的估計結果。其中 RESO 之分群，透過群落分析所定義的「高資源分配_高受損」與「低資源分配_低受損」鄉鎮市群，另以 ANOVA 分析兩群在政府重建經費分配、房屋倒塌數、平均人口與地價的差異。其統計 F 檢定值，分別為 240.94、80.51、5.05 與 8.93，皆在 $\alpha = 0.05$ 下，兩個群落在這些特徵上，確實皆具有顯著差異。

表 4-5-3 亦估計各自變數的邊際效應，其代表一單位自變數的變動，增加（或減少）成為高資源分配_高受損鄉鎮市群的機率。第一個 logit 模型估計結果，發現政治經濟關鍵變數，係數估計的符號多符合預期。在社會經濟環境變數方面，JUR 顯示村里數愈多者，屬於高資源分配_高受損鄉鎮市群的機率愈高（$\alpha = 0.1$ 下呈顯著），且每增加一個村里，增加成為 RESO = 1 族群的機率約為 0.4%。政黨屬性 PARTY 的估計結果，亦發現愈偏向民進黨或無黨（與其他）者，屬於高資源分配_高受損群的機率愈高；如為民進黨或無黨者，增加成為 RESO = 1 者的機率為 2%。另在資源分配態度變數方面，估計結果多不顯著。僅在認為補償財產損失（DAMAG）愈重要者，屬於 RESO = 0 的機率較高，此亦符合預期。第二個 logit 分析，政治經濟關鍵變數之估計結果與模型一非常類似。惟 SUBS 之估計結果較模型一顯著，呈現愈認同須以中央政府為重建資源主要提供者，屬於 RESO = 1 群的機率愈高。

另外值得觀察的兩個變數：POPU 與 LANDP，其估計值分別在 10% 或 5% 的

表 4-5-3　步驟三之 logit 模型估計結果

變數	模型一		模型二	
	係數（t 值）	邊際效應	係數（t 值）	邊際效應
常數	−25.45 (−1.21)	−0.23	−17.88(−0.97)	−0.09
LnALLO	4.94 (0.89)	0.05	—	—
POPU	−0.01* (−1.65)	−0.001	−0.01* (−1.76)	−0.001
LANDP	−2.87** (−2.16)	−0.03	−2.62* (−1.65)	−0.01
JUR	0.49* (1.73)	0.004	0.47* (1.65)	0.002
PARTY	2.84** (2.28)	0.02	3.56** (2.08)	0.02
INCOME	0.20 (1.17)	0.002	0.18 (1.01)	0.001
FAIR	−0.54 (−1.16)	−0.005	−0.62 (−0.97)	−0.003
SUBS	0.78 (1.24)	0.007	1.81* (1.76)	0.009
MITIG	−0.06 (−0.07)	−0.001	−0.89 (−0.79)	−0.004
EVALU	−0.54 (−0.67)	−0.005	−0.46 (−0.43)	−0.002
AID	0.72 (0.96)	0.007	0.72 (0.89)	0.004
RENT	0.55 (0.51)	0.005	−0.88 (0.06)	−0.0004
DAMAG	−2.08** (−1.98)	−0.02	−1.62 (−1.20)	−0.008
SENS	0.61* (1.65)	0.005	0.63 (1.08)	0.003
BUDR	—	—	2.19** (1.96)	0.01
ALLOR	—	—	0.32 (0.23)	−0.002
χ^2	35.49		42.41	
Pseudo R2	0.51		0.61	
觀測數	68			

註：**為 α = 0.05 下呈顯著；*為 α = 0.1 下呈顯著

顯著水準下，在兩個模型皆呈顯著負相關。通常此兩個變數為衡量社會經濟發展程度的重要指標。估計結果顯示平均地價與人口數較低的地區，屬於高資源分配_高受損群的機率較高。此似乎不符合 Stigler-Peltzmen 模型，所主張之選票主導資源分配的結論，而支持 SPI 理論強調的資源重分配功能；另亦發現 JUR 與 PARTY 的估計係數亦呈顯著正相關。綜合此等結果，可發現重建資源的再分配，並非與人口或社會資產的發展程度成正比；來自村里的行政利益團體壓力與政黨屬性的考量，反而可能是影響資源分配決策的重要考量。此現象特別在重建相關資訊高度不確定，且在瞭解重建需求高度交易成本下，政府重建資源很容易在政治團體的主導下，進行資源再分配。然上述之推論，本文呈現的訊息仍非常有限，尚須更深入的資料與地方政治經濟分析，方能對九二一震災重建的地方政治利益團體

運作與資源投入關係，有更深入的認識。

如從另一個層面分析此課題，可從兩個殘差變數 BUDR 與 ALLOR 的估計結果觀察。發現僅 BUDR 在 α = 0.05 下呈顯著正相關，ALLOR 則不顯著。由於 BUDR 乃步驟二中，政治經濟關鍵變數無法觀測或解釋的部分，亦為 BUD 的線性組合。[11] 隱含存在其他政治經濟發展之間接因素，可能影響重建資源分配的政治決策。尤其這些間接因素，可能會主導政府朝向重分配與損失導向的資源分配政策，且間接主導重建資源投資於經濟發展程度較低與建物損害較嚴重之地區。這些政治經濟因素，除本文所收集的自變數外，可能有些是來自不同利益團體、CBOs、NGOs 或 NPOs 的壓力或影響。這些團體可能透過重建計劃的執行與資源爭取的運作，而影響重建資源的配置。此在 Noll（1989）的 SPI 理論，亦有廣泛的討論。

許多文獻皆認為社會經濟較低度發展的地區，往往是遭受災害侵襲損失較嚴重，且是高脆弱地區（Mileti, 1999; Comfort et al., 1999）。這些地區在 Bolin and Stanford（1998）觀察美國北嶺地震的重建經驗，亦發現是分配資源較少的地區。Kamel and Loukaitou-Sideris（2004）從人口的社會經濟結構，觀察北嶺地震的聯邦資源分配，亦發現社會弱勢與邊陲族群確實是常被重建資源分配忽視的一群。惟從上述分析結果，並不全然如此。其可能的解釋包含：(1)這些地區因地方政府的財政較為匱乏，本就高度依賴中央的資源補助，重建經費補助只是原有財政困窘問題的延伸，而使重建補助具有重分配的功能；(2)logit 分析的另一個意涵，在於檢視政府資源補助朝向損失導向的特性，迴歸分析亦呈現此特性。此等可能解釋，隱含九二一重建之資源分配，可能存在其他政治經濟因素，例如地方利益團體的政治運作或施壓，引導資源朝向損失或硬體恢復的投資。在政治經濟與損失導向兩個因素的交互作用下，使重建資源流向高脆弱地區，而這些地區亦常是社會經濟弱勢者，而造成重建資源具有重分配的效應。

主導政府重建資源或經費的分配，除文官體系外，上述社區團體、NGOs 或 NPOs，是不容忽視的重要影響源。此不管是九二一地震、美國北嶺地震、日本阪

---

11 BUDR 為 BUD 的線性組合，隱含 BUDR 為步驟二之 BUD 模型所考慮之政治經濟關鍵變數外，其他所有可能政治經濟變數的線性組合。這些變數，除在步驟一可考慮外，其他因資料蒐集困難或難以觀察的可能影響因素，皆可納入殘差值 BUDR 中考慮。

神地震或印度的 Gujarat 地震。皆發現 NGO 或 NPOs，在實質設施的重建，社會、社區、心理、住宅與心理重建，皆扮演非常重要的角色（江明修，2000；Bolin and Stanford, 1998；Panda, 2001；呂朝賢，2001；劉麗雯等人，2003）。對於此問題的深入瞭解，有必要針對政府部門、NGOs 與 NPOs、與受災居民的互動關係，進行更深入的質化分析或田野研究，或針對參與九二一地震重建之社區團體、NGOs 與 NPOs 進行深入訪談。相關成果將有助於此問題的釐清，亦對於強化 SPI 理論解釋中央與地方政府在災後重建資源的財政分配過程，具有重要意義。

Schneider（2005）檢討美國政府對於 Katrina 風災的應變與復原工作，指出政府處理災後復原重建工作的問題，在於缺乏明確的目標與資源分配遊戲規則。此特別容易在資訊與需求的雙重不確定與時間壓力下，造成應變與重建效率的降低，甚至造成重建資源的誤用與濫用。此在上述的實證分析，即顯示文官組織的資源投入決策選擇，可能會以政治資產累積、政治象徵性與重分配效應為基準。此在台灣的地緣政治上，有其指標性意義。此發現顯示在政府思考如何進行分配重建資源時，可能使政府干預災後重建市場的動機，不再只是降低市場失敗，而可能兼具有財富重分配的機能。

一般認為社會經濟發展較遲緩的地區，常是高脆弱地區。透過 Pearson 相關分析，發現九二一受災地區，確實平均人口與地價較低的地方，建物倒塌量亦較多，但不顯著（相關係數 r 分別為 -0.15 與 -0.19）。平均人口與地價較低之地區，所分配之政府資源卻較多（相關係數分別為：$r = -0.20, p < 0.1; r = -0.25, p < 0.05$）。此結果與 OLS 與 logit 分析不謀而合，亦即都市化較低的地區，獲得的重建資源不必然較少。然巧合的是，愈低度發展的地區，其地方政府首長愈偏向民進黨或無黨，亦是分配重建經費較多之地區（PARTY 與平均人口、地價與所得的相關係數，分別為 $r = -0.26, p < 0.05; r = -0.28, p < 0.05; r = -0.26, p < 0.05$）。綜合這些發現，九二一震災重建資源的分配，明顯為綜合損失導向與重分配機能的補助模式。

第六節　小　結

　　傳統實務導向的自然災害災後重建研究，較強調重建程序與方法論的探討。
然重建程序與方法，除決定在地方本身的社會經濟條件外，重建資源的需求特性
與中央－地方政府間的資源再分配決策過程，可能才是關鍵性的影響因素。故
Haas et al. 與 Coburn and Spence（2002）提出的線性重建程序模型，不但無法涵蓋
不同重建的模式，亦無法清楚詮釋為何不同地區所採取的重建模式不盡相同。

　　Schneider（1995; 2005）從公共行政及 Noll（1989）從政治經濟觀點，提供災
後重建決策形成的良好觀察角度，特別是有助於釐清政府重建資源分配與投入選
擇的組織決策過程。中央政府常扮演災後的龐大資源與經費提供者，其資源提供
的多寡與方式，不但會影響重建的速率，亦會左右地方採取的重建模式，甚至衝
擊災後的地區發展形態（Bolin and Stanford, 1998）。

　　本章之實證分析，應用 SPI 理論，針對九二一地震災後重建的經驗，透過三
個步驟的實證分析，詮釋政府部門的災後重建資源投入決策行為。第一步驟的分
析發現，影響重建補助分配的重要政治經濟因素，為地震房屋倒塌與轄區內村里
數，而呈現損失導向的政府補助模式。此步驟之分析結果亦發現地方政府首長的
政黨屬性，亦會顯著影響所分配資源的多寡，愈接近民進黨或無黨者，所獲得的
經費愈多。另受訪的鄉鎮市公所，愈強調中央政府在重建資源提供之功能者，愈
傾向支持中央需按地區社經發展狀況分配資源，而期待資源的重分配功能。此在
第三步驟的兩個 logit 分析，呈現出詭譎的現象。分析成果發現較低度社會經濟發
展之地區，反而屬於高資源分配－高受損族群之機率較高，且轄區內的村里數的
多寡亦會決定分配的資源量，此結果與一般文獻的結論不盡相同。綜合三個步驟
的實證分析結果隱含，地方政府愈期待透過重建資源分配過程，達到資源爭取與
重分配功能者，實際分配到的經費亦確實具有此效應。

　　從 SPI 理論可提供上述現象的有力解釋。在大規模災害後，因重建的時間壓
力、資訊的不充分與高度交易成本。迫使政府成為重要資源的提供者，亦會使資
源較匱乏的地區，可能反可透過資源重分配的過程獲得更多的資源。使重建資源
分配不但具有損失導向特性，亦具有資源重分配的機能，而支持 SPI 理論。換言

之，從地方治理的角度，發現地方的災後重建資源分配，乃同時具有市場機制與政府管制的精神。惟此資源重分配過程，卻可能降低地方自行從事減災或避免在災害敏感地區開發的誘因，產生政策執行的「道德危機」問題（洪鴻智、黃欣怡，2003）。使愈不致力於減災的地區（或地方政府），可能因災後受損的機率或損害程度較高，反而可獲得更多的資源補助，而不利於整體資源使用的效率與災害防救工作的推動。

　　從九二一震災重建的實證發現，損失導向的資源重分配機制，非常接近 Kamel and Loukaitou-Sideris（2004）歸納的美國北嶺地震重建經驗。災後重建是所有災害管理的一環，其需整合減災、整備與緊急應變，方能使災害風險降低，並達到資源使用的效率。故中央政府的重建資源分配，不只是單純的資源重分配或損失導向式的補助，如何使地方政府有效的應用重建資源進行完整的災害管理，方是地方災害與風險管理須思考的課題。

　　特別是透過中央－地方的資源補助關係，提供有利於減災的土地使用管理、災害風險管理或都市治理政策的誘因（Rubin and Barbee, 1985）。強化地方政府的災前重建規劃與減災相關工作的推動，不但可降低潛在災害可能造成的衝擊，亦可使資源能應用於真正緊急需要之處，而可提升重建資源的使用效率。否則過度強調損失導向與資源重分配之災後重建經費分配模式，將無法改善原有高脆弱地區的致災條件，而可能使這些地區陷入災害不斷重創，不斷投入資源重建的惡性循環。

　　本章提供從政治經濟角度，分析災害防救與重建政策的濫觴。其中利益團體在重建資源分配具有關鍵性之地位，然本文的分析仍僅限於地區性的政治團體。實際上利益團體涵蓋的範圍非常廣泛，包含社區型、跨區域型與國際性的 NGOs 與 NPOs，甚至不同目的之利益團體，皆可能影響重建資源分配的決策。此在本研究較缺乏完整的討論，而亟待後續的深入研究。特別是透過深入的質化或田野研究，瞭解政府部門、NGOs 與 NPOs，及社區居民間的互動與資源分配關係，乃後續研究的重要方向。另外損失導向或以重分配為目標的重建資源分配模式，是否具有經濟效率，及此資源重分配機制對地區發展的直接與間接影響。除在決策動機值得討論外，完整的分析仍待後續進一步的政策成本－效益分析（或相關之災後重建績效評估）（May and Bolton, 1986），方能獲得更完整的答案，此亦後續可

探討的重心之一。

　　其他相關之後續研究亦可著重在更深入的政治經濟運作機制建立與釐清，特別是建置更多元的地區社會經濟發展與脆弱性指標，或透過深入的質性研究、焦點團體體、深度訪談、電腦模擬或案例比較分析，使此領域的研究更深化。另外對於不同社會族群或社會弱勢團體的重建資源分配問題，及重建資源分配對於災後城鄉發展與土地使用型態的衝擊，皆是值得投入的後續研究課題。

參考文獻

內政部建築研究所（1999），「九二一集集大地震建築物震害調查初步報告」，台北。

江明修（編）（2000），第三部門：經營策略與社會參與，台北：揚智。

行政院九二一震災災後重建推動委員會（2003），「九二一重建四年成效報告」，南投。

呂朝賢（2001），非營利組織與政府的關係──以九二一賑災為例，「台灣社會福利學刊」，2：39-77。

陳亮全、洪鴻智、陳素櫻、賴美如（2002），九二一地震的社會經濟衝擊與災後重建：以台中縣與南投縣為例，土木水利，29(2)：8-20。

洪鴻智（2000），公共選擇與環境風險設施管制政策工具的選擇，「都市與計劃」，27(1)：47-63。

洪鴻智、黃欣怡（2003），洪災保險的購買意願：以基隆河中下游沿岸居民為例，「都市與計劃」，30(3)：241-258。

洪鴻智、邵珮君（2004），「災後重建體系及其運作機制檢討與件之研究」，行政院災害防救委員會委託研究報告，台北。

洪鴻智（2007），自然災害後政府重建資源分配之決策因素分析──以九二一地震為例，「公共行政學報」，23：96-124。

洪鴻智（2009），台灣九二一地震災後重建體系及其運作機制建置與檢討，發表於神戶-集集-中越-汶川地震復原重建及民間參與研討會論文集，pp.I-24-I-32，暨南國際大學，南投埔里。

孫本初、鍾京佑（2005），治理理論之初探：政府、市場與社會治理架構，「公共行政學報」，16：107-135。

蔡克銓、羅俊雄（2000），九二一大地震建築物損壞調查結果初步報告，「科學發展月刊」，28(2)：85-89。

劉麗雯、邱瑜瑾、陸宛蘋（2003），九二一震災的救災組織動員與資源連結，「中國

行政評論」，12(2)：139-178。

Berke, P. R., Kartez, J. and Wenger, D. (1993), "Recovery after disaster: Achieving sustainable development, mitigation and equity," Disasters, 17: 93-109.

Bolin, R. and Stanford, L. (1998), The Northridge Earthquake: Vulnerability and Disaster, London: Routledge.

Buchanan, J. M. and Tollison, R. D. (eds.), The Theory of Public Choice, Ann Arbor: University of Michigan Press.

Burby, R. J. and May, P. J. (1998), "Intergovernmental environmental planning: Addressing the commitment conundrum," Journal of Environmental Planning and Management, 41: 95-110.

Coburn, A. and Spence, R. (2002). Earthquake Protection, West Sussex, England: John Wiley & Sons.

Cohen, M. D., March, J. G. and Olsen, J. P. (1972), "A garbage can model of organizational choice," Administrative Science Quarterly, 17: 1-25.

Comfort, L., Wisner, B., Cutter, S., Pulwarty, R., Hewitt, K., Oliver-Smith, A., Wiener, J., Fordham, M., Peacock, W. and Krimgold, F. (1999). Reframing disaster policy: The global evaluation of vulnerable community, Environmental Hazards, 1: 39-44.

Crone, C. and Tschirhart, J. (1998), "Separating economic from political influences on government decisions," Journal of Economic Behavior and Organization, 35: 405-425.

Hass, J. E., Kates, R. W. and Bowden, M. J. (1977), Reconstruction Following Disaster, Cambridge: MIT Press.

Hung, H. C. and Chen, L. C. (2007), "The application of seismic risk-benefit analysis to land-use planning in Taipei City," Disasters, 31(3): 256-276.

Ink, D. (2006). "An analysis of the house select committee and white house reports on Hurricane Katrina," Public Administrative Review, 66:800-807.

Kamel, N. and Loukaitou-Sideris, A. (2004), "Residential assistance and recovery following the Northridge Earthquake," Urban Studies, 41: 533-562.

Kartez, J. D. (1984), "Crisis response planning: Toward a contingent analysis," Journal of the American Planning Association, 50: 9-21.

Kahneman, D. and Tversky, A. (1979) "Prospect theory: An analysis of decision under uncertainty," Econometrica, 47: 263-291.

Kahneman, D. Slovic, P. and Tversky, A. (1982), Judgement under Uncertainty: Heuristic and Biases, New York: Cambridge University Press.

Kahneman, D. (1991), "Judgement and decision making: A personal view," Psychological Science, 2: 142-145.

Korten, D. (1980), "Community organization and rural development: A learning process approach," Public Administration Review, 40: 480-512.

Mader, G. (1980), Land Use Planning after Earthquakes, Portola Valley CA: William Spangle and Associate.

March, J. G. and Simon, H. (1958), Organizations, New York: Wiley.

March, J. G. (2002), "Understanding how decisions happen in organizations," In Z. Shapira (ed.), Organization Decision Making, pp.9-32, New York: Cambridge University Press.

May, P. J. (1985), Recovering Catastrophes: Federal Disaster Relief Policy and Politics, London: Greenwood Press.

May, P. J. and Bolton, P. A. (1986), "Reassessing earthquake hazard reduction measures," Journal of the American Planning Association, 52(4): 443-451.

May, P. J. and Birkland, T. A. (1994), "Earthquake risk reduction: An examination of local regulatory efforts," Environmental Management, 18: 923-937.

Mustafa, D. (2004), "Reinforcing vulnerability? Disaster relief, recovery, and response to the 2001 flood in Rawalpindi, Pakistan," Environmental Hazards, 5: 71-82.

Mileti, D. S. (1999), Disaster by Design: A Reassessment of Natural Hazards in the United States, Washington D.C.: Joseph Henry Press.

Noll, R. G. (1989), "Economic perspectives on the politics of regulation," In R. Schmalensee and R.D. Willig (eds.), Handbook of Industrial Organization, Vol. II, pp.1253-1287, New York: North-Holland.

Panda, S. M. (2001), NGOs as partners in disaster recovery and reconstruction: Case of Gujarat earthquake, United Nations Centre for Regional Development, Nagoya, Japan.

Peltzman, S. (1976), "Towards a more general theory of regulation," Journal of Law and

Economics, 19: 211-240.

Platt, R. H. (1999). Disaster and Democracy: The Politics of Extreme Natural Events, Washington DC: Island Press.

Quarantelli, E. L. (1999), The Disaster Recovery Process: What We Know and Do Not Know from Research, Columbus, OH: Preliminary paper, Disaster Research Center, Ohio State University.

Rubin, C. B. and Barbee, D. G. (1985), "Disaster recovery and hazard mitigation: Bridging the intergovernmental gap," Public Administration Review, 45: 57-63.

Schneider, S.K. (1995), Flirting with Disaster: Public Management in Crisis Management, New York: M.E, Sharpe.

Schneider, S. K. (2005), "Administrative breakdowns in the governmental response to Hurricane Katrina," Public Administrative Review, 65: 515-516.

Shapira, Z. (ed.) (2002), Organizational Decision Making, New York: Cambridge University Press.

Stigler, G. (1971), "The theory of economic regulation," Bell Journal of Economic and Management Science, 2: 3-21.

Uphoff, N. (1986), Local Institutional Development: An Analytical Sourcebook with Cases, West Hartford CT: Kumarian Press.

Wu, J. Y. and Lindell, M. K. (2004), "Housing reconstruction after two major earthquakes: The 1994 Northbridge earthquake and in the United States and the 1999 Chi-Chi earthquake in Taiwan," Disasters, 28: 63-81.

制度經濟與工程復建政策分析：以中橫公路爲例[1]

1 本章內容主要以陳建元、施志昌（2010）中橫公路復建政策變遷之分析：公共選擇的觀點，刊登於建築與規劃學報，第十卷第三期一文修改而來。感謝建築與規劃學報與另一作者的同意修改出版。

台灣 921 地震發生以來已屆十年，審視其相關災後復建政策變遷與其背後影響的主因，將深具參考價值，並可提供爾後相關災後復建政策參考。故此，本章將以制度經濟學中的公共選擇理論為基礎，並以中橫公路復建政策變遷為例，探討政府災後復建政策與政策變遷中，主要影響決策的關鍵因素為何。本章發現從中橫公路的政策變遷過程中，確實發現台灣在民主化後，政府災後復建決策，如同其他公共政策一樣，無法自外於當地利益團體與外部政治力的影響，進而可能發生如公共選擇理論所論述的政府失靈現象。因此，災害復建制度之設計，應避免當地利益團體過度影響，並確保政府能以客觀及中立的立場去面對復建所需的議題，以符合長期當地環境與多數人的權益。

第一節　前　言

全球暖化議題在二十一世紀是新興的討論焦點，因為伴隨而來的全球氣候異常變遷，造成了環境巨大的改變，並危及人類生命與財產上極大的損失。2002 年 8 月歐洲大雷雨，長達三個禮拜，造成倫敦地鐵癱瘓，死亡人數破百，經濟損失超過 200 億美金；2005 年 8 月，卡崔娜颶風侵襲紐奧良，土堤崩潰，水淹爵士樂之都，死亡人數與財產損失不計其數（許晃雄，2009）。台灣在這近來天災中並沒有置身事外，如近來的莫拉克颱風所帶來驚人的雨量。當然，在 1999 年的 921 大地震，是台灣開始面對大規模天災的開始，它也對台灣社會形成莫大衝擊，讓台灣社會反省長年著重經濟發展但確忽略環境保護可能帶來的後果。但國人對於山林的開發卻沒有因此而減緩腳步，「土石流」逐漸的成為家喻戶曉的名詞。中橫公路便是在九二一地震過後，因為其經濟因素與自然環境的衝突，造成至今依舊傷痕累累的重要案例。

中橫公路聯繫了台灣島的東西部，不論是從宜蘭至台中或是從花蓮至台中皆可使交通成本大為降低，而其沿線風景秀麗，遊樂區、觀光農場遍及，每年皆吸引了近 76 萬人次的旅客量（公視，2007），也為沿線的居民帶來豐碩的利潤。且高山農業也因中橫公路的開拓完成，展開了新的商機。而在九二一地震之前，其農產品產值每年可以高達 25 億 5 千萬元（鍾丁茂，2004）。因此中橫公路可說是兼具國防、觀光、交通及經濟等多功能的重要道路。

　　但在這具有多重功能的道路在九二一地震時遭受重大衝擊，據公路局資料顯示，其邊坡崩塌里程達 80% 以上，地基流失高度有數百公尺，因此也增加了搶修通車的難度（台灣省政府，2006）。災後政府試圖搶修，經過半年時間花費 19 億，中橫公路終於在 2000 年 5 月完成初步搶通，但是卻在同月的五一九地震當中再度遭受摧毀，當時台中縣長廖永來便提出「封山」的概念，也就是中橫公路不再復建與自然共養生息，但是卻遭受到強力反彈（中國時報，2000/05/24）。同年 6 月，當時交通部長葉菊蘭便決定暫停搶修上谷關至德基段。

　　而暫緩復建不到兩年，2002 年 10 月公路總局便開始復建上谷關至德基段，預計 2004 年 7 月 15 號開放通車，但在復建完成而尚未開放之際，便在同年 7 月遭七二水災全數沖毀。中橫公路沿線花了超過 20 億新台幣，但剛修好的路段卻又大量崩塌。根據公路總局的報告，單就公路的災害搶修與修復費用，初步估計需 18 億元（大紀元電子報，2004/7/9），受損情況比 921 大地震還嚴重。風災過後，經建會便在 2004 年 7 月 31 日舉行了行政程序法公布以來的第 1 次聽證會，並決議暫不復建中橫公路。但爭議並沒有因此而落幕，2007 年 5 月公路總局又在立委的壓力下評估以便道開通中橫公路，而公路總局也提出了兩個方案呈報交通部。並表示如要恢復到省道的水準，中橫公路預估要花費 180 億元，但短期內不可行。而在簡易復建部份，復建經費約 6.9 億元，但未來每年需花費 1 億元進行維修。交通部同意簡易復建，並將其評估報告書送交行政院院會討論，只是礙於經建會不同意，而遲遲沒有下文。緊接著，總統馬英九在 2008 競選時，提出「馬上就會通」的政策，又再次提出復建中橫公路的主張。

　　因此，從 1999 年九二一大地震開始到現今新政府上台，中橫是否搶通一直存在著相當的爭議，因為環境保護的價值、工程復建成本及當地居民生計和生活，這三方的觀點一直拉鋸著政策的走向。這樣看來中橫的復建一直處於災害損毀、暫緩復建、重新評估、重啟復建最後再被災害給沖毀的不斷輪迴當中（如表 5-1-1 所示）。

表 5-1-1　中橫公路大事記

1999 年 09 月	921 大地震中橫公路嚴重坍方
2000 年 05 月	經過半年時間花費 19 億，完成搶通
2000 年 05 月	517 地震，中橫以搶通路段再度遭受重創
2000 年 05 月	當時台中縣長廖永來提出「封山」概念
2000 年 06 月	當時交通部長葉菊蘭決定暫停搶修上谷關至德基段，但核定經費搶修力行產業道路
2002 年 10 月	公路總局開始復建上谷關至德基段
2004 年 06 月	復建工程完工，預計 7 月 15 日開放通車
2004 年 07 月	復建完未開放便遭七二水災全數沖毀，受損比 921 大地震嚴重
2004 年 08 月	當時行政院長游錫堃宣佈上谷關至德基段暫緩復建
2005 年 07 月	公路總局持續修復力行產業道路，並評估將產業道路升級為縣道，但因部分道路改善難度高而作罷
2007 年 05 月	公路總局評估後，決定簡易復建上谷關至德基段，交通部同意此決定，並呈報行政院
2007 年 07 月	馬英九探視梨山地區，承諾當選後簡易復建上谷關至德基段

資料來源：整理自聯合報，2000/05/28；中國時報，2000/06/04；中國時報，2000/05/24；自由新聞網，2004/07/16；自由新聞網，2004/08/10；中央社，2004/07/31；大紀元電子報，2004/07/09；大紀元電子報，2004/07/07

　　所以從上述現象看來，政府在中橫公路的災後重建上，似乎缺乏一個明確的政策方向；而另一方面，該政策制定似乎受到極大的政治力干預，甚至於環境專業的看法有所不同。政府政策似乎極為容易受各方角力影響而產生政策的變化，喪失公共政策所應展現對於未來趨勢或對於公眾利益悍衛的功能。立基於此，本文的重點在於中橫公路復建政策的決策過程的變遷中，甚麼是政府決策的關鍵影響力量？並闡明其決策過程以供未來相關災後復建政策參考，而這正是公共選擇理論所討論的重點，將在下節詳述之。

 第二節　**災後復建政策變遷之制度經濟分析：公共選擇觀點**

　　傳統古典經濟學理論並無討論制度的功能，而著重價格機制的功能，所以它認為市場機制於經濟活動的功能遠勝於政府干預。但 Pigou 提出了「市場失靈」的缺失；例如外部性、公共財與資訊不對稱等，也提供政府干預經濟事務的理由（吳惠林，1990）。傳統上環境資源開發與保育的問題，從福利經濟學的概念，多認為環境資源具有外部性與公共財的特質，因而造成環境資源被濫用，進而

需要政府進行干預。然而，政府干預的結果，也可能發生與市場失靈一樣的政府失靈問題（Anderson and Leal, 1991）。從 Coase（1937）提出交易成本的概念後，他認為市場或是政府在公共政策上的角色已經不再是簡單的單選題了。Coase（1988）認為市場或是政府都是一種制度（組織），都不完美且都有交易成本，需要做制度比較，才能知道何種經濟活動適合於何種制度內進行有較低的交易成本。因此，惟有透過制度與組織的研究才能明瞭市場與政府組織對於經濟活動的實際作用與影響（Coase, 1988）。因此，Stigler（1972）便呼籲任何的公共政策都不能忽略交易成本的考量。Williamson（1975、1985）將交易成本概念具體化，提出了市場與政府及其他多種組織與制度特性與其交易成本的多寡。而今年諾貝爾經濟學獎得主 Ostrom（1990）便是提出在環境資源上的制度選擇不是只有市場與政府兩種選擇，成功的共享性資源管理，其關鍵在於是否有合宜的制度設計。而在制度經濟學裏揭開政府組織神秘面紗的便是公共選擇理論[2]所發展理論與概念，將由以下說明之。

 公共選擇理論：政策市場之供給與需求面問題

公共選擇理論是由經濟學者利用經濟學的基本假設與分析邏輯來研究政治活動，基於人是「自私自利」的假說，在公共決策參與者中如官僚人員、政治人

---

[2] 以經濟學為核心，研究政治行為的公共選擇理論，其理論發展迄今已經提供我們非常對於政治行為有了更為深刻的了解。公共選擇理論的研究範圍擴及選民、政黨選舉、官僚與國會議員等等的行為與策略都是在一個或多個限制下的極大化某種目標。著名的有 Buchanan 與 Tullock（1962）以決策成本與外部成本的觀點衡量各式投票規則的優缺點，促成憲法經濟學的發展。當然也啟發了各式投票規則的研究（Mueller, 1989、Stevens, 1993），發現多數決其實存在很多缺失。對於官僚機構與官僚行為則由 Niskanen（1971、1995）發揚光大，從官僚個人與機構利益極大化出發下，發現官僚的行為模式仍是自私的，有別於傳統韋伯（Weber）對於官僚中立的看法（陳敦源，2002）。而 Olson（1965）的集體行動理論則揭開了利益團體遊說的行為，說明傳統多元主義透過民主代議制度，將使社會上各個不同利益團體皆有其代言人並透過民主機制將使各種利益在國會上充分溝通情況，其實並不存在。政治活動的各個參與者都存在各式的尋租行為（rent-seeking behavior）行為（Buchanan and Tullock, 1982）。上述研究說明在公共政策的需求面與供給面都極有可能產生政府失靈的現象。此次，本研究所探討的政府失靈，將著重於 Olson 與 Pennington 學者的觀點對於利益團體對於政策需求面的資訊扭曲所可能造成的政府失靈現象，進行分析。

物、大眾等，都是以其利益最大化為其決策準則，進而解釋政府機構裡的行為與最終的政策產出。Tullock 等（2000）利用市場的概念解釋公共政策的產出，政策的供給者為政府官僚機構與政治人物，而政策需求者為選民。政治人物體察選民的政策需求，透過選舉的選票為媒介進而決定政策的產出。但是這政治的交易與市場的交易，卻有其根本性的差異。

• 政策需求面：集體行動的困境

Olson（1982）分析在一個多元的社會裡往往會有許多人數較少的利益集團主導國家政策的產出，但卻代表著相對多數的公共利益卻可能亦被忽視，而產生政策的產出偏好於少數人的利益而非大多數人的利益，進而影響國家的發展。這種現象產生的原因是在於集團對於其內部成員所能提供的資源不同所致。因為一個嚴密的集團，它可以對於其成員有相當程度的控制，也可以使其成員獲得相當程度的利益，所以集團獲得利益的機會相當的大（吳惠林，1990、許雲霄，2006）。相對的因人數較多的公共利益的利益集團則顯得相當地鬆散。因為，成員從活動當中獲得的利益較少且對成員有較少約束力，人數較多的集體行動將不可能發生。且由於公共利益的利益集團不太可能產生，而其他利益集團通常只代表整個社會的一小部份成員的利益，所以 Olson 所得到的結論是各種利益團體的集體行動不外乎都是爭取財富重分配，而不是社會的總生產（吳惠林，1990）。而這些利益團體通常會透過遊說活動爭取其偏好的政策產出，但可能帶給社會許多負面的影響，例如院外的遊說增加了立法的複雜性並擴大政府活動的範圍，如此不但增加了不少社會成本且也使得越來越少的資源被用在生產活動上（方福前，2000）。

政策需求面因集體行動困境，所導致的資訊扭曲，將使在政策市場上充滿少數團體的聲音，進而對政府或政策形成一個誤導。而這政策需求面的問題，亦是造成政府失靈的主要因素之一。因此，本文將利用 Olson 對於政策需求面的看法，針對中橫公路復建政策的需求面進行分析，是否中橫政策的政策需求上受到利益團體的影響，進而影響其政策產出。除此之外，政策供給面也有其特殊的問題。

• 政策供給面：政府官僚的自利考量

Migue 與 Balageur（1974）認為，政府行政官僚是包含了多種能滿足個人行

為的特徵,如官僚會擴張自身利益權限以及與其他機構勾結,謀取私利,因而缺乏效率。而現今官僚政治中存在著冗員日多、體系機構龐雜、政策缺乏一貫性、行政多頭馬車、執行政策無效率的缺陷,本質上就是官僚體制的組織特性所造成的。在公共選擇理論的分析下,它認為行政官僚在其理性及自利以及所處的環境條件之下行政官僚會出現以下問題(張順教,1992):

1.資訊扭曲

官僚組織內,理性的個人會追逐升遷的機會,而升遷的機會有賴於其上司的推薦,因此公務員會盡量傳遞其有利的資訊給予自己的上司,而隱瞞其不利的資訊。結果在官僚組織內,這種資訊的嚴重扭曲,影響到其決策與績效,讓官僚組織有錯誤傾向以及對變遷環境缺乏反應能力(Tullock 等,2000)。

2.官僚追求利益極大化

Niskanen(1995)運用「利益極大化」的理論假設,對政府規模擴張做出了解釋。他認為政府的行為最終仍是由政府官員的動機所決定的,官僚作為一個理性的人,會按照成本—效益的原則在政治的場域中追求效用函數的極大化,而將公共利益擺在次要的偏好位置。理性官僚追求效用的極大化為所屬部門利益的極大化,最明顯的表現在對機關預算的追求上。

3.對顧客需求缺乏反應

由於官僚組織所產生的公共服務與財貨大多無法市場化,亦即顧客的需求無法透過市場機能回饋予官僚組織,造成其缺乏對顧客偏好變遷的反映(Ostrom, 1989)。

因此,透過公共選擇理論的分析,我們可以發現,政策市場的供給與需求的問題,將非常可能造成政府決策的偏差,進而造成「政府失靈」的現象。而公共選擇的分析也讓我們了解,沉默的大眾,公眾對於自身利益的忽略,並非是不理性的行為,而正是理性自大化個人利益計算後的決策。政策市場上於是充滿利益團體的聲音。而政府也並非超凡與全知全能,它只是人類的組織。組成政府的官員及民意代表跟一般人並無不同,他們都是理性的經濟人,其行為的終極目的也在於追求個人利益的最大化,故不能冀望他們從事公職後便能摒除私心、完全做到一切決策皆以全民利益為依歸。在此前提之下,可衍伸出政府官員及民意代表決策考量的依據未必是全民的利益,有可能僅是某些利益團體(interest group)的

利益，甚至只是決策者個人的利益。而政府官僚機構也可能以自身機構利益為優先，使政府的組織的成本，長期來看將會過度擴張，進而使政府干預的成本將遠大於其所帶來的利益（North, 1990a、1990b）。而這些問題更有可能因為不同利益團體的結合，使政策不易改變，而使政策失去應有的功能，將在下節分析之。

 政策鐵三角與政策變遷

　　從上所述，經濟學對於政策產出的研究提出了很多的洞見。政策的需求面由於集體行動的困境，使得在政策市場上充斥著利益團體的聲音。而政策的供給面則因政治人物與政府官僚各有各的利益考量。在這樣的情況下各個政策參與者將會為了對自己偏好的政策進行遊說與結合以影響政策產出。更甚於希望對於自己有利的政策不要被改變，形成一個政策利益網絡。研究利益團體中共生聯盟關係理論中最普遍的便是鐵三角理論（陳恆鈞，2001）。Lowi（1972）首先觀察到政策制定有一個「鐵三角」（Iron Triangle）的關係。他認為在政策制定過程中，強勢利益團體的勢力足以串連政治人物從而掌控政府官僚，因而使得政府官僚無法保持中立，必然受到利益團體與政治人物的影響。利益團體[3]、政治人物[4]、官僚體系三者形成密切、共生（Symbiotic）、對外封閉的鐵三角關係，也就是政治人物批准一個既定項目，官僚實施這一項目，利益團體則從中獲益。因此，鐵三角成員幾乎掌握了決策過程，使得成員利益凌駕於一般大眾之上，也容易違背了大眾參與的原則。所以鐵三角模型真實描寫出當前代議政治下，官商之間的交互關係，但這關係也把政府原本提供公共利益給廣大民眾的美意，變成了許多力量較大的利益團體出於私利而進行遊說活動，去推動政府實行一些會帶給他們利益、但卻犧牲了廣大民眾利益的政策（羅金棕，2007）。

　　因此，公共政策必然是公共選擇的決定，政策產出呈現的是各方角力在官僚體制及代議制度下的產物。當政府的決定傾向政府官僚及利益團體的利益時，則

---

3 Olson 認為各種利益團體的集體行動不外乎都是爭取財富重分配，而不是社會的總生產，所以這些利益團體相對的也就是分利集團（吳惠林，1990）。

4 Tullock 等（2000）認為政治人物的行為是利己主義，但是由於政治活動也存在競爭，政治競爭將會促使政治人物考慮自己的行為對於選舉前途的影響，從而反應公眾的意願。

這樣的決定不一定對環境及大多數的選民有益處。但政策雖然一旦制定後，仍會因特殊事件、時空環境改變與各方勢力的衰長而有小幅或大幅的變動。大幅的變動當中當然也包括政策的改變或終止原有的政策，而使得政策重新進入了一個循環之中，而政策有關的參與者在重新競爭後必須重新取得平衡，才可以使政策重新被立法及執行，以完成政策變遷的過程（John, 1998）。所以，公共選擇理論告訴我們，政策的制定過程與政府角色是很複雜，充滿著各種的利益團體、官僚利益的角力，而公共利益在這過程中反而很可能是被忽略的。Pennington（2000）首先利用公共選擇理論分析英國規劃政策的演變，發現英國規劃政策確實受到利益團體的主導，而使利益團體成為英國規劃政策最大的受益者，而英國規劃機構的發展，也如同公共選擇理論所言，預算與人員都有過度擴張的現象。Pennington（1996、1999、2003）亦發現英國的環境資源政策與規劃政策一般，一樣受到利益團體的主導，而一般大眾更由於這些政策所處區域偏遠，顯得漠不關心，而使利益團體保持英國的環境資源政策的走向。因此，本文受到英國學者 Pennington 的研究啟發，從 Pennington 對於英國環境與規劃政策的觀察，可以試問台灣環境政策是否產生一樣的問題？但首先須先探討公共選擇理論與災後復建政策有何關係，將在以下討論之。

 ## 災後復建政策的決策機制與變遷

　　近來大規模災害頻繁發生，災後復建政策執行的良窳，攸關災區爾後的發展甚鉅。但災後復建卻是一個抽象的概念，包含重建（reconstruction）、復原（recovery）、恢復（restortion）與恢復生活機能（rehabilitation）（洪鴻智、邵珮君，2004）。災後復建的目標與功能具有多重意義，不同的地區可能需要不同的復建策略，不一定都要尋求恢復原狀而已[5]。災後復建需要一個完整的計劃與

---

5 洪鴻智、邵珮君（2004）認為災害防救與重建過程與脆弱度／災感度（vulnerability）息息相關。其中影響地區災感度則包含三個層面：(1)基本條件；(2)危險條件；(3)暴露過程。在基本條件上是指地區的政治權力運作過程、人口屬性、社會經濟條件、基盤設施與一般資源的取得與分布條件。當政治與社會經濟條件不佳，會使防救災與重建資源分配獲得之管道受限與分配不均，而更加深特定地區之災感度與災害風險。危險條件則指當地的實質與非實質環境條件，實質環境條件的不良，隱含所在之區位可能為高災害潛勢區、土地使用條件不良，

評估，除了要恢復災區原本的生活與產業機能外，更要積極地減緩環境脆弱度（vulnerability），降低災害風險，避免災害再次發生或降低災害再次來臨所產生的衝擊，方能達到永續發展的目標（Parker 等，1997）。政府向來在災後復建中，擔負著重大的功能與責任，如按洪鴻智、邵珮君（2004）的評估，921 地震災後重建的投入，政府部門從 1999 年至 2001 年投入的預算約 3,252 億元（約佔總投入金額之 91%），民間募款約 341 億元。可見 921 震災重建資源的投入，政府資源的挹注具有極關鍵的地位。政府災後重建投入極大的資源，影響未來災區發展。因此，若政策失靈，則會造成資源浪費，災區無法重生，更使災區依然處在一個高風險的環境之中。

　　因此，政府在災後重建政策中的困難是，一方面災後復建是一個抽象的目標與概念，而另一方面重建的龐大資源往往意謂的是一個新的財富重分配的遊戲，政府在此環境下，要扮演一個專業與客觀的團體，理性地完成災後復建的工作，似乎不太可能。真實的情況反而較如同公共選擇理論所言，政府的災後復建政策可能是在一個充滿各式遊說團體中，面對各種不同災後復建的目標與計劃下做決策選擇。這樣的決策過程，一定充滿各式利益團體的游說，政府決策是否依然能夠客觀與一致並考量災區與社會民眾最大的利益與長期自然環境的維護，以達到災後重建與永續發展的目標；即恢復機能與減災。絕對不是一件簡單的事。如同 Horwich（2000）指出，在救災與災後復建上以往過度強調政府的角色與功能，往往造成了不必要的政府干預與政策失靈，從而延遲了救災的效率與復建資源的浪費。實際上，政府的重建決策無法逃避來自政治與經濟的壓力，特別是政府間的行政、社區與各類利益團體的需求壓力，而有可能產生政府失靈的現象（Mileti, 1999）。

且居住的建物與公共設施的安全條件亦不佳。非實質環境則顯示當地生活與社區組織條件的不良，可能生活在邊陲地區、具有邊陲族群特性或缺乏防災與減災的措施，致使該地容易成為災害侵襲之地區。暴露過程主指地區遭受快速的社會經濟環境的變遷，都市範圍與人口的迅速擴展、地區生活機能的窳陋、建築環境的老化等，皆可能造成脆弱度／災感度的增加。所以一個地區的災後復建的工作，除了應該追求整體環境脆弱度的降低，並強化災區地區回復力的可能性。但，災區在受災之前，原本就有其生活習慣及模式，但是受災之後的該地環境脆弱度的層面可能也與原先不盡相同，如果只是單純想使生活環境復原，而忽略實質環境回復力，也有可能無法妥善的完成災後重建工作。因此，災後復建的目標非常多元且與各地區本身人文與實質環境回復力有關。對於復建政策的需求就變得多元而複雜。

　　因此，整理前述公共選擇理論學者的討論如 Olson, Pennington 對於政策需求與產出的過程與原因，本文認為災後復建政策之政府決策機制與過程模式可能如圖 5-2-1。即在災害發生後，災後復建的政策需求，各政策參與者如利益團體、民眾與官僚皆有不同看法與需求，而一般大眾因為集體行動的問題，其需求將無法進入政策市場中。而使政策供給者（政客）與相關利益團體，及政策研擬與執行者（官僚機構），成為政治市場中主要的參與者。而這些主要參與者也有各自利益，而尋求結合或對抗。而在這複雜的政策擬定過程中，是否防災復建政策如同其他政府公共政策一般，無法擺脫利益團體的游說，進而主導政府決策？還是災後復建政策有其特殊之處？決策的考量不同於一般公共政策，進而造成不同的政策效果？這些問題，本文將以中橫公路重建政策為例，觀察與分析其一系列的政策變遷過程中，能否提供上述問題的答案。

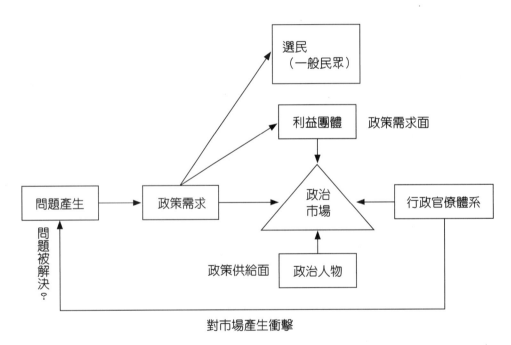

圖 5-2-1　災後重建政策機制與過程圖

第三節　**研究方法**

　　本文採個案研究法來探討中橫公路從九二一大地震從 1999 至 2008 的影響政策變遷的因素為何？先以公共選擇理論為基礎，進而透過案例分析各政策參與者在支持或反對中橫公路復建的原因與彼此之間的關係。如同個案研究方法論主要學者 Yin（1994）認為個案研究當中最為重要的是發展理論，因為理論的發展會影響到個案問題的產生以及個案研究結果的「分析式概化」（analytic generalization），也就是個案研究的最終研究結果必須以理論為基礎進而去分析。因此，個案研究中理論與研究的關係，乃是理論為經驗性的研究提供方向，以產生新的知識。同時理論也經由驗證假設及研究而獲得改善與修正。所以本研究將立基於公共選擇理論的基礎，即假設人皆是自私的，包含政治人物與官僚。且雖然在每個利益團體中的個人可能有些許不同的動機與利益，但在公共選擇理論分析中，假設每個利益團體中的個人，對於其團體利益目標皆有所認同，故在相同利益團體的人，具有相同的自利目標。因此，在公共選擇理論的觀點下，推導出政府防災復建決策機制的可能過程與結果。並以中橫公路復建經驗為例，進而針對理論進行檢視或修改。所以本文透過立基在公共選擇理論上所建立的模型（如圖 5-3-1 所示）進行個案研究，讓我們能對災後復建政策的決策過程與政策變遷，能夠更進一步的了解。

　　本研究之調查對象是以公共選擇理論中政策主要參與者政治人物、行政官僚、利益團體以及可能對於環境政策的變化會有所主張的環保團體，依其性質細分為民選官員及民意代表、政府行政人員、地方產業組織、環保團體，本研究將從中選取性質相同的 2～3 個團體且跟中橫議題相關者進行訪談調查。而調查的內容將以七二水災為分界點分為兩個部份也就是九二一大地震至七二水災及七二水災至今，因為七二水災造成中橫復建政策明顯失敗而終止且至今尚未復建。而兩個部份內也將再分為兩大子題，第一個也就是以中橫公路目前主要的主要爭議，以了解七二水災前後受訪者及其所代表之團體對於中橫的復建的態度及理由；第二個是了解在這兩個時期當中，受訪者團體意見領袖也就是對於其他性質不同的團體在中橫這議題上的看法，並且在性質不同的團體間是否有所關係上的接觸，

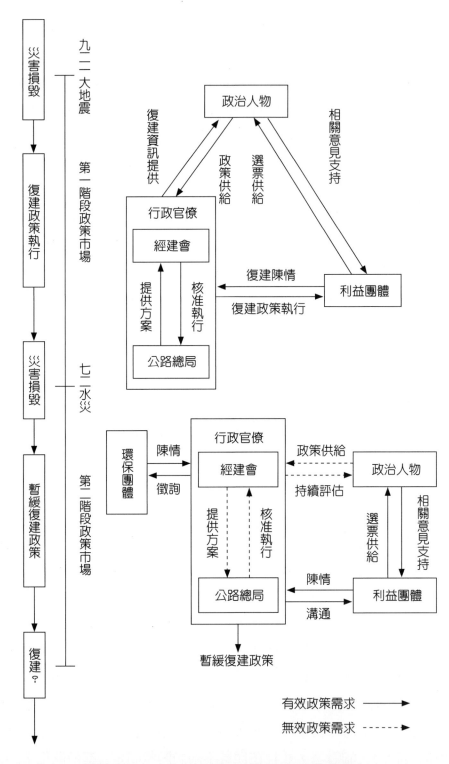

圖 5-3-1 中橫公路復建政策市場發展軌跡圖

或是在自己團體對於中橫公路議題是否有具體的行動。本研究訪談人士與時間如表 5-3-1 所示。所以，本研究依公共選擇理論當中主導政策變化團體之意見領袖採取深度訪談，進而了解中橫公路政策變化的原因、背後的動力及不同主體間的關係，在訪談的樣本選取依案例情況需求選取樣本進行訪談並收集相關文獻、災後數據及相關報導加以檢視，如有誤差則復訪之，至能分析案例情況而結束樣本選取及訪談。

　　而樣本的選取上 Patton（1990）認為質化研究傾向於有目的地（purposefully）選擇每一個個案，也就是目的取樣。目的取樣的原理和效力在於選擇資訊豐富之個案（information-rich cases）做深度研究，而選擇資訊豐富之個案，有許多不同的策略，每一項策略均可達成其特定的研究目的。Patton 並提供了 16 種目的取樣策略，而本研究採取其中的「關鍵個案取樣（Critical case sampling）」[6] 及「雪球或鏈式取樣（Snowball or chain sampling）」[7] 去評估及選取適當樣本。並期望從中更進一步的檢視，了解從九二一大地震至今連續的災後重建政策市場，有哪些主要的團體與其互動的過程並建構其政策市場發展的軌跡。

表 5-3-1　訪談人士與日期一覽表

受訪者編號	類別	服務單位	受訪日期
A	利益團體	梨山產業觀光發展協會	2008/04/18
B	利益團體	中部橫貫公路觀光文化復建協會	2008/04/04
C	政治人物	台中縣議會	2008/04/01
D	政治人物	台中縣和平鄉公所	2008/03/31
E	政治人物	立法委員服務處	2008/04/03
F	環保團體	野蠻心足生態協會	2008/03/25
G	環保團體	台灣綠色和平組織	2008/03/27
H	行政官僚	公路總局	2008/04/15
I	行政官僚	經建會	2008/08/20

---

6 關鍵個案（Critical case）是指能強而有力的說明方案，或對方案具有特別重要性者（Patton, 2003、吳芝儀、李奉儒譯，2008）。因資源的限制僅能研究有限樣本時，尋找關鍵個案益形重要，在這種情況下，選擇的樣本應以能提供最多資訊，對知識發展能產生最大影響者，且從樣本所產生之有力證據中，邏輯性的類推仍是可能的。

7 透過那些知道誰符合研究旨趣的人來獲得潛在個案的消息（Corrine Glesne, 1999；莊明貞、陳怡如譯，2005）。而在大部分的情況下，少數關鍵人名或事例會重複被提出來，最後趨於集中，而這些由不同報導者所推薦的人或事件就顯的特別重要。

第四節　中橫公路重建政策變遷分析

一　環境問題

　　中橫公路橫貫台灣東西部，從經濟面來觀察確實扮演著相當重要的角色，對觀光旅遊而言，由於公路路線由海平面到三千餘公尺的合歡山區，氣象的變化及海拔高度的差異造成沿線景緻一日數變，據交通部觀光局（2003）對梨山風景區的統計在九二一前其旅客量可達 76 萬人；在高山農業部份，從 1950 年代起，政府高舉「農業上山」的政策也替中橫沿線農業的發展造成了一定的效果，也為其經營者帶來為數不少的財富，其沿線高山農業產值在九二一前更是高達 25 億 5 千萬元（鍾丁茂，2004）；再者，其交通的重要性在早期其他東西向聯繫道路未開闢前，中橫公路更是具有國防、經濟及文化聯繫上的多重重要身份，在交通聯繫上更是佔有一席重要的地位。

　　而這些因中橫公路開闢所帶來的效益卻在九二一大地震時產生了重大變化。九二一大地震造成中橫公路嚴重損毀，雖然政府曾試圖復建，但是皆無太大成效至今仍然無法正常通行，因此也對於中橫沿線原本之經濟效益造成嚴重的損失。對於當地觀光旅遊部分，依觀光局統計在九二一之後的確受到了影響，最低點在 2000 年只剩下 8 萬多人，剩下九二一之前九分之一的水準，但是依觀光局的數據統計，低迷的旅遊情況並沒有持續，反而從 2000 年逐漸的爬升到了 2005 年又恢復到接近九二一之前水準的 73 萬多人。對於高山農業的衝擊則依據台中縣統計要覽（1998～2006）的數據顯示，九二一過後高山農業產量也明顯減少了三分之一。所以利益的減少甚至使業者不能生活或許是支持當地業者持續爭取政府復建的最主要動力。

　　但是在這經濟面的背後卻也隱藏著長久以來高山旅遊、高山農業甚至其他高山活動對於自然環境嚴重的傷害。林國慶（2005）從 1992 年至 1999 年針對宜林地及加強保育地 365,907 公頃中發現超限利用地共有 32,042.74 公頃，而中橫公路大部份所在的台中縣超限利用地達 3,442.2 公頃其情況相當嚴重，因此前農委會主

委戴振耀在公共電視所舉辦的「從大甲溪流域的未來評估中橫是否復建聽證會」當中便認為中橫公路受創最為嚴重的德基至谷關段上方就有約有 700 公頃土地遭到超限利用，如果中橫公路暫緩修建，民眾改走其他道路，應可達到土地自然復育效果，並有效控制盜伐、濫墾及森林火災案件。

所以中橫公路沿線因業者的過度開發及超限利用為自己賺取了相當的利潤，也造成了大地的傷害，且在地震過後地質尚未穩定，而要求政府復建中橫公路，不斷造成中橫公路的再次傷害。且在經濟部水規所（2005）針對中橫公路復建所作的整體效益評估，評估效益雖然是值得復建，但是當中的年計成本卻只包含工程所需耗費的成本而欠缺自然因人為不斷傷害所造成的成本，反觀年計效益卻包含減災效益、經濟效益、社會效益及生態環境效益，也就是復建後所可以減少在災害中所支出的費用及對經濟環境所帶來的效益，但是如此也就未把過度開發及超限利用所會帶來的災害計入外部性，在此情況中復建中橫公路是否符合社會正義則值得商榷。

 ## 政策市場發展軌跡

九二一大地震造成中橫公路中斷，政府試圖搶修，原本預計將在 2004 年的 7 月 15 日即將通車，但是卻在通車前半個月遭受七二水災的摧毀，導致復建成果付之一炬，隨後政府便採取了較為保護的政策，始終沒有同意再去復建中橫公路，直到 2008 年新政府上任而有了變化。所以本研究為求簡潔，將分析結果呈現以七二水災為分界進而探討政策市場發展的軌跡。

（一）七二水災前

九二一大地震後，政府對於中橫公路的復建政策並沒有太多反對的意見，反而對於復建工作提供了不少的幫助，而這原因對行政官僚而言則是認為九二一地震之前缺乏相關的大規模復建經驗，所以行政官僚也只能以初學者的樣態逐漸的去學習。如同經建會官員所說：「因為那時候九二一也不知道狀況會有多嚴重，程度會有多嚴重，那時候公路局是有做一些鑽探、技術性評估，……而那時候公路局認為他們的技術是可以做到的，那也才有之後 93 年的預計通車」

再者，當時新政府上任，且是一個從未掌握政權的新政府執政，對於立即可以展現政績的政策特別需要，一位曾任縣議員的受訪者便表示：「那時候綠色組織的壓力就很大了，那時候阿扁也有來梨山，我也有陪他一起去，他也很關心，只是在沒有很週延的思考下去做，最後被沖掉」。所以，當時政府試圖以當前人民最迫切需要的公共工程來取得政績，但 2004 年遭到天然災害毫不留情的摧毀，使得預期政績非但沒有達成，反而換來巨額復建金費的損失。

政府內部因其單位職能的發展而希望復建工程能夠持續進行，也是造成政策後來的推動與失敗的主要因素。一位生態保護協會的環保利益受訪人士表示：「那時候那個案子由工程顧問公司負責，他不認為該復建，但問題是交通部他們就是要做，那工程顧問公司這邊就是看他們的意思」，因此政府行政單位支持復建，忽略了評估報告，也因此為接下來的大自然反撲埋下伏筆。所以政府在缺乏大規模復建經驗、需要政績來換取選票及政府單位職能的本位利益下的，九二一地震過後迅速定案中橫公路的復建政策。

當然九二一過後，政治人物及支持復建的利益團體也不斷的遊說政府甚至施予壓力。利益團體在此一時期展現了強力的企圖心，積極的遊說政府及政治人物針對中橫公路做出復建的政策。當地梨山產業觀光發展協會的成員便表示：「921地震之後我們就盡量要中橫復建，我們觀光協會配合林立委，去各單位跑去配合」。而且此時利益團體的力量也足以撼動需要依賴選票支持的政治人物原本對於中橫復建的立場。台灣綠色和平組織的受訪者便明確表示：「那時候廖縣長，提出封山，因為也是環保出身的，結果被罵的頭破血流，最後改口」，可見得在此一時期當地支持復建的利益團體與政治人物的關係是相當緊密，或許因為利益團體握有當地政治人物所需要的選票或其他選舉利益，而政治人物為了使自己可以延續政治生命，也因此不得不改變原本的想法。

所以在支持復建利益團體不斷的遊說及與政治人物和政府的利益互存關係下，政策很快形成均衡，其他不同的意見將無法影響此政策的產出。因此，從支持復建利益團體的觀點來看，他們為了自身的利益向政治人物陳情，而政治人物為了自身選票或是工程利益，進而向行政官僚施壓。而行政官僚也因其自身職務的利益而政治人物也為尋求政黨第一次輪替需要有政績以展示政府的能力，也因此贊成復建政策，也因此達成政治市場的均衡。而如此交易下所產生的均衡卻對

自然環境產生衝擊。

（二）七二水災後

中橫公路在將完成之際卻在 2004 年的七二水災被大自然力量再次摧毀，此後政府對於中橫公路是否復建，態度則與七二水災前大相逕庭。七二水災過後交通部也針對了中橫公路進行了評估，經建會官員表示：「交通部的評估是這次比上次（九二一地震）還嚴重，然後這次要修復大概要花 100 億，但是他們也不能保證這次花 100 億，會不會在明年或後年的風災就跟七二水災一樣沖毀」，除了自行評估外，政府也商請了學術界專家進行評估，「他們認為不會這麼快地質就會變好，按照日本關東大地震的經驗，日本跟我們地形也是差不多的，那他們認為可能需要至少四十年，才可以恢復比較安定的地層」，且交通部公路總局也從九二一地震之後得到了相關的經驗，如一位任職於公路總局的受訪者表示：「大地震過後很多大樹的根都被震裂了，可是它不會馬上枯死而是漸漸枯死……其實大樹木的枯死，其實很可怕的，因為它們多在邊坡上，它一枯死其實整個坡面都破壞掉了，坡面的破壞要復原那才是大問題。梨山就是這樣，梨山從七二水災以後，我們投入在梨山的經費都是六、七億以上，每年作復建，但很多邊坡到現在都還沒辦法復建」。所以在七二水災之後政府採納諸多專業評估意見以及自身九二一地震實際經驗，在七二水災後初期行政院長宣布暫緩復建中橫公路，在政府內部並沒有太多不同的意見。

但是暫緩復建政策並沒有因此而持續獲得支持，或許是中橫公路所存在的利益價值甚高，使得支持復建的利益團體不斷的遊說政治人物及行政部門希望可以重啟復建。梨山產業觀光發展協會便明確表示：「眼前的立法委員，新當選的立法委員，如果要幫我們復建這條路的，我們都會去邀請，還有縣議員……我們是有個原則，就是你們要是誰有說要來做這一條路，我們這裡的票盡量給他」。

在這樣的機制之下，利益團體與政治人物進而將遊說的觸角逐漸伸向行政部門，梨山產業觀光發展協會的受訪者表示：「去年（2007）公路總局有來看這便道，是立委邀請他們來參加的，勘查完就叫谷關工務段去計劃，最後有 6.9 億的計劃出來」。在這當中，或許是交通部公路局因其修路職責所在，最後同意利益團體與政治人物的看法提出了 6.9 億元的便道復建方案。但是這方案始終不為經

建會所接受。因為經建會希望復建的公路，能夠確保安全，而公路總局也沒有把握。公路總局所抱持希望復建的理由是：「我們的意思是想恢復地區性、管制性的公路，主要是讓地方可以就醫、就學方便往返他們家園這樣子而已，而且他們蔬果，是否可以縮短他們運輸成本」，但在不能保證道路安全，又想使當地業者及居民的生活獲得某種程度上的改變，但也會使業者或居民在運輸及通行的過程中產生極大的危險。這也是經建會所堅持的「現在公路總局想要做，他能保證現在做了明年就沒事嗎，我想他也不敢保證，所以七二水災後，經建會綜合評估後建議先不要復建」。對此利益團體仍然不願放棄任何希望，依舊將遊說目標放在中央行政單位，但依然被經建會擋於門外，如支持復建的梨山產業觀光發展協會指出「那根本就是不想做，我們去了五次，都沒有用，立委也一直在幫忙跑，也都沒有用，就是經建會副主委不放下來」，對於此利益團體也深感無奈。

此時，成為眾矢之的經建會仍然不願妥協，依舊抱持著最先的反對理由，對於公路總局，他們認為：「公路局的工作內容就是要去做道路……所以他會去講去支持復建，這一點也不意外……那這麼多年來，他也講不出能夠讓大家說服的觀念，所以到現在經建會還是比較傾向暫緩復建的」；對於利益團體，經建會也認為：「假如修復要 100 億，那政府投入 100 億，這 100 億是納稅人的錢，是大家的錢，但是這收入卻是個人收入，這是否符合社會正義跟公平正義？」在彼此立場相差甚大的情況下，至今仍沒有復建。

但是支持復建的利益團體、政治人物及部分行政官僚依然不放棄續建中橫的期望，且已不對舊政府抱持希望，反之將復建中橫的期待放在各黨總統候選人上，尤其是當時是總統候選人的馬英九提出「馬上就會通」政策。在馬英九當選總統後，支持復建的中部橫貫公路觀光文化復建協會便認為：「舊政府就是不想復建中橫，所以做太多努力也不是很有效果，只是新政府有承諾幫我們做復建，所以我們抱著很大的期待」；公路總局也表示：「我們還是認為要復建，可能國家未來的趨勢還是會走向要復建，包括總統馬英九這次的政見白皮書也有說中橫一定要復建，只是復建要用什麼方式可以一勞永逸」。因此，在新的政府上台後，經建會之前的堅持將面臨極大考驗，政治與專業的衝突，將再次考驗中橫復建政策的成敗。

從上述中橫公路的災後重建政策變遷分析中，確實可看出中橫復建政策的

產出卻如圖 5-3-1 所示，即復建政策的產出乃是各方利益角力的結果，其結果卻可能不符社會最大利益。因為災後重建政策目標具有不同面向，甚至目標間是衝突的，如中橫復建的爭議就是恢復原狀與降低環境脆弱度之爭。災難發生時，產生重建政策需求，不同利益團體卻都有不同的政策需求，必須在政治市場中做競爭。因此，災後重建政策的供給，也如同其他公共政策一般，無法免疫於政治力的干預、利益團體的游說、行政官僚自我組織的利益考量。在這樣的情況下，重建政策是否能保有客觀性、長遠性、一致性以符合災區與社會最大利益，卻是一件很困難的工作。政府失靈的現象在災後復建政策中，非常可能發生。

我們將實際中橫復建政策變遷過程，依照圖 5-2-1 的基礎上整理出圖 5-3-1 的實際中橫復建政策市場發展軌跡圖。在七二水災之後的重建，乃是政治人物在需有政績的政治考量下加上支持復建利益團體的遊說，而工程專業也不清楚大規模震災後，因為樹林漸漸枯死，震災後土石穩定度反而越來越差。所以，政治市場的均衡很快就形成同意重建的政策產出，但卻是一個資源浪費的決定。在七二水災之後的重建，因經建會的堅持與其結合環保利益團體的力量下，使得暫緩復建的政策得以產出[8]。但在馬英九政府上台，原有的政策均衡將被打破，復建政策極有可能重新被執行。從這個過程中可以看出，政策受到復建利益團體的影響極大，一般大眾的冷漠，將使這龐大的復建預算得益於少數人身上，但復建政策一但執行，是否可以抵擋下一次災害的侵襲，則是相當值得討論。

第五節　小　結

本章從中橫公路的復建政策的變遷中驗證了公共選擇理論所述，災後復建政策如同公共政策一般充斥著不同利益團體、政治團體、官僚機構，確實存在著以

---

8 經建會堅決反對復建的態度，其實值得深究。在訪談經建會官員的過程中，透露出當時張景森副主委反對復建的態度是主要的原因。由於無法訪談到當事人，無法判斷是否由於個人理念與意識形態的因素，造成經建會有如此的態度。若從公共選擇的觀點來看，其原因可能是地方政府與地方政治人物的政治利益在面對地方龐大支持復建的選票壓力下，不得不支持復建政策。但經建會沒有直接的選票利益，但卻需負擔一旦復建政策通過後的政治成本，如全國的輿論壓力。若在復建政策通過後，利益將由地方政府與政治人物收割，而經建會卻需負擔其政策失敗之責下，經建會支持暫緩復建政策也是其部門最大利益考量下的結果。

「理性」及「自利」為出發點，進而去追求自我利益的前提下，尋求對自己最有利的政策產出，但因而造成了公共利益的損失。加諸現今對於大規模災害所知有限與災後復建目標的多元。客觀且具有大多數社會共識所認同的一個復建方案很難出現。所以，真實的災後重建政策變遷與邏輯，將如本研究所建立的政策模型如圖 5-3-1 所示。那就是一旦災害發生，產生復建政策需求，但此政策需求不是只有一個，而是有很多個不同的需求，由不同的民眾與團體，從他們主觀的感受災害對於環境、經濟與社會層面的衝擊，並從他們自己最大的利益出發，形成他們所要的政策。但這些政策需求彼此間可能是衝突與不相容的，如同中橫公路復建的爭議。但這些都必須進入政治市場中競爭，爭取這災後復建資源的大餅。相同地，政策供給者如政治人物與行政官僚也是一樣，在政治市場中也希望產出的政策是符合他們自己機構或個人仕途最大的利益，而一般大眾選擇對於公共政策的漠視，雖是如 Olson 所指出的就個人而言是最大利益，但對整體而言卻損失最大。因此，在這樣的情況下，若無一個強勢主導力量，政策均衡可能出現反反覆覆或不理性的決策。這樣絕不利災後復建計劃所需的完整性與長期性，且將無法達到減災與環境永續發展的目標。以中橫公路重建的政策變遷來看，即是這樣政策反覆循環的結果。中橫重建政策過程中，可見地方支持復建利益團體的影響力與動員能力是不斷而持續的影響政策制定，但多數納稅人的聲音卻是沉默的。災後重建沒有降低環境脆弱度，卻可能留下下一次災害發生的因子。

　　本章的分析對未來台灣災後重建體制提供若干啟示。首先，在災後重建中地方利益有時可能並非社會最大利益，但在現今體制下地方政府與民意代表，只能選擇地方最大利益而非社會最大利益。高度地方政治的影響可能會使災後重建政策，偏離社會與環境的長期利益。未來災後復建機制設計應思考如何使災後重建決策機制能夠更為獨立與客觀，不受太多政治力干預；或是如何使中央與地方合理負擔災後復建的財政預算，以減少地方政府決策的偏差。但要完全屏除政治的干擾，恐怕也不是一件容易的事。而這正是公共選擇理論所論述的政府機制的限制與政府失靈的現象。現今災後復建機制與資源分配，政府承擔了大部分的責任與功能，但這政府機制的限制，恐怕會造成政策不當循環與資源浪費。因此，災後重建機制應該廣納各式組織，各級政府、市場、非政府組織等，才可突破政府效能的限制，進而增加災後重建機制的效率以達到環境永續的目標。

　　雖然，本文從公共選擇理論的分析發現一般大眾、政治人物、官僚與利益團體從本身的利益出發，所導致的政策產出，卻不是社會的最大利益。從制度經濟學的觀點來看，這個不理性的政策產出，卻恰恰是每個政策參與者理性計算的結果與集體決策的均衡所在。這當然是在現今台灣民主制度下政策產出制度制約下的結果。該如何調整制度結構與改變每個災後重建政策參與者的誘因，將是爾後災後復建與重建機制改革的重點與挑戰。雖然，本章的論述與分析的結果，看似悲觀。但人是複雜的，就如同經濟學對於人是自私的假設，無法涵蓋所有人決策的出發點。公共選擇理論假設官僚的決策出自於機構擴張與預算極大化的動機，也無法解釋所有官僚的決策，因為不同階級的官員，其最大利益可能是不同的（陳墩源，2002），官僚機構的不同文化與傳統也會影響官僚的決策。中央與地方政府的利益與決策考量也是截然不同的，其關係與協調機制也會影響最終政府對於災後復建政策的取向。不同地區的利益團體與當地派系的合縱與聯盟所形成的災後復建的政策網路也遠比政策鐵三角來的複雜，值得更進一步的探究。相同的，不同地區的文化與當地居民對於公共議題的意識與組織動員能力及在地資源的多寡都會影響當地災後復建的效率與對政策目標的影響能力。本文利用公共選擇理論嘗試揭開災後復建的政治經濟過程，確實發現政治因素確實扮演一個很重要的因素，然而政治經濟的面向涵蓋甚廣，亟需後續研究才能讓這個決策過程與不同因素的影響，有一個更完整的面貌，也才能使災後復建政策避免政府失靈的產生。

參考文獻

大紀元電子報，2004，「億噸危石 台灣中部潛在殺手」，http://www.epochtimes.com/b5/4/7/7/n589180.htm，2004 年 7 月 7 日下載。

大紀元電子報，2004，「敏督利重創台灣造成慘重災情——籲審查『地質法』將土地還給大自然『人定勝天』不適用」，http://www.epochtimes.com/b5/4/7/9/n591367.htm，2004 年 7 月 9 日下載。

中央社，2004，「修復中橫公路？地方人士與環保團體主張歧異」，http://news.yam.com/cna/politics/news/200407/200407310069.html，2004 年 7 月 31 日下載。

中國時報，2000，「中橫封山之議山區民眾反彈」，2000 年 5 月 24 日 A4 版。

中國時報，2000，「谷關居民：救救觀光業」，2000 年 6 月 4 日 A6 版。

方福前，2000，「公共選擇理論—政治的經濟學」，北京：中國人民大學出版社。

台灣省政府，2006，「九二一震災災後重建實錄」，南投：台灣省政府。

交通部觀光局參山國家風景區管理處，2003，「梨山風景區整體觀光發展計劃」，台北：中華民國戶外遊憩學會。

自由新聞網，2004，「總統：國土開發應與大自然和平相處」，http://www.libertytimes.com.tw/2004/new/jul/16/today-life1.htm，2004 年 07 月 16 日下載。

自由新聞網，2004，「中橫緩修 政院與中縣達共識」，http://www.libertytimes.com.tw/2004/new/aug/10/today-life4.htm，2004 年 8 月 10 號下載

林國慶，2005，「山地農業定位與發展之研究」，台北：行政院農業委員會研究報告。

吳惠林，1990，「自由經濟的坎坷路」，台北：卓越文化。

洪鴻智、邵珮君，2004，「災後重建體系及其運作機制檢討與建置之研究」，台北：行政院災害防救委員會研究報告。

許晃雄，2009，與氣候一起飆舞熱情探戈？還是獨自狂舞？，「科學發展」，433：42-47。

許雲霄，2006，「公共選擇理論」，北京：北京大學出版社。

陳恆鈞，2001，團體分析邁向政策網絡模式的歷史進程，「公共政策分析的理論與實

務」，余致力、郭昱瑩、陳墩源編輯，台北：韋伯文化，145-174。

陳墩源，2002，「民主與官僚」，台北：韋伯文化。

張順教，1992，淺談公共選擇，「經濟前瞻」，22：158-168。

經濟部水利署水利規劃試驗所，2005，「大甲溪流域聯合整體治理規劃檢討」，台北：經濟部。

聯合報，2000，「中橫，該封山或再搶通？」，2000 年 5 月 28 日 A6 版。

鍾丁茂，2004，駁斥中橫上谷關至德基段必須復建的理由，「生態台灣」，5：17-21。

羅金棕，2007，國家治理中非政府組織的角色與政策倡議策略：以煙害防治法為例，「南華大學：非政府組織學刊」，2：71-92。

公共電視，2007，「獨立特派員—穿越中橫 25 禁地」，http://www.peopo.org/innews/post/5600，台北：財團法人公共電視文教基金會。

Anderson, T. and Leal, D., 1991, *Free Market Environmentalism*, San Francisco: Pacific Research Institute for Public Policy.

Buchanan, J.M., and Tullock, G., 1962, *The Calculus of Consent*, Ann Arbor: The University of Michigan Press.

Buchanan, J.M., and Tullock, G., 1982, *Towards a Theory of the Rent-Seeking Society*, Austin: Texas A&M Press.

Coase, R. H., 1937, "The nature of the firm" *Economics*, 4(2): 386-405.

Coase, R.H., 1988, *The Firm, the Market, and the Law*, Chicago: University of Chicago Press.

Corrine, G., 1999, Becoming qualitative researchers: An introduction，莊明貞、陳怡如譯，2005，「質性研究導論」，台北：高等教育文化。

Horwich, G., 2000, "Economic lessons of the Kobe earthquake, " *Economic Development and Cultural Change*, 48: 521-542.

John, P., 1998, *Analysing Public Policy*, New York: Continuum.

Lowi, T., 1972, "Four Systems of Policy, Politics and Choice", *Public Administration Review*, 32(4): 298-310.

Migue, J.L., and Balaguer, G., 1974, "Towards a General Theory of Managerial Discretion",

Public Choice, 17(1): 27-43.

Mileti, D.S., 1999, *Disaster by Design: A Reassessment of Natural Hazards in the United States*, Washington D.C.: Joseph Henry Press.

Mueller, D. C., 1989, *Public Choice II*, Cambridge: Cambridge University Press.

Niskanen, W.A., 1971, *Bureaucracy and Representative Government*, Chicago: Aldine Atherton.

Niskanen, W.A., 1995, *Bureaucrats and Public Economics*, Edward Elgar, London.

North, D.C., 1990a, *Institutions, Institutional Change and Economic Performance*, Cambridge: Cambridge University Press.

North, D.C., 1990b, "A transaction cost theory of politics", *Journal of Theoretical Politics*, 2(4): 355-367.

Olson, M., 1965, *The Logic of Collection: public goods and the theory of groups*. Cambridge, Mass: Harvard University Press.

Olson. M., 1982, *The Rise and Decline of Nations*, New Haven: Yale University Press.

Ostrom, V., 1989, *The Intellectual Crisis in American Public Administration*, Alabama: The University of Alabama Press.

Ostrom, E., 1990, *Governing the Commons*, Cambridge, Cambridge University Press.

Patton, M.Q., 1990, *Qualitative evaluation and research methods*, Newbury Park CA:Sage.

Patton, M. Q., 2003, *Qualitative evaluation and research methods (3rd)*，吳芝儀、李奉儒譯，2008，「質性研究與評鑑（上）」，嘉義：濤石文化。

Parker, D., Islam, N., and Chan, N.W., 1997, Reducing vulnerability following flood disaster: Issues and practices, in A. Awotona (Ed.), *Reconstruction after disaster-issues and practice*, England-Ashgate, 23-44.

Pennington, M., 1996, *Conservation and the Countryside: By Quango or Market?*, London: Institute of Economic Affair.

Pennington, M., 1999, "Free Market Environmentalism and the Limits of Land Use Planning", *Environmental Policy and Planning*, 1(1): 43-62.

Pennington, M., 2000, *Planning and the Political Market*, London: Athlone Press.

Pennington, M., 2003, "Free Market Environmentalism Versus Environmental Market

Socialism: An Austrian Perspective on Institutional Choice", in L.W.C. Lai, and F.T. Lorne, (Ed.), *Understanding and Implementing Sustainable Development*, New York: Nova Sciences, .51-69.

Stevens J. B., 1993, *The economics of collective choice*, London: Westview.

Stigler, G.T., 1972, "The law and economics of public policy: A plea to the scholars", *Journal of legal studies*, 1: 1-12.

Williamson, O.E., 1975, *Markets and Hierarchies*, New York, Free Press.

Williamson, O.E., 1985, *The Economic Institutions of Capitalism*, New York, Free Press.

Tullock, G., Seldon, A., and Brady, G. L., 2000, *Government: Whose Obedient Servant? A Primer in Public Choice*, London: Institute of Economic Affairs.

Yin, R.K., 1994, *Case Study Research*, London: Sage.

社會網絡理論與社區重建

　　近年來因城鄉領域之無限制擴展與環境敏感地之大規模開發，使都市或農村地區的環境脆弱度（vulnerability）逐漸提昇，另一方面，加上全球大環境的迅速變遷，天然災害的發生率增高；使得高脆弱度地區遭受天然災害衝擊的影響範圍增大。因此，如何於災害發生前透過風險管理手法建置防災體系與如何透過公部門（亦稱行政部門，public sector）與私部門（private sector）之合作來落實有效的災後重建體系為災害管理之重點所在（UN, 2004）。

　　1989 年於美國舊金山發生的 Loma Prieta 地震後，加州政府在緊急應變階段表現得相當稱職，當地居民也相當有秩序地接受地方公部門的指示，而民間組織如紅十字會、救世軍等亦進入災區使得救災有效率。然而在安置與重建階段時，政府無法提供足夠的臨時住所，加上種族語言溝通問題等，使得低收入家庭產生挫折與失望，也呈現公部門在安置與重建階段的弱勢。而在記取從 Loma Prieta 地震中所獲得的教訓，在 1994 年的 Northridge 地震後，除了紅十字會與救世軍等參與緊急救援外，於重建階段中亦由 NGOs, NPOs, CBOs（community-based organizations）等民間組織協助社區進行住宅重建與生活重建（洪鴻智、邵珮君，2004）。此外，在日本於 1995 年阪神大震災發生後，災後的重建工作雖主要由兵庫縣政府制訂重建計劃推動外，其民間的 NPO、NGO 等組織亦相當踴躍地參與災後重建。在震災後一年所參與志工的人數約有 138 萬人，相較於兵庫縣政府於震災緊急應變上之遲鈍與不周全，這些志工在災後的緊急救援階段發揮很大功效，促使兵庫縣政府制訂相關支援措施以整合民間組織資源（兵庫縣政府，1997）。日後這些民間組織有部分仍持續待在社區，並透過參與日後社區營造式重建的推動，成為社區重建組織與公部門之橋樑，從住宅重建與生活重建角度協助社區進行災後重建，因而使日本中央重視 NPOs、NGOs 等民間組織之運作，並催生了日後的 NPO 法。

　　由上述國外於災後應變與重建的過程中，反應出民間組織協助災區重建的重要性；倘若公部門機能未能於災後完全發揮時，則民間組織將扮演替補角色，特別是當公部門之資源有限並遭遇配置困難時，則民間組織的資源運用將更形重要。因此，本章將探討九二一地震後社區重建之各階段中行政與民間組織之定位與任務內容與面對不同重建困難與議題。此外，並運用社區網絡理論探討社區重建與組織之關係。

第一節 **九二一地震後社區及住宅重建進度與問題**

此節針對社區重建進度與重建的阻礙分別敘述。

 九二一地震後之社區重建與住宅重建之關係

在「災後重建計劃工作綱領」的整體重建計劃體系來看，整體重建計劃分為「公共建設計劃」、「產業重建計劃」、「生活重建計劃」及「社區重建計劃」等四大項，如圖 6-1-1，其中「社區重建計劃」重點為由下而上，採行地方主導、民間參與、中央協助之精神，整體規劃，並針對各社區地理位置、地形地貌、地方文化特色、產業發展型態，建物毀損狀況與社區居民意願，因地制宜從點、線、面辦理社區重建工作。

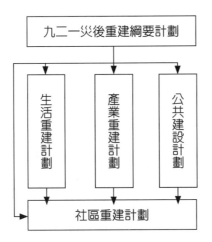

圖 6-1-1　災後重建計劃工作綱領

（資料來源：作者繪製）

社區重建計劃最重要者莫過於居民居住處所之重建內容。因此，本節將針對社區重建進度分：集合住宅重建、原住民聚落重建、街區重建、農村聚落重建等類型，整理說明如後。

二　住宅重建進度

依行政院九二一重建委員會資料，整體住宅重建（含集合住宅）截至 2005 年 6 月止，已核發建築執照的有 31846 戶，其中已取得使用者執照的有 20721 戶，施工中者有 11125 戶，另外申請中央銀行優惠的購屋貸款已獲得核準者有 10042 戶；合計已完成重建者計 30763 戶，依建研所按門牌數統計全倒 38935 戶計算，已經完成重建 79.01%。

（一）集合住宅半倒重建進度

集合住宅的重建截至 94 年 6 月止，經九二一判定為半倒之集合住宅（不含判定半倒後，已拆除或申請拆除重建之案件）經統計有 145 棟（17661 戶），其情況分為以下幾部份：

1.完成修繕有 139 棟（16891 戶），其中自行修繕完成的有 100 棟（11436 戶），參加修繕專案接受政府補助必要性公共設施工程費完成修繕的有 39 棟（5455 戶）。

2.參加修繕專案申請政府補助必要性公共設施工程費補助共 44 棟（6209 戶），其中修繕完成的有 39 棟（5455 戶），已開工的有 1 棟（36 戶），逾期限未發包棄權 1 棟（188 戶），審查中有 3 棟（530 戶）。

3.無法取得所有區分所有權人過半數同意 1 棟。

（二）集合住宅全倒重建進度

因震災集合住宅全倒的集合住宅有 162 棟（含 5 層樓以下，不含 1 棟 801 戶全倒經最終鑑定為可修繕補強），以原地原貌重建方式辦理者為 44 棟，其中 5 棟（54 戶）為興建中，已完工為 39 棟（602 戶）；以都市更新辦理者為 99 棟；以地換地或安置於其它新社區為 5 棟；尚待住戶整合重建意願及共識者計 14 棟。

（三）街區更新進度

除上述集合住宅全倒的集合住宅有 162 棟外，尚有 18 處街區型之社區，由表

3-3-2 得知，台中縣 4 處，南投縣 18 處。完成重建社區有 4 處（22.2%），施工中有 2 處（11.1%），都市更新程序中 12 處（66.7%）。

表 6-1-2　九二一震災重建區街區型都市更新重建現況表

2005.6.30

縣市別	處　數	受災戶數
台中縣	4	200
南投縣	18	298
合計	22	498
備註	完成重建之社區計有 4 處（22.2%），施工中 2 處（11.1%），都市更新程序中 12 處（66.7%）	

（資料來源：行政院九二一震災災後重建推動委員會）

（四）農村聚落重建

　　九二一地震造成中部地區農村房舍傾毀嚴重，各項農村公共設施也大量損壞，農村聚落重建工作，是以協助房舍重建及興建必要公共設施列為首要。主要執行內容可分為：農村住宅重建及公共設施建設兩部分。自民國 88 年 10 月中旬起，行政院農業委員會水土保持局即派員深入災區，進行農村損害情形調查，並提供重建之經費補助、貸款及農宅設計圖供災民選用與進行重建。根據九二一震災重建經驗（2006）一書，針對相關農村聚落重建作業與進度，整理如下：

　　1.辦理農村聚落重建規劃與提出相關配合作業

　　(1)以非都市土地中農村聚落為辦理範圍，經農委會水保局調查受災密集、嚴重、居民配合意願高、且具發展潛力，優先列入重建規劃地區。

　　(2)由農委會邀請相關專家學者組成農村聚落重建督導小組，負責督導本計劃之執行與各相關部會間工作之協調整合。

　　(3)由農委會水保局組織農村聚落重建審議小組，負責規劃區規劃報告書圖之審查及農村聚落重建相關事項之審議。

　　(4)由各重建聚落居民組成農村聚落重建推動委員會協助推動各項重建工作。

　　2.補助農村住宅重建（整建）及設計費依「農村聚落住宅興建獎勵補助要點」予以獎勵補助興建符合地方特色之住宅及住宅整修改善。

(1)住宅設計得由各重建規劃區專業規劃團隊之開業建築師，協助重建戶辦理建築設計、請領執照等。

(2)由重建會自行聘請開業建築師辦理設計興建，若符合「農村聚落住宅興建獎勵補助要點」之規定者，得給予補助。

(3)農村住宅之新建、改建、增建、整修及住宅設計費之申請獎勵補助，依「農村住宅興建獎勵補助申請及發放程序」，由鄉鎮市公所負責接受重建戶申請、審核及發放補助費。

(4)經鄉鎮市公所審查通過列為補助對象，由公所造具補助名冊，送水保局憑以核撥經費，並按月將補助興建情形，報水保局列管。

3.辦理情形說明如下：

(1)制定 25 種農村住宅標準圖提供重建戶參考選用。

(2)89 年度完成 74 區農村聚落重建，90 年度完成 35 區農村聚落重建規劃共計 109 區，有關規劃地點與面積參見表 6-1-3。

(3)輔導重建戶依「農村聚落住宅興建獎勵補助要點」規定重建，截至 94 年 6 月，依規範興建完成 1133 戶，所在地點與戶數參見表 6-1-4。

(4)公共設施部分，已完成農村聚落規劃區之道路及排水改善、野溪治理、護坡擋土設施、環境綠美化及其他公共設施等 424 件工程。

表 6-1-3　九二一震災農村聚落重建規劃區一覽表

縣　名	鄉　鎮	規劃區處數	規劃面積（公頃）
苗栗縣	卓蘭鎮	4	783
台中縣	東勢鄉	7	5,254
	新社鄉	4	146
	石岡鄉	4	573
	豐原市	1	4
	潭子鄉	2	605
	太平市	2	3,987
	霧峰鄉	2	111
南投縣	草屯鄉	5	356
	國姓鄉	7	7,973
	魚池鄉	10	6,274
	埔里鎮	6	619
	水里鄉	7	3,026
	集集鎮	3	130
	鹿谷鄉	5	1,196
	竹山鎮	3	261
	民間鄉	4	3,051
	南投市	6	1,595
	中寮鄉	21	5,999
雲林縣	古坑鄉	2	1,641
嘉義縣	大埔鄉	1	4,332
	竹崎鄉	1	1,447
	梅山鄉	2	3,667
合　計		109	53,853

（資料來源：九二一震災重建經驗，2006）

表 6-1-4　農村聚落重建計劃農宅輔建統計表

縣　名	鄉　鎮	輔建戶數	合計（戶）
苗栗縣	卓蘭鎮	5	
台中縣	東勢鄉	22	48
	新社鄉	2	
	石岡鄉	2	
	豐原市	4	
	潭子鄉	6	
	太平市	3	
	霧峰鄉	9	
南投縣	草屯鄉	29	1,068
	國姓鄉	208	
	魚池鄉	308	
	埔里鎮	97	
	水里鄉	17	
	集集鎮	15	
	鹿谷鄉	84	
	竹山鎮	34	
	民間鄉	19	
	南投市	6	
	中寮鄉	251	
雲林縣	古坑鄉	6	7
嘉義縣	大埔鄉	1	5
	竹崎鄉	4	
合　計		1,133	1,133

（資料來源：九二一震災重建經驗，2006）

（五）原住民聚落重建

　　九二一地震原住民居住之山區災情嚴重，震災後政府隨即頒佈相關救災及災後重建措施。為協助災區原住民重建工作，災後重建推動委員會下設立原住民地區震災復建小組為專責窗口，以恢復原住民地區社會秩序、重建生產生活環境及安定居民生活為首要目標。重建工作以受災密集、嚴重、極需重建之聚落劃為重建規劃區。然居民意願實為重建工作能否順利推動之重要因素，故重建過程以住戶 70% 以上同意重建之原住民聚落，為優先辦理重建之對象，共計 23 個部落辦理重建，其中 7 個部落遷村，16 個部落整建（如表 6-1-5 所示）。

表 6-1-5　原住民聚落重建表

遷　村	整　建
台中縣和平鄉 自由村（三叉坑、雙崎、烏石坑部落） 梨山村（松茂部落） 南投縣仁愛鄉 互助村（中原口部落） 新生村（上眉原部落） 發祥村（瑞岩部落）	苗栗 泰安鄉象鼻村（大安部落） 南庄鄉（東江新村部落） 台中縣和平鄉 南勢村、達觀村（桃山、竹山部落） 博愛村（谷關、松鶴部落） 梨山村（新佳陽部落） 南投縣仁愛鄉 中正村、互助村（清流、中原本部落） 南豐村、新生村（眉原下部落） 南投縣信義鄉 潭南村（第 2 至 4 鄰部落） 地利村（第 5 鄰部落） 明德村（三十甲部落）

（資料來源：九二一震災重建經驗，2006）

　　在相關補助規定中，有政府補助部份及非政府單位補助住宅重建部份，其詳細補助標準與內容如下表 6-1-6 所示。

表 6-1-6　原住民聚落重建補助標準與內容

	項　目	補助標準		補助內容
政府重建補助	建造費	符合住宅興建獎勵補助要點規定者，每戶補助 20 萬元。	非政府單位補助	(1)財團法人九二一震災重建基金會：低收入戶每戶補助 20～50 萬元。 (2)中國電視基金會：每戶 20 萬元。（指定補助仁愛鄉）
	整修費	依實作數量補助，每戶最高補助 10 萬元。		
	全半倒慰問金	全倒戶 35 萬元，半倒戶 16 萬元。		
	搬遷補助費	半倒戶每戶 19 萬元，未受災戶 35 萬元。		
	其它	有關污水處理設施、規劃設計費、家園重建優惠貸款等，同個別住宅重建給予補助。		
	備註	公共設施之重建復建及聚落景觀改善等經費，全數由中央補助辦理。		

（資料來源：九二一震災重建經驗，2006）

　　在住宅重建進度部份，全倒戶 991 戶，半倒戶 929 戶，其中全倒戶已重建有 451 戶，重建中有 107 戶，另有住處不需要重建的有 189 戶；半倒修繕的有 929 戶，修繕中 26 戶，未修繕有 139 戶。（參照表 6-1-7）

表 6-1-7　九二一震災原住民住戶重建戶住宅重建情形

2005.6.30

	重建戶數		半倒修（重）繕戶			全倒重建戶			全倒未重建戶	
	全倒	半倒	已修繕	修繕中	未修繕	已重建	重建中	另有住處不需重建	未重建	訪視未遇
合計	1920		929			711			157	
	991	929	764	26	139	415	107	189	154	3
百分比%	51.61	48.39	82.24	2.80	14.96	58.37	15.05	26.58	98.09	1.91
台中縣	241	200	162	8	30	38	65	123	15	0
南投縣	494	456	366	5	85	355	25	14	100	0
台中市	20	18	10	0	8	5	7	0	6	2
台中縣都會區	99	62	50	12	0	6	5	49	39	0
南投縣都會區	137	193	176	1	16	119	5	3	9	1

（資料來源：行政院九二一震災災後重建推動委員會）

在原住民部落遷村部分，原住民中 23 個部落中有 7 個需要遷村，原住民部落遷住除台中縣和平鄉梨山村（松茂部落）住戶無遷住意願外，共計辦理 6 個部落遷村（如圖 6-1-2），原住民遷村進度如表 6-1-8 所示，除瑞岩部落遷村進度較慢外，其餘部落住宅重建都約民國 94 年或 95 年相繼完工。

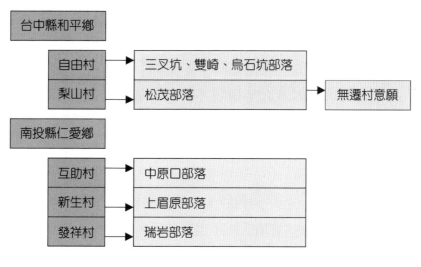

圖 6-1-2　原住民部落遷村圖

（資料來源：作者繪製）

表 6-1-8　原住民聚落遷村進度表

2005 年 6 月 30 日止

村　落	戶　數	面　積 (m²)	規　劃	用地取得	申請變更 (變更編定)	公共工程 (時程) 完　工	住宅重建 (時程) 完　工
三叉坑	45	18290	89.8.15	90.8.28	93.11.4	92.1.15	預計 94.9
雙崎	9	6300	89.8.15	90.6.19	91.12.5	91.6.30	92.12.24
烏石坑	22	9800	89.8.15	90.8.31	預定 94.10	預計 94.10	預計 95.10
中原口	16	4330	90.1.20	90.5.30	90.9.4	92.1.16	91.12.31
上眉原	1	2049	90.12.25	91.3.20	91.11.2	91.6.11	預計 94.12
瑞岩	140	97100	91.4.30	91.5.10	91.6.4	93.8	預計 95.6
潭南擴地案	36	9000	92.4.1	92.4.30	完成	93.3	依個別住宅興建，輔導優先辦理簡易住宅

（資料來源：行政院九二一震災災後重建推動委員會）

 重建的阻礙

　　重建工作包羅萬象，不但計劃項目龐大且內容繁雜，從不同角度檢視之，可發現一些問題，在此，主要以社區重建和住宅重建的問題做一敘述，從兩方面來探討重建過程所遭遇的阻礙。

（一）社區重建之阻礙

1.重建步調緩慢

　　社區重建工程龐大，牽涉許多機關、許多的法令，各個部門的工作有快有慢，像公共工程進展尚稱順利，惟住宅方面比較緩慢，而這個部份又偏偏是社會關注的焦點，尤其是集合式住宅重建。

2.行政程序繁瑣

　　行政機關有許多法令及程序的羈絆，並且要經許多次的協調才能定案。不但民眾不耐煩，公務員對於那些繁瑣的程序也無奈何，以至拖延社區重建的進度。

3.法令僵化運作困難

　　九二一大地震震出許多老問題，在社區重建部份以住宅方面的土地問題最為嚴重，另外，172 棟集合住宅的重建也是困難工程。九二一震災重建暫行條例，標

榜為有效、迅速推動震災災後重建工作而制定。事實上乃有許多執行上的困難，必須相關法令配合修正才能夠進行。尤其，有些法規實際操作時根本不可行。

4.政策更變無所適從

基層公務人員或者民眾對政策變更，常有怨言，大家所熟知的，全半倒判定反覆；組合屋續租期限延長；新訂慰助金發放標準，造成已發放的慰助金必須收回的困擾等，因為這些政策的搖擺不定，導致於推動社區重建上也有一定影響。

（二）住宅重建的阻礙

1.制度面

(1)地方仰賴中央人力、技術和經費，影響重建

九二一地震，造成中部農村嚴重損害，農村住宅及公共設施亟待透過政府整體規劃加以整建、重建，其中涉及令與單位眾多，手續繁雜且欠缺專業人員協助，影響住宅重建進度。再加上農村地區缺乏穩定收入，辦理農村聚落個別住之重建融資撥貸，因貸款手續繁瑣，且財團法人九二一震災重建基金會亦提供類似之融資貸款，故政府提供農村聚落重建融資撥貸，成效不彰，導致重建進度受阻。

(2)重建區有許多土地問題

九二一地震造成中部地區大量土地界址與地籍圖經界線偏移或界址相對位置變形，形成地籍圖與現地不相符合，使重建區住宅無論在推動原地重建或另地新建方面，都造成相當大的阻力。

(3)斷層帶土地重建問題

斷層帶土地並非完全不可做建築使用，有些地帶仍可作低密度、二層樓高之農舍或自有住宅使用；斷層帶房屋全倒或半倒之受災戶，陳情政府予以協助以地易地，協助辦理公私有土地交換，但有些受災戶本身並非無能力重建，亦非無領受政府或民間相關之慰助金或重建貸款融資，或部分已接受政府安置國宅者，如今因為土地位居斷層帶，想要換位置較佳的都市近郊地帶公有上地或公營事業機構土地，以解決其產權因區位、地價跌損，脫售不易之個別財務問題。

2.本質面

(1)共有土地所有人行蹤不明或意見不一致

包括共有土地重建問題及共有土地分割問題。房屋倒塌需重建之共有土地

所有權人同意，因部分所有權人行蹤不明或重建意見不一，導致無法達成，重共識；同樣地，共有土地也常因此無法達成分割之協議。雖然任何共有人得依「土地法」第 34 條之 1 第 6 項規定向該管縣（市）政府聲請調處或訴請法院裁判分割，惟因上開程序繁複冗長，影響重建時效。

(2)集合住宅意願不易凝聚

集合住宅之毀損重建，因所有權人數眾多，住宅重建意見分歧問題，意見整合困難，為集合住宅在重建上的阻力之一。

3.經濟面

在經濟方面，參與重建者資金不足，災後民眾重建家園，一些擔保品不足者，雖有信用保證機制，但尚無法普遍實行。在住宅重建的過程中，參與者常因自己本身原有的房子的舊貸款，再加上重建之資金，常使得想參與重建的住戶，因資金不足而影響了重建的進度，在部落方面，因大多為公有土地，故在於貸款上有一定的困難度，所以為重建的阻礙原因。

4.其它

公私部門的權力也是影響住宅重建的原因之一，住宅重建之處理，不僅需取得區分所有權人之共識，同時又涉及公部門對於公共安全之維護，因此，政府在處理集合住宅重建問題時，同時兼顧維護私權公權，間接形成住宅重建的阻礙原因之一。

 參與九二一震災社區重建之組織

 民間非公部門組織參與九二一震災社區重建

九二一地震後參與社區重建的組織很多，本節將這些組織分社團組織、自願救災服務及難組織、宗教性組織、社會福利相關機構組織、企業與媒體組織及學術及醫療組織，歸納整理成表 6-2-1。並將各組織的在緊急救災階段和協助復建階段的階段所支援之內容整理成表 6-2-2～6-2-7。

表 6-2-1　民間組織分類表

組織類別	民間組織
社團組織	中華民國紅十字會總會 台灣世界展望會 國際青年商會中華民國總會 國際獅子會國際扶輪社
自願救災服務及救難組織	台灣寶島行善義工團 中華搜救總隊 富安守望相助隊
宗教性組織	台灣基督長老教會 一貫道 中台禪 佛光山 法鼓山 香光尼僧團伽耶山基金會 慈濟基金會 曉明社會福利基金會 耶穌基督後期聖徒教會
社會福利相關機構組織	財團法人老吾老基金會 全國民間災後重建聯盟 伊甸社會福利基金會 兒童福利聯盟文教基金會 張老師基金會 財團法人慈心基金會
企業與媒體組織	TVBS 關懷文教基金會 國泰人壽 智邦文教基金會 中興電台 安麗公司
學術及醫療組織	中華民國物理治療學會 埔里基督教醫院

（資料來源：作者整理）

表 6-2-2　社團組織表

		緊急救災階段	協助復建階段
社團組織	中華民國紅十字會總會	1.現場協助搶救 2.救濟物資分送災區 3.成立災區連絡站 4.醫療衛生服務	1.協助政府興建臨時住屋 2.協助校園重建 3.協助獨居老人、殘障人士及低收入戶重建 4.災後環境整頓 5.設立備災中心 6.提供獎助學金及慰問金 7.舉辦心靈重建活動
	台灣世界展望會	1.進入松山區行政中心成立救災小組 2.救濟物質分配 3.埔里、東勢地區成立救援暨收容中心 4.彰化、雲林、嘉義等成立救助站	1.災區社區重建 2.推動震災後心靈重建工作 3.全國青年義工 4.建立緊急救援供需體系 5.災區兒童資助及家庭生活重建計劃 6.災區獨居老人身心靈關懷
	國際青年商會中華民國總會	1.發放慰問金	1.興建九二一心靈重建社區會館 2.修復魚池鄉德化國小邵族文化會館 3.辦理兒童關懷活動
	國際獅子會	1.南投縣立體育館成立賑災服務處	1.心靈復健工作 2.義賣募款賑災活動 3.重建水里玉峰國小、集集永昌國小、鹿谷瑞田國小 4.竹山地區提供法律服務及文書處理工作
	國際扶輪社		1.重建石岡鄉土牛國小前人行陸橋 2.提供受災戶學童獎助學金 3.協助草屯地區國中、小學災後重建 4.提供武登村組合屋配合款

（資料來源：作者整理）

表 6-2-3　自願性救災組織表

		緊急救災階段	協助復建階段
自願救災服務及救難組織	台灣寶島行善義工團		1.提供造屋與房屋整繕服務 2.協助邵族原住民重建 3.協助松鶴社區及埔里蜈蚣社區搭建臨時屋
	中華搜救總隊	現場協助搶救	救災物資運送分配
	富安守望相助隊	1.現場協助搶救 2.發放救災物資 3.維持災區治安	

（資料來源：作者整理）

表 6-2-4　宗教組織表

		緊急應變	復原重建
宗教性組織	台灣基督長老教會	1.發放慰助金 2.救援物資	1.搭建組合屋 2.舉辦追思禮拜 3.分發補助金 4.心靈重建 5.成立社區重建關懷站
	一貫道	1.設置食物供應站 2.發放物資 3.成立醫療及心理諮詢團隊	1.海外募款 2.心靈重建
	中台禪寺	1.緊急搶救 2.急難救助 3.醫療服務	1.舉辦法會及超渡
	佛光山	1.提供物資及義工 2.醫療義診 3.設置靈堂	1.興建組合屋 2.協助學校重建 3.協助寺院重建 4.心靈重建
	法鼓山	1.成立安心服務團（提供醫療、義工、災後心靈輔導）	1.教育心靈重建 2.設立教育獎助學金 3.安心講座
	香光尼僧團伽耶山基金會	1.物資補給	1.成理基金會協助重建 2.心靈重建 3.教育重建 4.文化重建
	慈濟基金會	1.慰問金發放民生物資 2.緊急醫療 3.往生事儀	1.安心計劃 2.安身計劃（台中、南投、雲林、興建大愛村） 3.希望工程 4.健康工程 5.社區文化及公共工程 6.高關懷戶慰訪工作 7.安生計劃（列短、中、長期補助）
	曉明社會福利基金會	1.成立天主教曉明賑災站	1.心靈重建 2.原住民社區重建 3.社區生活重建專案研究
	耶穌基督後期聖徒教會	1.幫忙搬運大樓倒塌受難者 2.語文翻譯 3.運送物資及飲用水 4.幫忙設立帳篷 5.緊急救護袋	

（資料來源：作者整理）

表 6-2-5　社會福利組織表

		緊急應變	復原重建
社會福利相關機構	財團法人老吾老基金會	1.急難救助 2.受災戶關懷訪視	1.組合屋興建（埔里長青村） 2.家屋重建（建國工程） 3.支付原住民學童營養午餐
	全國民間災後重建聯盟		1.法案推動（民法 1094 條修訂）九二一震災重建暫行條例修訂 2.監督捐款 3.資源媒合 4.設置聯絡站 5.舉辦研討會及民意調查 6.舉辦系列活動 7.匡計重建災款及補助
	伊甸社會福利基金會	1.成立庇護工廠（協助身心障礙者）	1.成立縫紉工廠 2.成立按摩屋 3.成立伊甸廚房 4.成立愛無國界（將九二一經驗推向國際）
	兒童福利聯盟文教基金會		1.法令推動 2.心靈重建（設置張老師服務專線、愛心電話卡） 3.兒童團體輔導 4.法鼓山安心服務團
	張老師基金會		1.設置張老師關懷服務站 2.希望圖書館 3.印製心理輔導卡片
	財團法人慈心基金會	1.災區熱食供應　物資資助	1.成立慈心美食屋（義賣工藝品以及食品）

（資料來源：作者整理）

表 6-2-6　企業與媒體組織表

		緊急救災階段	協助復建階段
企業與媒體組織	TVBS 關懷文教基金會	1.購買急用民生物資 2.捐贈組合屋	1.提供災區學童獎助金 2.協助內政部消防署建立全台衛星防災指揮系統 3.提供校園重建經費 4.補助原住民權利促進會成立南投縣仁愛鄉互助村災後重建工作站
	國泰人壽	1.成立救災應變小組	1.災區賑災活動 2.捐款賑災 3.成立國泰人壽志工團
	智邦文教基金會		1.協助災區重建住屋 2.協助原住民及老人重建住屋 3.武界部落成立籃球隊 4.募集二手電腦送給馬列霸部落與春陽部落 5.辦理募書活動送給山區學童 6.協助台灣社區重建協會設立重建區網站
	中興電台		1.捐助重建基金 2.開播重建家園節目
	安麗公司	1.捐贈救災物資	1.捐贈慰問金

（資料來源：作者整理）

6-2-7　學術及醫療組織表

		緊急救災階段	協助復建階段
學術及醫療組織	中華民國物理治療學會		1.軟體重建（署立中興醫院作業系統重建） 2.國姓鄉提供物理治療師服務 3.協助各縣市衛生局 4.舉辦相關專業人員培訓課程 5.配合組合屋健檢活動
	埔里基督教醫院		1.心靈重建 2.社區醫療服務 3.山地巡迴醫療

（資料來源：作者整理）

　　並針對緊急救災階段面向再分為現場救助、後勤支援及經濟支援三面向及協助復建階段部份再分為軟硬體兩面向，整理成民間組織執行方向如下所示。

（一）緊急救災階段：

1.現場救助面向：現場協助搶救、維持災區治安、搬運罹難者、協助設立臨時帳棚。

2.後勤支援面向：物資分配、救災醫療連絡站、收容中心、賑災服務處、心理諮詢團隊、義工服務、往生事儀、協助翻譯、捐贈組合屋。

3.經濟支援面向：發放慰問金。

（二）協助復建階段：

1.硬體面向

(1)校園重建：協助校園重建。

(2)社區生活重建：協助興建臨時住屋、協助弱勢族群重建、修復陸橋、提供房屋修繕服務、物資運送分配。

(3)文化重建：興建九二一心靈重建社區會館、修復邵族文化會館、寺院重建。

(4)產業重建：成立縫紉工廠、成立按摩屋、成立伊甸廚房。

2.軟體面向

(1)心靈醫療重建：舉辦心靈重建工作、關懷獨居老人、追思禮拜、法會及超渡、成立社區關懷站、提供物理治療師服務、人員培力、組合屋健檢、醫療服務。

(2)經濟重建：提供獎學金及慰問金、兒童資助、義賣募款賑災活動、提供法律及文書處理工作、提供組合屋配合款、提供原住民營養午餐。

(3)文化重建：辦理兒童關懷活動、舉辦研討會及民意調查、希望圖書館。

(4)後續重建：災後環境整頓、設立備災中心、成立基金會、監督捐款、法案推動、建立緊急救援體系、建立全台衛星防災指揮系統、設立重建區網站。

 公（政府）部門參與社區重建

中央公部門組織參與重建部份，以九二一地震發生後所成立的行政院震災災後重建推動委員會為主。由於委員會內部依重建內容分：公共工程、大地工程、生活

重建、住宅及社區重建及產業振興五大部份，因此，將行政院九二一震災災後重建推動委員會在緊急救災階段與復建階段中所協助重建之內容，彙整為表 6-2-8。

表 6-2-8　中央公部門參與重建表

		緊急救災階段	協助復建階段
行政院九二一震災災後重建推動委員會	公共工程重建		1.道路及橋樑 　省、縣道及鄉道系統 　鐵路系統：三義及集集路段 　中部第二高速公路：施工機具倒塌、PC 樑掉落損壞、支承損壞、大樑移位、橋台裂損及基樁受損 2.公有建築重建 3.學校重建 　新校園運動：確保安全、無障礙且符合機能以及結合社區地標的永續發展綠色校園 4.文化資產 　九二一文化資產搶救小組 5.公共工程品質 　工程品質查核機制建立
	大地工程	崩塌地下端距下游南興橋約 1200 公尺兩處堰塞湖已滿水溢流，可能導致崩塌土石二次嚴重傷害，有需要進行湖水監測，如有必要應通知下游疏散。	1.堰塞湖處理 2.自然生態工法示範 3.坡地社區水土保持 　九二一震災重建地區山坡地住宅社區外圍水土保持設施補助作業要點 4.水利設施 5.土壤液化 　九二一地震土壤液化區防災規劃：補充地質調查與資料庫建立、建立各種構造物基礎設計參考、受損結構物補強改良方法以及推光諮詢、液化潛能評估準則、推廣教育印製參考手冊 6.防災體系-雨量站之設置 7.建築廢棄物處理 　九二一震災建築廢棄物再生利用推動計劃： 　建築廢棄物場復育、建築廢棄物再生利用 8.土資廠興建及營建廢棄物再生利用推廣 　營建剩餘土石方及建築廢棄物多元回收再利用計劃之推動執行及其標準規範之訂之

		9.桃芝風災復健 10.重建區全流域整治規劃 11.螢火蟲復育計劃 12.國家地震紀念地
生活重建		1.社會福利 　租金發放政策 　九二一震災民重建捐款之運用管理 　生活重建中心設置與運作：福利服 　務、心理輔導、組織訓練、諮詢轉介 　重建區個案管理系統與福利服務輸 　送體系 　重建區弱勢族群照顧與輔助 　社會福利相關機構之修繕與重建 　組合屋弱勢戶安置與輔導 　重建區村里緊急連絡志工之建構： 　培訓研習 2.心靈重建與醫療衛生 　全民健保費用與醫療衛生費用補助 　偏遠地區巡迴醫療服務團隊 　災區傳染病監測及防治 　組合屋的保健衛生 　重傷的長期照顧及復健 　自殺防治及生命教育 3.就業服務與職業訓練 　臨時工作津貼 　就業重建大軍 　永續就業工程 　多元就業開發方案 　雇用獎助津貼 　職業訓練措施 　重建工程雇用居民措施 　弱勢戶就業輔導
住宅及社區重建		1.重建區土地問題及處理 　地籍圖重測、重建區圖解地籍圖委 　外數值化建檔、土地分割界址爭議 　變更編地案件處理、解決土地產權 　問題、農村社區土地重劃、積極解 　決斷層帶土地以地易地重建 2.建物營建輔導 3.都市更新重建 　集合住宅重建、易地更新重建、街 　區更新、老街重建、新社區開發、 　住宅承購資格放寬、平價住宅優惠 　措施

		4.鄉村社區重建 　農村聚落重建、土石流遷村安置、 　民間開發村區 5.原住民聚落重建 6.融資貸款 　九二一震災家園重建專案貸款、重 　建金融輔導措施、重建更新基金對 　金融機構之補貼
產業振興		1.農業振興 　傳統農業轉型及升級 　農村休閒旅遊 　農特產品促銷 　加入 WTO 後重建區農產業因應措施 2.工商業振興 　產業優惠融資 　形象商圈活化與重塑 　公有零售市場整建 　公有零售市場經營輔導 　南投、中寮、名間酒鄉計劃 　促進重建區產銷輔導計劃 　產業經營技術提升輔導 3.觀光振興 　景觀重塑 　產官學合作促銷 　民宿輔導

（資料來源：作者整理）

　　將中央公部門參與重建內容依緊急救災階段整理現場支援、後勤支援及法令政策面向，以及協助復建時期分公共建設、生活重建、住宅及社區重建及產業振興四面向，整理中央公部門組織之重建執行重點如下：

（一）緊急救災階段：

　　1.現場援救面向：傷亡搜尋與救助、處理罹難者、掌握受災情況、交通搶通。

　　2.後勤支援面向：軍事、警察、消防之調動、廢棄物清理、醫療救援、救援物資或救援服務之供給、緊急避難所提供、危機諮詢與處理。

　　3.法令政策面向：緊急命令發布、賑災中心及重建委員會設立、二次災害緊急疏散命令。

（二）協助復建階段：

1.公共工程重建面向：道路及橋樑、公有建築重建、文化資產、公共工程品質、土資廠興建及營建廢棄物再生利用推廣、防災體系-雨量站之設置、建築廢棄物處理、水利設施、土壤液化、堰塞湖處理、自然生態工法示範、坡地社區水土保持、桃芝風災復健、重建區全流域整治規劃、螢火蟲復育計劃、國家地震紀念地。

2.生活重建面向：就業服務與職業訓練、心靈重建與醫療衛生、社會福利。

3.住宅及社區重建面向：原住民聚落重建、融資貸款、鄉村社區重建、建物營建輔導、都市更新重建、重建區土地問題及處理。

4.產業振興重建面向：觀光振興、工商業振興、農業振興。

 三 中央公部門組織與民間組織之比較

中央公部門與民間組織在九二一震災時所參與執行內容比較整理如表 6-2-9 所示。由表中可知：中央公部門組織主要以重建政策指導的角度，無論是初期之緊急應變對策之執行如：全半倒判定，抑或是進入重建初期之災區貸款與社區重建各措施協調，皆有參與。民間部門以災區重建時各項措施執行時之從旁協助居多。

表 6-2-9　組織參與執行項目類別之對照表

	民間組織	中央公部門組織
建物營建輔導		★
都市更新或重建	★	★
新社區開發		★
鄉村區重建	★	★
緊急融資貸款		★
建立震損住宅判定的機制		★
農業振興	★	★
工商業振興		★
觀光振興		★
道路及橋樑		★
公有建築重建		★
學校重建	★	★
文化資產	★	★
公共工程品質		★
社會福利	★	★
租金發放		★
民間捐款的管理與運用	★	★
生活重建中心設置與運作	★	★
組合屋弱勢戶安置與輔導	★	★
重建區村里緊急聯絡志工之建構	★	★
生理重建與醫療衛生	★	★
就業服務與職業訓練	★	★
社區總體營造	★	★

★表示有執行
（資料來源：作者整理）

　　九二一地震後不論是中央公部門或民間組織在重建部份皆投入相當大的人力與資源，表 6-2-10 依照緊急應變、復原安置與重建三階段整理中央公部門與民間組織所協助之內容；表 6-2-11 依照中央公部門與民間組織參與各階段之內容分項整理。

表 6-2-10　行政部門與民間組織參與組織重建表

	緊急應變	復原安置	重建
公共工程重建	崩塌地下端距下游南興橋約 1200 公尺兩處堰塞湖已滿水溢流，可能導致崩塌土石二次嚴重傷害，有需要進行湖水監測，如有必要應通知下游疏散。		校園重建 邵族文化會館 協助內政部消防署建立全台衛星防災指揮系統 提供校園重建經費 道路及橋樑 公有建築重建 文化資產 公共工程品質 堰塞湖處理土資廠興建及營建廢棄物再生利用推廣水利設施 土壤液化 防災體系-雨量站之設置 建築廢棄物處理 自然生態工法示範 坡地社區水土保持 重建區全流域整治規劃 螢火蟲復育計劃 國家地震紀念地
生活重建	現場協助搶救 成立災區連絡站 成立救災小組 成立救助站 維持災區治安	救濟物資分送災區 醫療衛生服務 成立救援暨收容中心發放慰問金 成立賑災服務處 募集全國青年義工 幫忙設立帳篷 緊急救護袋 社區醫療服務 山地巡迴醫療 捐助重建基金 捐款賑災 配合組合屋健檢活動	災後環境整頓 成立社區重建關懷站 舉辦追思禮拜 設立備災中心 提供獎助學金及慰問金 建立緊急救援供需體系 災區兒童資助及家庭生活重建計劃 協助獨居老人、殘障人士及低收入戶重建 提供武登村組合屋配合款 義賣募款賑災活動 興建九二一心靈重建社區會館 竹山地區提供法律服務及文書處理工作 興建臨時住屋 提供災區學童獎助金 災區賑災活動 舉辦相關專業人員培訓課程 心靈重建 開播重建家園節目 捐贈慰問金 國姓鄉提供物理治療師服務 協助各縣市衛生局

		補助原住民權利促進會成立南投縣仁愛鄉互助村災後重建工作站
		成立國泰人壽志工團
		武界部落成立籃球隊
		募集二手電腦送給馬列霸部落與春陽部落
		辦理募書活動送給山區學童
		協助台灣社區重建協會設立重建區網站軟體重建（署立中興醫院作業系統重建）
		購買急用民生物資
		捐贈組合屋
		海外募款
		醫療義診
		成立安心服務團
		高關懷戶慰訪工作
		語文翻譯
		支付原住民學童營養午餐
		法案推動
		監督捐款
		舉辦研討會及民意調查
		舉辦系列活動
		匡計重建災款及補助
		成立縫紉工廠
		成立按摩屋
		成立伊甸廚房
		成立愛無國界（將九二一經驗推向國際）
		法令推動
		兒童團體輔導
		設置張老師關懷服務站
		希望圖書館
		印製心理輔導卡片
		全民健保費用與醫療衛生費用補助
		災區傳染病監測及防治
		自殺防治及生命教育
		就業重建大軍
		職業訓練措施
		多元就業開發方案
		永續就業工程

住宅及社區重建		災區社區重建 提供造屋與房屋整繕服務 協助邵族原住民重建 協助松鶴社區及埔里蜈蚣社區 搭建臨時屋 協助原住民及老人重建住屋 協助災區重建住屋 協助寺院重建 安身計劃 社區文化及公共工程 社區生活重建 專案研究 家屋重建 建物營建輔導 都市更新重建 融資貸款 原住民聚落重建 鄉村社區重建
產業振興重建		成立慈心美食屋（義賣工藝品以及食品） 傳統農業轉型及升級 農村休閒旅遊 農特產品促銷 產業優惠融資 形象商圈活化與重塑 公有零售市場整建 公有零售市場經營輔導 南投、中寮、名間酒鄉計劃 促進重建區產銷輔導計劃 產業經營技術提升輔導 景觀重塑 產官學合作促銷 民宿輔導

（資料來源：作者整理）

表 6-2-11　行政部門與民間組織執行方向統合表

<table>
<tr><th></th><th>緊急救災階段</th><th>項　目</th><th>協助復建階段</th><th>項　目</th><th>次項目</th></tr>
<tr><td rowspan="15">民間組織</td><td rowspan="4">現場救助面向</td><td rowspan="4">現場協助搶救維持災區治安搬運罹難者協助設立臨時帳棚。</td><td rowspan="4">硬體面向</td><td>校園重建</td><td>協助校園重建</td></tr>
<tr><td>文化重建</td><td>興建九二一心靈重建社區會館、修復邵族文化會館、寺院重建</td></tr>
<tr><td>產業重建</td><td>成立縫紉工廠、成立按摩屋、成立伊甸廚房</td></tr>
<tr><td>社區生活重建</td><td>協助興建臨時住屋、協助弱勢族群重建、修復陸橋、提供房屋修繕服務、物資運送分配</td></tr>
<tr><td rowspan="4">後勤支援面向</td><td rowspan="4">物資分配
救災醫療連絡站
收容中心
賑災服務處
心理諮詢團隊
義工服務
往生事儀
協助翻譯
捐贈組合屋</td><td rowspan="4">軟體面向</td><td>心靈醫療重建</td><td>舉辦心靈重建工作、追思禮拜、關懷獨居老人、法會及超渡、成立社區關懷站、提供物理治療師服務、人員培力、組合屋健檢、醫療服務</td></tr>
<tr><td>經濟重建</td><td>提供獎學金及慰問金、兒童資助、義賣募款賑災活動、提供法律及文書處理工作、提供組合屋配合款、提供原住民營養午餐</td></tr>
<tr><td>文化重建</td><td>辦理兒童關懷活動、舉辦研討會及民意調查、希望圖書館</td></tr>
<tr><td rowspan="1">經濟支援面向</td><td rowspan="1">發放慰問金</td><td>後續重建</td><td>災後環境整頓、設立備災中心、成立基金會、監督捐款、法案推動、建立緊急救援體系、建立全台衛星防災指揮系統、設立重建區網站</td></tr>
<tr><td rowspan="7">行政組織</td><td rowspan="2">現場援救面向</td><td rowspan="2">傷亡搜尋與救助
處理罹難者
掌握受災情況
交通搶通</td><td rowspan="2">硬體面向</td><td>公共建設重建</td><td>都市地區重建、都市基盤搶救、公共事業、醫院、社區功能恢復、通訊系統修復、維生系統修復、物資系統修復、推動未完成工程建設事業。</td></tr>
<tr><td>住宅重建</td><td>永久性住屋、災後重建公共住宅、低所得戶提供出租式公營住宅</td></tr>
<tr><td rowspan="2">後勤支援面向</td><td rowspan="2">軍事、警察、消防之調動
廢棄物清理
醫療救援
救援物資或救援服務之供給緊急避難所提供
危機諮詢與處理</td><td rowspan="3">軟體面向</td><td>經濟重建</td><td>發放慰問金、優惠承購國宅、發放租金、重建資金貸款</td></tr>
<tr><td>政策法令重建</td><td>政府機構運作回覆常態、擬定災後重建暫行條例、社區營造基本條例及支援制度、土地重劃事業與都市更新事業、居住環境整備事業、輔導就業、文化資產保存、產業與經濟重建支援、生活重建、減災措施</td></tr>
<tr><td rowspan="1">法令政策面向</td><td rowspan="1">緊急命令發布賑災中心及重建委員會設立二次災害緊急疏散命令。</td><td>後勤支援重建</td><td>提供公有建築物、避難所的開設、組合屋的提供、發放救援物資</td></tr>
</table>

（資料來源：作者整理）

　　由上述九二一地震後社區重建過程中，公私部門所負責之工作內容可以看出，是否能彼此互相支援為一重要議題。而針對此重建過程中公私部門之相互協助關係，賴美蓉（2002）曾指出包含外來團隊、公部門（政府團隊）、NGOs、社區組織、金融機構以及社區的人民在災後重建所呈現的角色關係以及彼此的連結都為社區住宅重建的重點。因此，外來團隊、公部門、NGOs 等組織在社區重建過程中之關係，可歸納成圖 6-2-1。

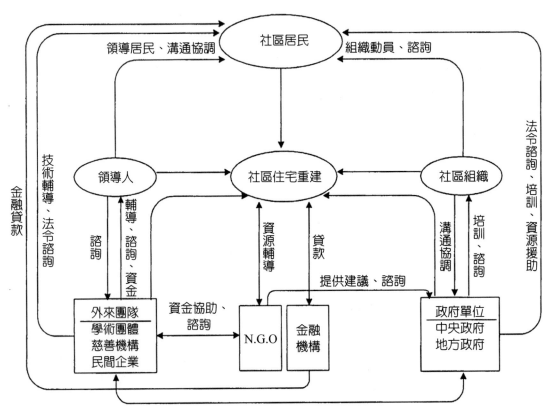

圖 6-2-1　公私部門協力關係圖

資料來源：整理自賴美蓉（2002）

　　江明修（2000）在探討非營利組織與政府間關係，認為非營利組織的公共服務可以從兩個層面加以區分，一是服務經費的提供與授權，另一是實際服務的輸送者，並發展出四種的關係模式如下表 6-2-12：

　　1.政府主導模式：政府為經費與服務提供者，此為所謂的福利國家模式。

表 6-2-12　政府與私部門關係模式表

功　能	政府主導	雙元模式	合作模式	第三部門主導
經費提供者	政府	政府與第三部門	政府（或第三部門）	第三部門
服務提供者	政府	政府與第三部門	第三部門（或政府）	第三部門

資料來源：整理自江明修（2000）

　　2.雙元模式：政府與非營利組織各自提供福利服務的需求，兩者並無經費上的交集，而是處於平行競爭的範圍，同時由政府和第三部門提供資金與傳送服務，但是各有其明確的範圍。

　　3.合作模式：典型的合作模式是由政府提供資金，第三部門負責實際的服務傳送。但是相反的情形亦有可能（即第三部門提供資金，政府負責服務傳送）。此種模型廣布於美國。

　　4.第三部門主導模式：在此情形下，第三部門同時扮演資金提供與服務傳送的角色。

　　由上述的公私部門負責內容之比較中便可看出，公部門與民間組織應互助、互補而非對抗、衝突，善用組織其本身的優勢在災後住宅重建上做好分工以及互相合作，不管在策略、目標都要達成一致才能在災後重建上發揮出最大的功效。台灣在九二一地震後也因公私部門協調整合的問題造成住宅重建過程之諸多問題，整體來看民間組織似乎比公部門給於災民有更好的信賴感，然而，實際上公部門具有資源統籌之主導單位，如何與民間的力量相互協調與配合發揮到最大乃為重要議題。因此，公私部門之關係大致可分為「分裂型關係」與「整合型關係」（如圖 6-2-2 所示），如何避免分裂而加強整合乃是住宅及社區重建成功與否之關鍵。

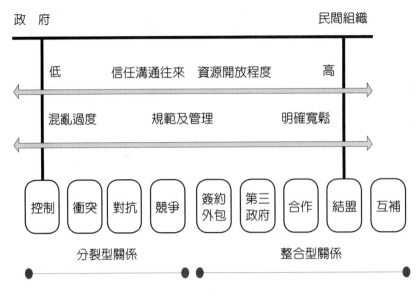

圖 6-2-2　民間組織與政府互動過程圖

資料來源：整理自姚泰山（2003）

 第三節　社區重建案例分析——以三叉坑爲例

　　九二一地震由於震央位於南投縣集集附近，沿著車籠埔斷層線地區的結構物幾乎都倒壞，尤以南投縣及台中縣之破壞最為嚴重，而中部原住民居住的山區在此次地震的衝擊亦無可倖免。由於原住民部落位處偏僻山區，長久以來居住環境之安全未能有效管理與維護；針對震災後的毀損，從聚落的環境安全考量上大部分原住民，都面臨遷村，然至目前九二一地震十週年了，由於居民無法滿意遷村地點、協調無法達到共識、經濟能力不足、主流社會提供之重建對策無法符合當地需求等眾多複雜原因，乃至目前無法完成遷村的部落依舊存在。在 2009 年 8 月 8 日莫拉克颱風所造成之八八水災，亦對原住民居住之山區帶來莫大的衝擊，大規模災後原住民重建之議題再度浮出檯面。也使得我們不得不正視原住民部落重建所面臨之困難與挑戰性。本節主要透過分析完成原住民遷村之案例分析重建過程中之各組織的協調關係如何影響部落遷村。有關案例選擇，則以原住民部落重建

規劃中最早的三叉坑社區為例，運用深度訪談、社會網絡軟體操作方式呈現重建過程中各投入重建之組織的相互關係，期盼能針對原住民部落重建提供一機制以供參考。

一 三叉坑部落簡介

三叉坑部落，位於台中縣和平鄉自由村（如圖 6-3-1 所示），在東崎路（中 47 縣道）東側中嵙溪及牛欄坑溪會合處，屬規模不算大的泰雅族部落，是大安溪流域的第一個部落，位於東勢鎮的山上，海拔約 538 公尺，原始基地約 0.85 公頃。東崎路（中 47 縣道）路寬約 5～6 公尺，為該部落對外的唯一連絡交通要道。

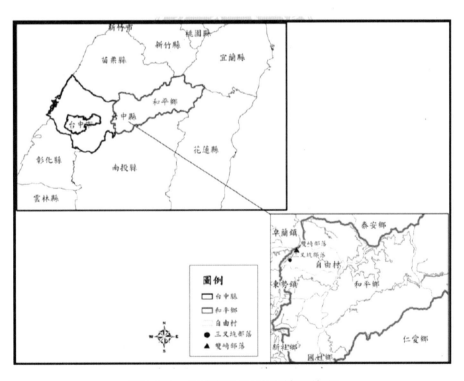

圖6-3-1　自由村三叉坑之地理位置

資料來源：徐德耀，2008

（一）居住環境

三叉坑部落是漢人所稱呼的，原部落舊名為 S`yuh，屬規模不算大的泰雅族部落，S`yuh 是部落舊地名，指的是九芎樹，當時三叉坑地區長有數棵九芎樹，喜歡以植物來命名的祖先便以九芎樹（s`yuh）稱呼此地。S`yuh 的族人早年住在現今和平鄉公所後方之捎來坪，因抗日失利，家族便往北遷至大雪山林道 13 公里附近，後來，又遷至大雪山林道約 39 公里處，最後被日本人遷到至今雙崎部落。1946 年，因與雙崎部落不合，在宗教的導火線下舉家牽至今 S`yuh 一帶。部落災前原有 99 戶，人口數約 272 人，百分之九十以上為泰雅原住民。目前除了幾位居民擔任公職外，多數族人只能以打零工生活，教育水準不高（陳亮丰，2003；邵珮君，2007）。

九二一震災前三叉坑部落的家屋型式多為一層樓磚造以及鐵皮、木造，RC 構造僅有三棟，部落居民的居住形態大多為互助互惠的生活模式，傳統原住民的人際關係依舊清晰可見。亦因為接近都市平地，不易發展高經濟農業，部落土地賤賣給平地人，流失土地的情況嚴重（邵珮君，2007）。

（二）九二一地震受災情況

九二一大地震造成基地滑動，部落台地兩側主要擋土牆遭到破壞，並且由於建物老舊，部落之住屋損毀 70%～80%，僅少數房屋可能尚堪使用，因此本部落可說幾乎全毀。震後，和平鄉公所委託成大防災中心進行邊坡穩定性之環境探勘後，三叉坑部落被判定具有崩塌危險而被建議遷村。在住宅損害方面，地震後三叉坑部落之房屋損壞情況為全倒 42 戶，半倒為 6 戶，如表 6-3-1 所示。

表 6-3-1　自由與觀達二村受損房屋的統計

村　別	部落	人口數	戶數	九二一時房屋受損情況	
				全　倒	半　倒
自由村	三叉坑	272	99	42	6
	雙崎	562	200	136	69
	烏石坑	413	137	35	60
達觀村	竹林	343	122	6	31
	達觀	848	306	47	34
	雪山坑	343	122	38	33
合　計		2781	986	305	233

（資料來源：陳淑妃，2006）

（三）重建過程與內容

1.部落重建背景

　　三叉坑部落地震毀損不適合再興建房舍居住，因此，原社區所在地於加強邊坡穩定設施進行改善後，將留做公共設施使用。部落則整體往西側安全的地區遷移，面積共計約有 3.458 公頃。

　　部落所在之原基地不能繼續讓居民居住，因此，保留做為公共設施（如教堂、活動中心、綠地、停車場等）使用，並在部落東側價購將近 2 公頃的平坦土地，預計徵收之後編訂變更為建地，再行分割分配給 45 戶遷住戶，貫徹「以地易地」精神。該案於民國 89 年 4 月經行政院原民會審議通過之後，由行政院核定重建總經費為 8445 萬元。然該案中，除了委託規劃單位設計三種形式的標準住宅設計圖，並無實質的造屋配套措施，而鄉公所建設課與規劃單位俱希望透過重建，將過去缺乏公共設施的三叉坑部落，使其成為一個新山村，擁有新的教會與活動中心、較安全的擋土牆與基地，整齊的道路，新的排水與簡易用水設施等。

2.重建特徵

　　在三叉坑部落的遷建過程中，經以下重要特徵：(1)原部落基地不再讓居民居住，建物拆除，空間規劃為公共設施，如教堂、活動中心、綠地、停車場等；(2)價購鄉公所位於部落東側約 2 公頃之平坦土地，變更為山地保留地丙種建地，再行分配給 45 戶遷住戶作為重建家屋的基地；(3)由於部落多數居民經濟困難，無法自力蓋屋。

3.遷村重建的問題與解決

由上述重建特徵並佐以 2007 年 8 月 22 日之訪談內容，發現部落遷建時面臨的主要問題，整理如下：

(1)原基地無法居住，由於原先承接組合屋之民間團體因故無法執行，延宕三個月後在 2000 年 1 月才由新的團體承接興建組合屋，此間造成居民反感。

(2)重建類型選擇的爭執：原村長接受公所遷村意見，但是年輕居民不苟同，使得遲遲無法確立採遷村重建。所幸公所職員勤勞奔走一再與居民溝通協調，逐漸取得居民信任後願意採遷村重建。

(3)由於居民普遍經濟能力較差，在住宅重建階段無法如期付款，導致無法確保建商住宅重建品質。此一問題透過九二一重建基金會協調才得以解決，居民也依其可支付興建工程程度調整住宅坪數。居民重建經費與公私部門補助比例為：居民自身負擔 20%，80% 由九二一重建基金會（負擔 40～50 萬元）與公部門補助（25 萬元）。住宅坪數為最小 17 坪～34 坪不等（參見照片 1～照片 4）。

三 組織活動情況

經由上述組織協助重建過程中，所有組織進入協助重建之時間點及協助內容羅列如表 6-3-2 及圖 6-3-1 所示。三叉坑部落部落遷建的完成有賴外部組織及行政部門的協助，其中外部組織中的大安溪部落工作站是最接近社區的外部組織，成員除了從外地進入協助重建之人員外，尚有部落內部的成員參與，使得組織得以迅速取得部落居民之信任；亦是三叉坑重建另一個相當重要的外部 NGO 組織，此機構定位在於社區重建時資金與技術協調之重要窗口補助的關鍵機構，針對政府無法立即處理與因應之重建資金補助，九二一重建基金會扮演舉足輕重之角色。除此之外，其他關於公私部門組織參與三叉坑部落遷村重建之重要內容整理如表 6-3-3 所示。

表 6-3-2　參與三叉坑部落重建之組織與工作內容

組織單位	職　稱	組織性質	組織類別	重建工作內容	進駐時間	備　註
1.財團法人九二一震災重建基金會	專員及執行長	社會福利相關機構組織	外部組織	統籌資金調度及重建	協調資金期間	產
2.怡興工程顧問有限公司	經理	企業與媒體組織	外部組織	評估報告以及基地規劃	第一時間	產
3.晟邦營造有限公司	總經理	企業與媒體組織	外部組織	硬體房舍興建	後期發包建設	產
4.王清林建築師事務所	建築師	企業與媒體組織	外部組織	設計房舍	後期發包建設	產
5.社團法人中華至善社會服務協會	執行秘書	社會福利相關機構組織	外部組織	輔導成立大安溪工作站	並未進駐	產
6.台中縣和平鄉大安溪部落工作站	主任	社會福利相關機構組織	外部組織	組織之間的協調及災民重建作業流程協助	第一時間	產
7.全景傳播基金會	作者	社會福利相關機構組織	外部組織	拍攝紀錄片工作以及重建作業中的協助	第一時間	產
8.旅港僑胞僑社	無法接受訪談	社團組織	外部組織	重建補助金協助	沒有進駐	產
9.三叉坑遷住委員會	委員	社區新成立組織	內部新成立組織	對外連絡窗口及對內統籌意見	第一時間	產
10.三叉坑社區發展協會	成員	社區內部組織	內部組織	資料的提供及訊息的傳達	第一時間	產
11.台中縣自由村辦公室	村長	社區內部組織	內部組織	資料的提供及訊息的傳達	第一時間	官
12.行政院原住民族委員會	科長	中央政府	公部門	制定上位政策	第一時間	官
13.台中縣政府	科長	地方政府	公部門	土地變更作業	第一時間	官
14.台中縣和平鄉公所	課長	地方政府	公部門	土地測量及建商發包，地方政府執行單位	第一時間	官

資料來源：作者整理

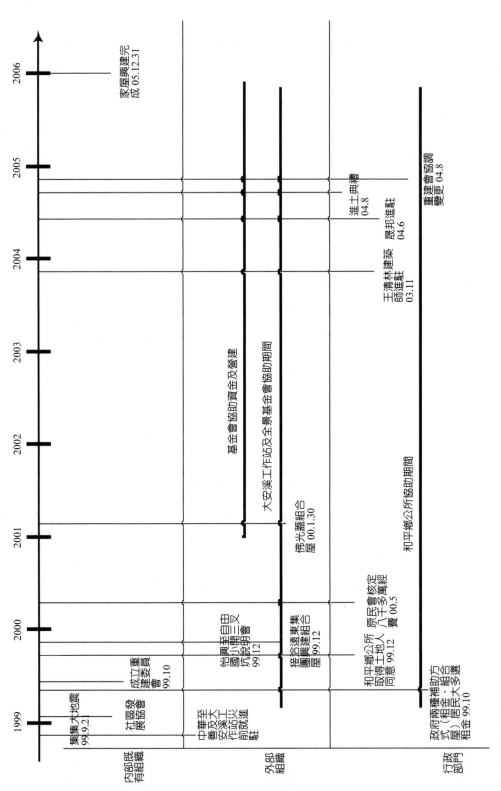

資料來源：作者整理

圖 6-3-2 三叉坑部落重建與組織參與之時序圖

照片 1　住宅重建完成（17 坪）

照片 2　住宅重建完成（24 坪）

照片 3　住宅重建完成（34 坪）

照片 4　住宅重建完成（28 坪）

資料來源：作者拍攝

表 6-3-3　組織協助三叉坑部落重建內容表

分類	組織性質	名稱	時間點	緊急救災階段 面向	緊急救災階段 內容	協助復建階段 面向	協助復建階段 內容
內部既有組織	宗教組織	基督教會		現場救援面向	現場協助搶救		
內部災後新成立組織	自願救災服務組織	重建委員會	88 年 9 月	後勤支援面向	心理諮詢團隊		
	自願救災服務組織	三叉坑短期農業共同經營班	89 年 11 月			產業重建	協助相關產業重建
	自願救災服務組織	社區發展協會	91 年 1 月			社區生活重建	物資運送分配
外部組織	宗教組織	慈濟	88 年 9 月	後勤支援面向	物資分配、救災醫療連絡站、收容中心、賑災服務、心理諮商處、諮詢團隊、義工服務	社區生活重建	協助興建臨時住屋、協助弱勢族群重建、提供房屋修繕服務、資運送分配、物資運送服務
	宗教組織	佛光山	89 年 1 月			心靈重建	舉辦心靈重建工作、關懷獨居老人、組合屋健檢
	企業與媒體組織	遠東集團	89 年 12 月			社區生活重建	協助興建臨時住屋、協助弱勢族群重建、提供房屋修繕服務、資運送分配、物資運送服務
	企業與媒體組織	怡興工程顧問公司	89 年 9 月			社區生活重建	協助興建臨時住屋、提供房屋修繕服務
	官方提出民間運作組織	九二一重建基金會	93 年 7 月			經濟重建	提供獎學金及慰問金、兒童資助、義賣募款賑災活動、提供律法文書及諮詢工作、提供組合屋配合款、提供原住民住屋暨營養午餐

組織類型	組織名稱	時間	面向	重建類型	服務內容
企業與媒體組織	晟邦營造股份有限公司	93 年 4 月		社區生活重建	協助興建臨時住屋、提供房屋修繕服務
企業與媒體組織	全景傳播基金會			社區生活重建	物資運送分配
社會福利相關機構組織	中華至善社會福利協會	89 年 10 月		社區生活重建	物資運送分配
				心靈產業重建	舉辦心靈重建工作、人員培力 相關產業重建
社會福利相關機構組織	大安溪部落工作站	91 年成立		心靈重建	舉辦心靈重建工作、關懷居老人成立社區關懷站、人員培力
				經濟重建	義賣募款賑災活動、提供法律及文書處理工作、提供原住民營養午餐
				文化重建	舉辦研討會及民意調查
				社區生活重建	協助弱勢族群重建、物資運送分配
行政部門 地方政府組織	和平鄉公所	99 年 10 月	現場救援面向		傷亡搜尋與救助、處理罹難者、掌握受災情況、交通搶通
			後勤支援面向		廢棄物清理、醫療救援、救援物資或救援服務之供給、緊急避難所提供、危機諮詢與處理
				生活重建	就業服務與職業訓練、社區福利與醫療衛生
				住宅社區重建	原住民聚落重建、建築貸款、融資重建、建物營建輔導、重建社區土地問題及處理
				公共工程重建	道路及橋樑、公有建築、文化資產、公共工程品質、建築廢棄物處理、水利設施、重建區化、坡地社區土壤液化、全流域整治規劃
				產業振興重建	觀光振興、農業振興

組織	機關	時間	面向	內容
中央政府組織	行政院原民會	99年10月	生活重建	就業服務與職業訓練、醫療衛生、社會福利、心靈重建
			住宅社區重建	原住民聚落重建、融資貸款、建物營建輔導、重建區土地問題及處理
			公共工程重建	文化資產、公共工程品質
			產業振興重建	觀光振興、農業振興
地方政府組織	台中縣政府	99年10月	現場救援面向	傷亡搜尋與救助、處理罹難者、掌握受災情況、交通搶通
			生活重建	就業服務與職業訓練、醫療衛生、社會福利、心靈重建
			住宅社區重建	原住民聚落重建、融資貸款、建物營建輔導、重建區土地問題及處理

（資料來源：作者整理）

由上述之分析得知：三叉坑部落在地震後之重建對於公部門之協助幫忙實不可缺。從訪談中瞭解部落內部組織方面除教會外，部落內部亦為一重建相關組織。地震後由於部落需遷村，因此地方政府在應變期第一時間進入，協助部落成立重建委員會並協同進行現場救援。之後的後勤支援主要由災後新成立社區重建組織與地方政府為主，因此，在應變階段部份乃以地方政府為主。

進入安置階段後重建內容以興建組合屋供部落居民暫住為主，而此階段以外部組織為主，公部門為輔。原本承接之遠東集團無法執行，延宕多時後主要由佛光山承接興建組合屋，而慈濟為外部非公部門組織第一時間進入協助，以推動心靈重建為主。在復原階段，重建重心以公共工程重建、心靈重建及產業重建為主，此階段主要以中央政府之原民會介入較深，地方政府為輔，而慈濟與中華至善社會福利協會在此階段仍以心靈重建為主；此外，為振興當地產業，部落少數人員推動發展短期農業班。在重建階段則以外部組織為主，由九二一重建基金會所提供的優惠住宅貸款為主，其次是推動遷村後住宅興建。三叉坑部落的住宅規劃興建主要由怡興工程顧問公司及晟邦營造股份有限公司負責，故重建這階段以外部組織為主；大安溪工作站也是外部組織的重點，它雖屬於外部組織，但卻也與內部組織緊密結合，成為一橋樑。可知，三叉坑部落無論是重建之任何階段，公部門支援或外部組織之深入都是缺一不可。

第四節　運用社會網路分析社區重建

由於前一節的訪談內容單純呈現各階段與重建資源投入主體之關係，然涉及信賴性、組織間彼此互動之關連尚無法確切掌握。因此，為了更詳細探討三叉坑部落重建過程中各組織對於部落本身之影響及組織與組織間之協調程度，在本節將運用 UCNET 6.0 之社會網絡軟體操作更深入分析三叉坑部落重建與組織之相互關係。擬將本節分社會網絡理論、操作方法及架構與分析結果之四部分來討論。

一 社會網絡理論

(一) 網絡理論與屬性意涵

「網絡」簡單地說是一種關係、一種互動類型（patterns of interaction）。網絡的互動，可分直接或間接。形成網絡連結之節點元素可能是個人、組織、部門等。人跟人、組織與組織、部門與部門之關係可能是垂直或是水平，抑或是水平轉垂直向上下或是垂直轉水平向左右延伸，而逐漸由點與點間連成線，再由線與節點與線接成網面。伴隨著節點與節點間的距離，網絡可能是緊密連結的也可能是鬆散的。根據楊巒貞（2004）的研究指出：社會網絡有三種概念：是關係的連結，透過關係取得資源達成目的；是互動的連結，透過互動達到信賴、合作之關係；不同網絡屬性與連結方式形成不同經營模式，以確保長期資源連結關係。社會網絡分析早在哈佛大學被討論，直到 60 年代，社會網絡分析才有更大的突破，在哈佛大學開始拓展網絡於數學基礎之相關研究（Scot, 1995；方祥銘，2004）。

一般來說社會網路分析有主要二種分析方式，依照二種不同類形的資料分成自我中心網路（Ego network analysis）分析及完整網路（Complete Network analysis）分析兩種（陳俊彰，2001；黃源協，2005）。此外，分析技術還有：子群組（Subgroup）、相等（Equivalence）、衡量完整網絡的中心性（Centrality）分析等。關於自我中心網路分析與完整網路分析簡述如下：

1.自我中心網路分析、非正式網絡（Ego network analysis）

自我網絡分析只考慮與焦點行為者相關的聯繫，以特定的行為者為探討中心，探討與其中心相關的行為者之間的社會網路情況。每一行為者被要求告知其互動的對象，和彼此之間的關係，行為者會任意的從和眾多人數中關係縮小樣本範圍。自我中心網路分析非常的方便，因為它可被用在連接任何樣本，用在傳統的統計技術上測試假設。自我中心網路分析可以清楚顯示個人的社會網路特徵，包含其相關的行為者為誰、關係內容為何及各行為者之間彼此的連結情況；而這種分析方法適合應用在研究母體（Population）非常大或是研究範圍不易訂定時。

2.完整網路分析、正式網絡（Complete Network analysis）

強調網絡結構中全體成員的結構分佈情況。即在某特定的範圍內，研究該範圍內所有行為者的關係狀態，例如：團隊、組織、公司、產業、區域、社群等。因此，採取社會中心觀點的網絡分析，需要所有行為者彼此之間的關係資料，因此建構這種網絡需要全部成員的資料回覆。完整網路分析是嘗試得知，在研究範圍內所有的行為者彼此之間的關係，來確定網路中地位及角色之存在，以及彼此間之關係。重點是整個網絡系統，所關注也是全部行動者與其他行動者間存在之所有關係。

此外，針對網絡關係之程度可藉由分析中心性得知。相關研究將社會網絡的中心程度探討分成三種形式（轉引自方祥銘，2004）：

3.中心性

(1)程度中心性（degree centrality）：

程度中心性能夠衡量出社會網路的區域中心性，程度中心性愈高者，表示其在網絡中與較多的行動者有所關聯，其擁有的非正式權力與影響力也較多，對照於部落重建中組織的程度中心越高者，代表對於部落的協助以及與其他民間組織的連結力較高，也代表其對於部落住宅重建的重要性越高。

(2)接近中心性（closeness centrality）：

接近中心性能夠衡量出社會網路的全域中心性（globally centrality），可以判斷一個人與其他人的接近程度，與他人距離越短，接近中心性愈高，表示其能較快速取得資訊。若於部落重建過程中發現組織間的距離長短，代表著住宅重建的協助過程中其資訊的流通快速及具協調整合的力量。

(3)中介中心性（betweenness centrality）：

中介中心性能夠衡量社會網路結構的中介位置，指一個網絡中兩兩成員之間的互動，必須透過另一行動者的中間介紹，中介性指標較高的行動者，其引導資訊流通的機會也較多，亦即佔據了操縱資訊流通的關鍵性位置，若於部落重建中組織之中介指標較高者即代表該組織對部落的住宅建有更大的影響力，或許是與其他民間組織的溝通橋樑或是統籌分配的領導者。

4.行為者、節點（node）

任何社會網絡圖，皆是以兩個節點之間的關係連結為基本單位，每兩個節點

間形成一個連結狀態（無連結亦是一種狀態），此連結可視為一種對偶（dyadic）關係，若有 n 個節點，便有 n (n-1)/2 個對偶關係，當網絡中的節點愈多，關係連結將更為複雜，其所能呈現出的訊息將非常豐富。

5.關係（Relation）

關係乃是某個群體中，成員間某種型態的連結集合，例如彼此之間是因為參加某種活動而產生關係、因為友誼形成朋友關係、因為分工組成的合作網絡關係等。其中，兩兩成員之間的互動便形成了網絡的連結，連結的有無、方向、強弱、距離與結構等都是網絡分析中所欲探討的對象。而在部落重建之組織關係，包含組織間互動的關係、合作關係、親密關係、敵對關係等。

(1)內容（content）

內容是二行為者之間的關係建構基礎，可涵蓋多種資源之共有、傳遞或交換，因此，關係因其內容之差異，而呈現不同之特徵，常見之關係型態有交易關係、溝通關係、界限滲透關係、工具性關係、情感關係、權威/權力關係及親屬和血統關係等（張世勳，2002）。

(2)方向（direction）

資源或資訊由一行為者，傳遞至另一行為者時，其流動具有一定之方向，此即為關係之方向性。方向係可區分為有方向性與無方向性，例如組織與 B 組織之間擁有良好關係，因此，兩組織之關係為無方向性；然而，兩行為者間之友誼，亦可能呈現不對稱，例如，A 組織視 B 組織為伙伴組織，而 B 組織卻僅視 A 組織為十分普通之組織，因此，其間之關係即具有方向性（陳俊彰，2001）。

(3)強度（strength）

關係也有著程度不同的強度。以兩人友情來看，其強度有可能是持續了幾天、幾星期、幾年，另外彼此所討論的事情可能只是閒聊或是深談，以不同的考量點就會有不同的強度衡量方式（陳俊彰，2001）。

(4)連結（linkages）、連帶（ties）

當行動者想要與另一位行動者建立某種形式的關係時，必須透過某種途徑，直接或間接地達成關係的建立，這種使行動者互相連結（link）的基本單位稱為「連繫」（ties）。

(5)網絡密度

　　網絡密度是指網絡成員實際關係數目和所有可能關係數目的比例，網絡密度最高為 1，最低為 0，網絡密度越大，代表成員間彼此的互動程度越高。

 社會網絡軟體

　　不同的網絡分析軟體發展可釐清不同的網絡指標描述網絡關係。由傳播學者 Richard Williams 發展的 NEGOPY 軟體著重於網絡角色的認定。社會學者 Ronald Burt 設計的 STRUCTURE 軟體計算個人在系統中的網絡結構，發展出描述個人結構自主（structural autonomy）及小組辨識（clique detection）的指標。David Krackhard 與同事設計的 KrackPlot 軟體則將複雜的網絡關係化成一幅幅網絡圖像。由美國加州大學爾灣分校之 Borgatti, Everett, and Freeman（2002）所發展出來的 UCINET 軟體程式來協助衡量，製作 n×n 的關係矩陣（n）網絡內節點的數量），並匯入網絡分析軟體中，可廣泛分析各類社會網絡數據，並描繪出各種關係類型的網絡圖；此外，由 Andrej Mrar 與 Vladimir Batagelj 又研發出 PAJEK 軟體可結合 UCINET 進行大規模網絡連結關係之展示及分析（Scot, J., 1995）。

　　綜合上述社會網絡的內容與分析意涵，可知社會網絡對其「關係」分析重點及呈現狀況，對照解析公私部門組織協助部落重建過程之關係，有其合適性。此外，採取 UCINET 軟體（本研究採用 UCINET6.0 版本）進行部落重建之組織關係分析的理由，主要乃因 UCINET6.0 最擅長被使用於團體、組織相關研究之分析。除具有通用目標及簡單輸入流程外，更涵蓋了基本圖的概念、位置、分析方法和量表分析法等。該軟體運用於部落重建之組織協助網絡分析有其簡易性、適切性與方便性。

 網絡關係之操作與分析架構

　　依據社會網絡理論中之組織專業、與其他組織之協調程度、視其他組織獲得之信任程度、與其他組織之合作關係、整體重建之財力與人力支援之架構下分析深度訪談的內容，關於訪談分析表如表 6-4-1 所示。訪談時間自 2007 年 4 月 17 日

第一次進入三叉坑部落對遷住委員進行正式訪談，以及對部落居民進行非正式訪談開始，直至 2008 年 11 月 29 日對全景傳播公司進行正式訪談共計一年又七個多月，其中針對不清楚的回應或應補充的內容透過多次訪談調查來補足。透過與組織之訪談以及部落現地調查之後，依照 1 分（無參與關係）～5 分（100% 的參與關係）五段評分將訪談內容轉換成各組織探討某關係之量化數據，將量化數據製作成 n（組織個數）×n（組織個數）之分數矩陣表。再根據每個組織每行總得分高於全部組織之平均數值給予關係屬性值 1，反之則給 0，並再度將矩陣表整理成二元一次關係矩陣（參見表 6-4-2）。將二元一次矩陣關係放入 UCINET6.0 軟體分析計算各種數值如中心性（centrality）、集中性（centralization）、密度（density）等，並將結果以簡易網絡分布圖呈現（參見圖 6-4-1）。

表 6-4-1　配合社會網絡架構下之訪談分析表

項　目	說　明
合作關係	部落重建過程中是否與其他組織有合作交集，請敘述對於過程之感想與建議。
溝通協調	在部落重建過程中是否曾與其他組織針對重建相關業務進行協調，請敘述協調過程之感想與建議。
信賴關係	在部落重建過程中對於同時參與重建的其他組織不論有無合作或接觸，請以旁觀立場敘述對於其他組織在信賴程度的看法與建議。
專業程度	在部落重建過程中對於同時參與重建的其他組織不論有無合作或接觸，請以旁觀立場敘述對於其他組織在專業程度之看法與建議。
人力支援	請敘述部落在整體重建過程中人力支援的看法與建議
財力支援	請敘述部落在整體重建過程中財力支援的看法與建議

表 6-4-2　二元一次關係矩陣

		組　織				
		A	B	C	D	E
組織	A	0	1	1	1	1
	B	1	0	1	1	1
	C	1	1	0	1	1
	D	1	1	1	0	1
	E	1	1	1	1	0

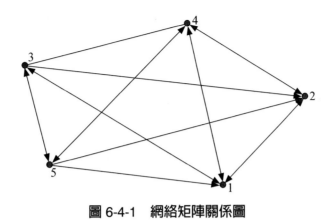

圖 6-4-1　網絡矩陣關係圖

四　分析結果

根據十四個受訪組織其重點訪談內容結果，製作成將轉換為數據資料的表格，以作為後續網絡圖形的依據準則，因此，將組織以數字編號呈現，各數字所代表之組織如下：

1. 財團法人九二一震災重建基金會
2. 怡興工程顧問有限公司
3. 晟邦營造有限公司
4. 王清林建築師事務所
5. 社團法人中華至善社會服務協會
6. 台中縣和平鄉大安溪工作站
7. 全景傳播基金會
8. 旅港僑胞僑社
9. 三叉坑遷住重建委員會
10. 台中縣自由村辦公室
11. 三叉坑社區發展協會
12. 行政院原住民族委員會
13. 台中縣政府
14. 台中縣和平鄉公所

　　整合組織間合作、協調、信任、專業、人力、財力相關面向分析，三叉坑部落重建過程之各組織所形成的矩陣關係如表 6-4-3 所示。根據表 6-4-3，繪出三叉坑部落重建組織網絡如圖 6-4-2 所示，由圖中可看出組織 1, 9, 14 為整理部落重建中最關鍵之組織，從此三節點與其他節點連結之情況判斷，此三組織所負責之重建事務繁多，形成與其他組織相互支援的特性有助於消弭重建過程中之阻礙。以下針對部落重建組織的中心性、派系關係進行網絡分別分析組織與組織之關係以及組織影響部落重建之情況。

表 6-4-3　三叉坑部落關係矩陣表

組織	1	2	3	4	5	6	7	8	9	10	11	12	13	14
1	0	1	1	1	0	1	1	1	1	0	0	1	1	1
2	1	0	0	1	0	0	0	0	1	0	0	0	0	1
3	1	0	0	1	0	1	0	0	1	0	0	0	0	1
4	1	1	1	0	0	1	1	0	1	0	0	0	0	1
5	0	0	0	0	0	1	0	0	0	0	0	0	0	0
6	1	0	1	1	1	0	1	0	1	0	1	0	0	1
7	1	0	0	1	0	1	0	0	1	0	1	0	0	1
8	1	0	0	0	0	0	0	0	0	0	0	0	0	0
9	1	1	1	1	0	1	1	0	0	0	1	1	1	1
10	0	0	0	0	0	0	0	0	0	0	0	0	0	1
11	0	0	0	0	0	1	1	0	1	0	0	0	0	1
12	1	0	0	0	0	0	0	0	1	0	0	0	1	1
13	1	0	0	0	0	0	0	0	1	0	1	1	0	1
14	1	1	1	1	0	1	1	0	1	1	1	1	1	0
總分	10	4	5	7	1	8	6	1	10	1	5	4	4	11

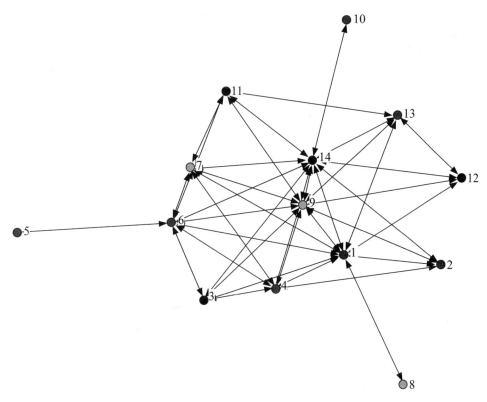

圖 6-4-2　三叉坑部落重建組織網絡圖

（一）中心性分析

中心性分析分為程度中心性、接近中心性與中介中心性。三叉坑部落重建之中心性分析參照表 6-4-4。在程度中心性分析中，可看出參與三叉坑部落重建之組織其程度中心性最高的分別是公部門的執行單位和平鄉公所、部落內部組織三叉坑委員會以及民間組織著力最深的九二一基金會。接近中心性之分析中則為 1.九二一重建基金會、9.三叉坑委員會以及 14.和平鄉公所，可知這些組織在重建過程中可以較快速取得資訊以及進行協調整合。此外，針對中介中心性來看，可知和平鄉公所與九二一重建基金會較高，代表著這兩個組織在部落重建過程中影響較大，亦成為與其他組織溝通之橋樑與統籌資源分配之領導者。

表 6-4-4 三叉坑部落重建組織中心性分析

	Code	Degree	NrmDegree	Share		Closeness		Betweenness
程度中心性	1	10	76.923	0.128	接近中心性	81.250	中介中心性	40.233
	2	4	30.769	0.051		56.522		4.000
	3	5	38.462	0.064		61.905		5.000
	4	7	53.846	0.090		68.421		9.150
	5	1	7.692	0.013		43.333		1.000
	6	8	61.538	0.103		72.222		29.267
	7	6	46.154	0.077		65.000		7.200
	8	1	7.692	0.013		46.429		1.000
	9	10	76.923	0.128		81.250		23.433
	10	1	7.692	0.013		48.148		1.000
	11	5	38.462	0.064		59.091		4.750
	12	4	30.769	0.051		56.522		4.000
	13	5	38.462	0.064		59.091		5.533
	14	11	84.615	0.141		86.667		46.433

（二）組織與派系（clique）關係

每個派系或小集團代表一個很強內聚力的子群，因此在此可以把派系視為一相互聯繫之個體群或密度極高之群體（Scott, J, 1995）。

對照三叉坑部落重建之組織網絡來分析，派系分析可能是有組織相互合作協調，亦有可能是衝突的結果。在三叉坑重建過程中，可分為六個小團體（派系），其小團體、派系內的組織成員如表 6-4-5 所示。由下表可明顯看出，派系一、二大多為較為重要且派系組織中往往擁有多重角色，我們可以稱為主要派系包括：九二一基金會、重建委員會以及鄉公所等。此外，尚有地方派系出現，包含有大安溪工作站、全景、三叉坑委員會、社區發展協會以及和平鄉公所。此乃因為地方組織的力量以及和平鄉公所積極協助所致。

表 6-4-5 小團體、派系結構表

	派系一	派系二	派系三	派系四	派系五	派系六
三叉坑	★ 1.4.6.7.9.14	★ 1.3.4.6.9.14	▲ 1.2.4.9.14	▲ 1.9.12.13.14	● 6.7.9.11.14	■ 9.11.13.14

（★主要派系▲次要派系■邊緣派系●地方派系）

其次，組織在各派系中重要程度主要為顯示各組織在派系的角色與地位，最高分為 1、最低為 0。從表 6-4-6 可看出三叉坑部落重建過程中，組織 1.4.6.9.14 為派系中相對重要的組織，參與派系的重複性也較高，即參與重建相互支援程度較大。反之，組織 5.8.10 重要程度較低且相對邊緣。由於中華至善服務協會、旅港僑胞僑社同為震災初期捐款單位，對於後續未與社區有其他互動，此外台中縣自由村辦公室不若和平鄉公所之就近協助，因互動度低故屬於相對不重要組織。

表 6-4-6　派系中組織之重要程度

		派系一	派系二	派系三	派系四	派系五	派系六
三叉坑	1	1	1	1	1	0.8	0.750
	2	0.667	0.667	1	0.6	0.4	0.5
	3	0.833	1	0.8	0.6	0.6	0.5
	4	1	1	1	0.6	0.8	0.5
	5	.0.167	.0.167	1	0	0.2	0
	6	1	1	0.8	0.6	1	0.750
	7	1	0.833	0.8	0.6	1	0.750
	8	.0.167	.0.167	0.2	0.2	0	1
	9	1	1	1	1	1	1
	10	.0.167	.0.167	0.2	0.2	0.2	0.25
	11	0.667	.0.5	0.4	0.6	1	1
	12	0.5	0.5	0.6	1	0.4	0.750
	13	0.5	0.5	0.6	1	0.6	1
	14	1	1	1	1	1	1

再者，從組織交疊矩陣表可以看出組織其重要程度，也可以看出哪些組織其關係性是相似的。組織 1.九二一重建基金會、9.三叉坑重建委員會與 14.和平鄉公所為三叉坑部落重建中重要程度最高的組織，從三叉坑部落層級分類的數量也可以看出協助三叉坑重建組織的多樣性。

表 6-4-7　三叉坑部落組織交疊矩陣表

Level	5	8	10	2	3	12	13	11	7	6	4	1	9	14
6.000	·	·	·	·	·	·	·	·	·	·	·	·	★	★
4.000	·	·	·	·	·	·	·	·	·	·	·	★	★	★
3.000	·	·	·	·	·	·	·	·	·	·	★	★	★	★
2.600	·	·	·	·	·	·	·	·	·	★	★	★	★	★
1.667	·	·	·	·	·	·	·	·	★	★	★	★	★	★
1.143	·	·	·	·	·	·	★	★	★	★	★	★	★	★
1.000	·	·	·	·	·	·	★	★	★	★	★	★	★	★
0.833	·	·	·	·	·	★	★	★	★	★	★	★	★	★
0.614	·	·	·	·	★	★	★	★	★	★	★	★	★	★
0.465	·	·	·	★	★	★	★	★	★	★	★	★	★	★
0.000	★	★	★	★	★	★	★	★	★	★	★	★	★	★

註：★代表該組織達到程度門檻，·代表該組織未達到程度門檻

表 6-4-8　三叉坑部落派系交疊矩陣表

Level	1	2	3	4	5	6
5.000	★	★	·	·	·	·
4.000	★	★	★	·	·	·
3.000	★	★	★	★	★	★
2.500	★	★	★	★	★	★

註：★代表該派系達到該程度之門檻，·代表該派系未達該程度之門檻。

　　從派系交疊矩陣分析中可以明白派系的重要程度及對部落重建之貢獻程度及重建參與之廣度。由表 6-4-8 可看出三叉坑部落以派系 1.2. 貢獻程度最高且最為廣泛，其次為派系 3.，最後的是派系 4.5.6.。由貢獻度來看，921 重建基金會、社區重建委員會、和平鄉公所、大安溪工作站與全景傳播公司主要針對部落重建與生活重建相關之事務具有影響力。

　　由於部落在重建過程中，透過社區重建委員會與和平鄉公所之重建協商有助於掌握遷村相關事務、生活補助等需求；大安溪工作站則建立連結網羅在地部落青年投入產業重建提供生活收入之途徑並提供穩定生活收入之相關支援；全景傳播公司則透過重建紀錄片拍攝將部落重建所遇到之難題、協調過程及重建議題等加以釐清，藉此紀錄片上映機會連結外界可援助之支援；建築師與晟邦營造公司乃與住宅重建過程中與居民協調溝通以達到住宅重建目標上密不可分，而 921 重

建基金會同時在生活重建與住宅重建過程調度資金支援居民重建上扮演重要角色。因此，上述分析可看出派系 1 與派系 2 總攬部落重建之住宅重建與生活重建，同時也顯示出原住民部落重建過程之住宅重建與生活重建若能確切由公私部門相互支援，較能消弭重建過程中之阻礙逐漸達到重建之目標。

第五節　小　結

　　九二一地震後之社區重建過程中往往因為重建工作過於龐大、牽涉眾多機關、法令之繁瑣、公務人員對重建政策之不熟悉或不瞭解等使得重建推動上遇到相當挫折。又加上災區於災前由來已久之土地問題、社區人口結構老化、經濟能力低下等問題，以致於重建無法講求相當效率，相對地形成重建的阻礙。而從緊急應變、復原與重建之不同階段來看，瞭解到重建不能全靠公部門，公部門與民間組織應互助、互補而非對抗、衝突，善用組織其本身的優勢在災後住宅重建上做好分工以及互相合作，不管在策略、目標都要達成一致才能在災後重建上發揮出最大的功效。

　　本章亦以原住民部落遷村案例—三叉坑部落為例，探討該部落於遷建過程中公私部門如何影響部落重建。透過深入訪談從重建時間與重建工作分析中發現：三叉坑部落在九二一震災後組織間主從關係變化為：應變時期以地方政府為主；安置時期以外部組織為主；復原階段以中央政府的原民會為主，地方和平鄉公所為輔；重建時期又以建築師、營造公司、大安溪工作站與九二一重建基金會為主，其各階段之工作重點與組織之相互關係並將質化訪談結果歸納成如所示。

　　山叉坑部落遷村重建過程中，由於曾發生遷村模式選擇困惑及住宅重建經濟能力不足等問題。為了解決反對遷村，鄉公所積極投入資訊宣傳與取得災民信賴。對於解決住宅重建之經濟困難上也透過民間組織之九二一重建基金會給予資金補助，對於生活重建部分亦由九二一重建基金會、在地的大安溪工作站與來就近協調與協助。使得山叉坑部落遷村重建得以於 2005 年底完工。透過社會網絡分析，其結果亦指出：民間的九二一重建基金會與公部門之和平鄉公所因參與重建事務多，屬於支援廣度與深度高的組織，同時在地派系之遷村重建委員會、和平鄉公所與大安溪工作站具有協助部落生活重建的重要性，因此，由網絡分析瞭解

到從事部落重建過程中，公私部門相關組織若能具有資源分配與協調廣度者，對於重建資訊取得快且組織同時投入與協調生活與住宅重建者，較能使重建有效率的推動。

參考文獻

中文文獻：

國史館台灣文獻館（2006），九二一震災重建經驗（上）（下）

賴美蓉（2002），居民對 921 災後社區住宅重建之意願調查分析，都市計劃，第二十九卷第四期，pp.533-550。

江明修（2000），非營利組織與災後重建，智勝文化，台北。

姚泰山（2003），社會化治理下非營利組織的協力策略—以慈濟基金會 921 希望工程為檢證對象，國立東華大學公共行政研究所碩士論文。

徐德耀（2008），九二一集集大地震後原住民部落之住宅重建環境評估，長榮大學土地管理與開發研究所碩士論文。

陳淑妃（2006），災變社會工作重建模式之研究—大安溪部落工作站的案例分析，東吳大學社會工作學系碩士論文。

楊鶯貞（2004），家庭暴力防治服務網絡建構整合之研究—以高雄市、彰化縣、台東縣為例，國立東華大學公共行政研究所碩士論文。

方祥銘（2004），團隊成員個人知識轉換能力與外部關係資源對創造表現行為之影響—以網絡中心性為中介變數，國立雲林科技大學管理研究所博士論文。

陳俊彰（2001），從網頁中發掘教師知識分佈圖，國立中山大學資訊管理學系碩士論文。

黃源協（2005），正式照顧對非正式網絡互動關係之影響：以原住民部落老人居家／送餐服務為例，社會政策與社會工作學刊，第九卷第一期，pp.163-198。

張世勳（2002），地理群聚內廠商之網絡關係對其競爭力影響之研究—新竹科學園區之實證，朝陽科技大學企業管理研究所碩士論文。

陳亮丰（2003），三叉坑紀錄片，全景文教基金會。

邵珮君（2007），大規模災害後城鄉重建組織體系整合機制之研擬—子計劃，國科會研究報告書。

英文文獻：

United Nations (2004), Living with risk: A global review of disaster reduction initiatives, New York

Scott, J (1995), Social network analysis: A handbook. London: Sage.

Borgatti, S.P., M.G. Everett, and L.C. Freeman. (2002), *Ucinet for Windows: Software for Social Network Analysis*. Harvard: Analytic Technologies.

日文文獻：

兵庫県政府（1997），阪神・淡路大震災復興誌（第一卷），財団法人21世紀ひょうご創造協会。

結 論

　　大災難過後，緊接而來的是如何迅速且有效地推動重建？同時重建對策會受哪些因素影響？才能有效達成重建目標？重建資源該如何分配？重建過程中公私部門的角色扮演為何？等等上述的問題都是災後重建政策擬定或推出必須妥善思考的。本書主要探討大規模災害發生後之重建機制，包括：空間垃圾桶理論與災害防救之關係、政府部門之重建資源分配、制度經濟學角度來看公共工程重建以及社會網絡理論來分析公私部門參與重建之關連。以下，整理第三章至第六章之重要發現。

 ### 透過空間垃圾桶理論分析災後重建後發現：

　　都市空間實質結構上之樞紐點亦是影響災害預防或損害嚴重程度的重要決定因素，在防災方面應特別注意此些實質空間地點。此外，在災害重建機制方面，若僅針對各別的災害去提高防災成本是無效的，必須增加整體的防災成本。而若加入現實面之考量，若預算不足，則可考慮針對某種程度以上之災害提高其防災預算，如此做法效果雖不如全面增加來的好，但其成本不需付出太多，同時亦能有效減低災害發生。

 ### 探討政府之重建決策時，運用公共利益理論及 SPI 模型進行實證分析發現：

　　影響重建補助分配的重要政治經濟因素，為地震房屋倒塌與轄區內村里數，而呈現損失導向的政府補助模式。此步驟之分析結果亦發現地方政府首長的政黨屬性，亦會顯著影響所分配資源的多寡，愈接近民進黨或無黨者，所獲得的經費愈多，受訪的鄉鎮市公所，愈強調中央政府在重建資源提供之功能者，愈傾向支持中央需按地區社經發展狀況分配資源，而期待資源的重分配功能。此外，地方政府愈期待透過重建資源分配過程，達到資源爭取與重分配功能者，實際分配到的經費亦確實具有此效應。

從中橫公路的復建政策的變遷中驗證了公共選擇理論所述：

災後重建政策如同公共政策一般充斥著不同利益團體、政治團體、官僚機構，確實存在著以「理性」及「自利」為出發點，進而去追求自我利益的最大化，因而也造成了公共利益的損失。加諸現今對於大規模災害所知有限與災後重現目標的抽象。客觀且具有大多數社會共識所認同的一個重建方案很難出現。

四　在重建的各階段中，公私部門的合作與協調是必要的：

從原住民部落遷建的案例分析中瞭解到民間的九二一重建基金會與公部門之和平鄉公所因參與重建事務多，屬於支援廣度與深度高的組織，同時在地派系之遷村重建委員會、和平鄉公所與大安溪工作站具有協助部落生活重建的重要性。由網絡分析瞭解到從事部落重建過程中，公私部門相關組織若能具有資源分配與協調廣度者，對於重建資訊取得快且組織同時投入與協調生活與住宅重建者，較能使重建有效率的推動。

從上述各章結論中，可歸納未來—「後九二一時代」於災害防救管理之特性：

一、強調樞紐與連結特性在災害管理之重要

不論是防災之關鍵要因或是從重建各階段過程中關鍵組織其連結密度、連結廣度會對於重建能否順利達成目標，樞紐節點及節點間之連結特性災害防救管理有密切之關係。也顯示出未來在推動防災政策上各部門間之橫向與縱向連結，自助、互助與他助之連結觀點是必要的。

二、綜合性災害管理之必要

防災的投入不應僅止於頭痛醫頭，腳痛醫腳，應該全面性的投入。也因為災害衍生問題之錯綜複雜，使得災害管理對策應朝綜合性、複合性角度著眼。

三、強調相對需要的資源分配於災害管理

由於客觀且被所有人接受之防救災對策幾乎不可能，又資源容易成為利益追逐之焦點，因此，防災資源（包含重建）之投入與相對需求性有關。若本身具有相當防災力者，則以地區防災能量結合部分防災資源即可達到相當好的效果。

國家圖書館出版品預行編目資料

都市安全與災後重建／賴世剛等編著. ——初
版.——臺北市：五南, 2010.08
　　面；　公分
ISBN 978-957-11-6056-6（平裝）
1.防災工程　2.都市計畫　3.災害應變計畫
575.8　　　　　　　　　　　　　99014305

5T16

都市安全與災後重建

編　著 — 賴世剛　邵珮君　洪鴻智　陳建元

發 行 人 — 楊榮川

總 編 輯 — 龐君豪

主　　編 — 黃秋萍

責任編輯 — 陳俐穎

封面設計 — 郭佳慈

出 版 者 — 五南圖書出版股份有限公司

地　　址：106台北市大安區和平東路二段339號4樓

電　　話：(02)2705-5066　　傳　　真：(02)2706-6100

網　　址：http://www.wunan.com.tw

電子郵件：wunan@wunan.com.tw

劃撥帳號：01068953

戶　　名：五南圖書出版股份有限公司

台中市駐區辦公室／台中市中區中山路6號

電　　話：(04)2223-0891　　傳　　真：(04)2223-3549

高雄市駐區辦公室／高雄市新興區中山一路290號

電　　話：(07)2358-702　　傳　　真：(07)2350-236

法律顧問　元貞聯合法律事務所　張澤平律師

出版日期　2010年8月初版一刷

定　　價　新臺幣390元